旅游体验研究前沿文库（第一辑）　　总主编 ◎ 谢彦君　马　波

工业旅游
具身体验研究

胡迎春 ◎ 著

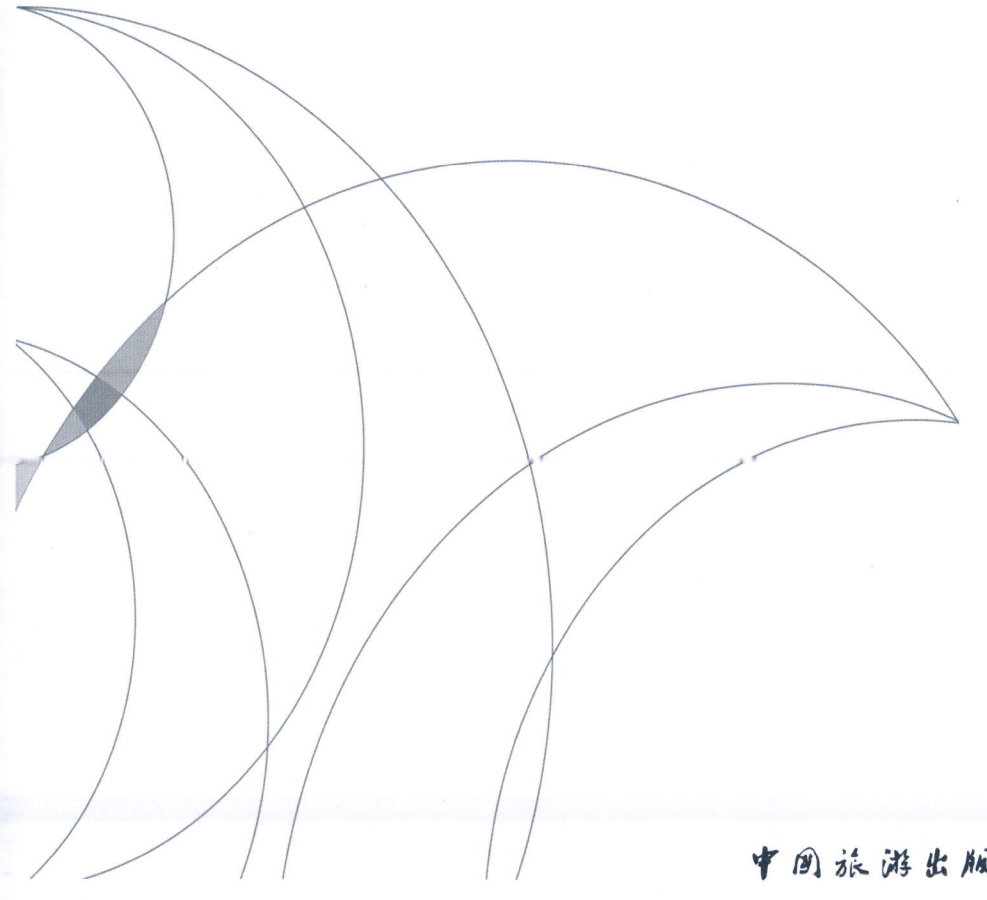

中国旅游出版社

旅游体验——旅游世界的硬核①

（代序）

旅游世界是一个有别于日常生活世界的特殊时空框架。旅游者在这个世界中的作为，主要是一种身心的体验，其目的是获得某种愉悦（谢彦君，2004）。旅游世界作为一个宏大的现象世界，拥有着复杂的结构和内容，但是，这个世界的核心，在笔者看来，就是旅游体验！

为了确立这个十分重要的命题，我们无须去阐述旅游现象的复杂性，因为那是人人皆知的。我们需要讨论的，是如何把旅游体验从旅游现象中发掘出来，再妥善地放置回去——充分地认识其重要性，并给予这个重要性以一个适当的学术地位。

说到体验，首先需要把这个词与经验加以区别。经验属于表层的、日常消息性的、可以为普通心理学把握的感官印象，而体验则是深层的、高强度的或难以言说的瞬间性生命直觉。可以把经验看作是行为的叠加以及由此获得的知识的积累，而体验一定是融汇到过程当中并且与外物达到契合的内心世界的直接感受和顿悟。从这一点来看（这一点也至为关键），我们不能轻易将日常经验过程与体验混为一谈。

体验这个概念，在历史上可以溯源到西方的古希腊哲学。除了神话中的"回忆"论以及关于"酒神"的说法之外，西方最早的有关体验或类似概念的阐述，可能就是柏拉图的"迷狂"论了。这位先哲对原始诸神世界的消隐、雅典社会理性的沦丧以及道德的颓败深感忧虑，因而

---

① 本文发表于2005年第6期《桂林旅游高等专科学科学报》上。个别文字略有改动。

把解救的希望寄托在对迷狂的体验上，渴望通过体验使人超越尘世的束缚而复归于理性的天国：雅典人失掉了神（理性），只有体验才能把它召唤回来。之后，经过中世纪的漫漫长夜，体验这个美学范畴在德国古典美学那里又进入了复苏期。这时，被长久禁锢的希腊人性精神苏醒了。继卢梭之后，席勒再次看到了现代社会的科学技术、工业文明对人的本性的摧残，痛感人的"完整体"正在被"分裂"为"断片"，对此，席勒提出了一个意义深远的思想：通过体验（游戏）这一绝对中介使人的被分裂的感性本能与理性本能重新融合为完整体。可以说，席勒远远超过柏拉图、超过他的同时代人，他把体验高扬到空前的高度，试图用它来解决最根本的人生问题和社会问题。

19世纪中叶以后，在叔本华、尼采、狄尔泰、柏格森等人那里，西方美学和哲学有关体验的论述可以说进入了高峰期。当历史进展到这一时期，西方世界的生存危机、虚无感、荒诞感不仅没有缓解，反而愈益尖锐了。叔本华首创的感性生命本体论正是当时人们普遍感到生命面临严重危机的社会现实的哲学反映。对此，叔本华为生命的亢奋与不可遏止而"痛苦"万分，他用"静观"这个概念表达一种体验，借以突出寂灭生命之意，遏制永不满足的生命意志；尼采则由于生命的匮乏与颓废而焦灼不安，因而用酒神状态呈现了一个可以体验的目标，用"沉醉"去享受生命力的充盈和丰满。正是基于对生命的本体地位的反思，叔本华和尼采都把解救的希望交给体验；狄尔泰感叹生命是神秘之"谜"，他直接就用"体验"这个术语，主张艺术的本体是个人的亲身"体验"；海德格尔以及马塞尔则复活了希腊神话，把艺术视为"回忆"；弗洛伊德首创"升华"概念来表明它是原欲的"移置"，马尔库塞用的是另一种表述，"审美升华"，而人本心理学家马斯洛则把它归结为"高峰体验"。

然而，这些直接或间接对体验有所阐述的哲学家和美学家，对体验的界定有着很大的不同，这使我们难以不加说明地利用"体验"在各位先哲那里的意义。通常，每当谈及体验，人们很自然地会把这个范畴与心理学联系起来。其实，这是不错的。不管在什么语境下面，体验都会使我们联想到心理过程和这个过程所引起的心理超乎寻常的变化。不管是从个体心理还是群体心理的角度，不管是站在社会的立场还是个人的立场，我们都能理解体验的重要性。因为，体验是伴随着整个人生而从不停歇的过程。在生命降临之际，个体会体验到生命诞生的快乐和痛苦；在生命成长的阶段，个体会经受植物性的煎熬和社会化的洗礼；在濒死的时光，个体也会感受生命枯竭时的挑战和死亡降临之际产生的恐惧或快乐。总之，不管什么时候，只要生命存在，只要这个生命面临着些许的变化、新奇、危险或者挑战，他都会在心灵上留下刻痕，并从而影响到他的今后的社会行为方式。这就是体验对个体和对社会的重要意义之所在。

前苏联的著名心理学家、《体验心理学》一书的作者瓦西留克专门选择人借以克服有威胁性的生活情境的过程作为自己的研究对象，这个生活情境的历险过程就是"体验"。他所要回答的问题，几乎是这样的：当人到了无可奈何的时候，当他落到已没有可能实现自己的需求、定势和价值观的情境时，他将做些什么？为了回答这个问题，作者在心理学的活动理论的概念体系中又引入了一个新的范畴——体验。所以，在瓦西留克那里，体验不是作为人的这样或那样的状态在主观意识中的反映，也不是作为人消极观察的特殊形式，而是一种旨在恢复精神的平衡过程，恢复已丧失的对存在的理解力。总之，是"产生理智"的一种活动的特殊形式。瓦西留克还认为，一方面，体验是个人的经验过程及其结果，"永远是自己也只能是自己才能体验所发生的事情以及产生危机的那些生活环境和变化"，别人无法代替；而另一方面，"体验的过程是可以在一定程度上驾驭的——推动它，组织它，引导它，创造良好的条件，努力使这一过程按我们的理想达到使个性成长与完善的目标，至少是不要转向病态的或社会所不容许的道路"。"体验——这是克服某些生存的'裂痕'，这是某种修复工作，就像是实现生命的轴线。体验过程与生命的实现相对，也就是与活动相对。这并不意味着他是某种神秘的超生命的过程：按照自身的心理生理成分——这正是那些生命和活动过程，但按照自己心理意义和使命——这是指向生命本身的过程，只想保证实现生命的心理可能性的过程。"

从上面的回顾中我们不难看到，历史上的大多数先哲，都强调体验这种心理现象在终极价值上是对平庸的超越，是对生命的礼赞，是对人性的回归。这样一种思想，在我们研究旅游体验的时候，是完全可以借鉴的。

旅游学者麦肯奈尔在研究旅游体验的时候，也曾试图对体验做一些基本的考察和界定，虽然特色不多，甚至还多少有些肤浅，但作为一种过渡，我们不妨介绍一下。按照麦肯奈尔（Mac Cannell，1976：23）的说法，一个挺有意思的事实是，"体验"（experience）或多或少与科学有些渊源，因为在英语的词根上这个词是与实验（experiment）是同源的，但是，却很少有人能给这个词赋予一个科学的定义。从日常生活的角度去理解体验这个词，显然这个词暗含着一个特定的时空关系。也就是说，体验具有一个时间边界和空间边界。如果从外部形态上来看，体验作为一个过程，就是发生在这个时间边界之内的行为的总和。当然，理解体验的本质，不能仅仅从外部形态的角度。实际上，体验是一个心理过程甚至思想过程，是一个对生活、生命和生存意义的建构和解构过程。在体验过程中，饱含着"一种由原初的疑惑感或空虚感而转换成的某种信念或超越，这种转换借助的是一个对直接的、第一手的资料的领悟过程"。从这个意义上说，麦肯奈尔认为，体验这个词，除了本身所具有的苍白的科学和职业含义之外，还具有某种时髦的、逐臭的，甚至可能关联到性的内涵。就是从这个关节点上，麦肯奈尔这位一向有点"忧郁"的老一辈旅游学者，将体验拉到了旅游体验上来。在国外旅游学术界，研究旅游体验的渊源并非起自麦肯奈尔。早在20世纪60年代，布斯汀（Boostin，1964）就将旅游体验定义为一种流行的消费行为，是大众旅游那种做作的、刻板的体验。他甚至哀叹，那些旧式的旅游者已经没有了，在他看来，恰恰是这些人的旅游才是出自追寻某种真实的体验。布斯汀看不起那些"浅薄的"现代大众旅游者，认为这些人只知道对一些虚假事件（Pseudo-events）趋之若鹜。特纳和艾什（Turner 和 Ash，1975）也都认为，旅游在本质上就是偏离常态的行为（aberration），甚或一种时代的病症（malaise）。相反，麦肯奈尔（Mac Cannell，1973）则认为，旅游体验是人们对现代生活困窘的一种积极回应，旅游者为了克服这些困窘而追求的是一种对"本真"（authentic）的体验。虽然有这种明显的观点上的差异，但布斯汀和麦肯奈尔等人在定义旅游体验的时候，都体现了这样的思想：旅游体验对社会个体和整个社会都具有重要的意义。由此，他们的定义也成为引发人们对现代休闲旅游的积极效应和消极效应的争论。在这种争论当中，有些学者认为，如果旅游者的需要是一样的或接近的，那么，不管构成旅游者这种需要的社会文化背景有多大差异，所有的旅游者都将获得某种类似的体验。

　　与此不同，科恩（Cohen，1979）认为，不同的人需要不同的体验，不同的体验对不同的旅游者和不同的社会具有不同的意义。为此，科恩将旅游体验定义为个人与各种"中心"（centres，我们也可以把这个词用类似"家园"这样的术语来间接地予以解释）之间的关系，认为体验的意义来自个人的世界观（worldview），取决于个人是否依附于某个"中心"。这里，所谓"中心"并不一定是个人日常生活世界的地理中心。它是每个个体的精神家园，它象征着某种终极意义。因此，科恩相信，这种体验反映着各种动机的某些稳定的模式，既有别于旅游者的各种行为方式，又是对这些行为方式的特征化。这些模式与"私下"构筑的旅游世界相联系，代表着满足个人各种需要——从追求愉悦到寻求意义——的不同方式。此后，海米尔顿-史密斯（Hamilton-Smith，1987）、纳什（Nash，1996）、佩兹（Page，1997）、皮尔士（Pearce，1982）、冉恩（Ryan，1993，1997）、厄里（Urry，1990）和晏纳吉斯和吉布森（Yiannakis and Gibson，1992）等在他们的研究中都提到了科恩的旅游体验范式。从这些研究中，可以得出有关旅游体验的一些共性的东西,那就是,对个体而言,旅游体验是一种多功能的休闲活动,既包含着娱乐成分,也有求知的成分。

科恩的发表于1979年的《旅游体验的现象学》一文,是笔者所见的唯一的也是最早的明确从现象学角度审视旅游体验的学术论文,可能也是比较早的专门讨论旅游体验问题的文章之一。在此之前,恐怕探讨旅游体验的最重要的相关文献就是麦肯奈尔的《旅游者:有闲阶级新论》(1976)一书和他的《舞台化了的本真性:旅游情境的社会空间配置》(1973)一文。科恩在其卓越的旅游研究生涯当中,一直都体现了对旅游体验及其社会效应的关注,同时,在观察旅游体验的过程中,也一直体现着现象学的视角。这一点,在他所发表的等身的著作中都有清晰的体现。而追溯其思想渊源,恐怕要归功于他的这篇早期文献的基本思想。科恩的这篇文章,集中地讨论了旅游体验方式(the modes of tourist experience)的问题,他把这视为一种现象学的分类方法,因为对每一个旅游者来说,他们所感兴趣的各种新异的文化景观、社会生活以及自然环境都具有不同的意义,现象学分类的基点就建立在对这种意义的整体论的分析基础上。旅游者的一次旅游体验在多大程度上代表着"对中心的追求"(quest for the centre),以及这个中心的性质,构成了科恩做这种分析的核心。基于这种思想,科恩认为,这种分类的结果对应于每个旅游者"私下"构建的、作为一个连续体而存在的"旅游世界"当中的不同的点,而这个连续体的一端是现代旅游的空间特征,另一端则是旅游的朝圣性质。为此,科恩将旅游体验方式划分为5种类型:休闲的方式(The Recreational Mode)、消遣的方式(The Diversionary Mode)、体验的方式(The Experiential Mode)、实验的方式(The Experimental Mode)和存在的方式(The Existential Mode)。下面我们对科恩有关这5种体验方式的论述略作介绍。

(1)休闲的方式。出自休闲目的的旅游体验在性质上类似于其他类型的娱乐体验,比如观赏戏剧、观看电影和电视等。旅游者从旅游中获得快乐,因为这种旅游使他身心得以重获力量感,也使旅游者产生一种充盈感。正如休闲一词本身所表明的那样，甚至连这种旅游体验方式最终都会与宗教朝圣的旅程有某种比附的关系，因为它给人以某种重获新生的回报。但归根结底，旅游者在这种予人以娱乐的中心所经历的体验，主要的还是一种休闲，即使有那么一点宗教朝圣的意味，但也被世俗化了，已经失去了它固有的那种深刻的、精神境界的内涵。这些休闲旅游者对布斯汀所谓的虚假事件（Pseudo-events）情有独钟，他们在体验过程中不必为所谓的自我实现或自我拓展而负重太多。如果从某种"高雅文化"的角度看，休闲旅游体验就像其他形式的大众娱乐活动一样，似乎是由一些显得浅薄、轻浮、无足轻重甚至愚昧的活动构成的。但这种来自高高在上的知识分子以及那些"严肃的"旅游者的观点实际上是偏颇的，通过休闲旅游体验，这些旅游者得到了他们想要的东西：愉悦。对这种旅游者也大谈所谓的本真性问题，其实是不切题的。因此，科恩主张，对于休闲体验的旅游者，要把他们看作是参与一场表演的人，或者参与某种游戏的人。他们像是一场戏剧的观众，完全有理由沉浸在剧情当中并为自己谋求快乐，即使是面对一些近乎怪异的表演，也没有理由非难他们。在这些表演场合，娱乐性是与旅游者内心对某种诱惑情愿接受相一致的。对于他们来说，在体验过程中所见到的人与风景并非他们"真实世界"的一部分，它们是从真实世界分离出来的"有限的意义域"（finite province of meaning）。旅游者在这个意义域中是能够获得休闲活动的价值的。

（2）消遣的方式。现代人往往与他们所处的社会或文化的中心存在着隔阂。其中有些人可能找不到其他可以替代的中心，他们的生活严格说来是"没有意义的"，但他们并不追寻意义，不管在他们自己所处的社会还是在其他地方，都是如此。对于这样的人，旅游就不会具有休闲的意义：它完全变成了一种消遣方式——仅仅为了逃避日常生活的枯燥乏味和无意义，于是便投身于一种忘却性的假日当中，借以疗治身体，抚慰灵魂，但却不能从中获得对应性的新生——也就是说，这种体验不可能重建与有意义的中心之间的依附关系。因此，消遣式的旅游体验是对那些没有思想的人的一种安慰剂。不过，从很多方面看，消遣式的旅游体验与休闲式的旅游体验非常相像，所不同的就在于，消遣式的旅游体验是远离"意义"的，是那种没有中心的人所追求的没有意义的愉悦。

（3）经验的方式。这种体验方式的特点主要是由麦肯奈尔的观点构建起来的。这种观点所关注的问题是，假设休闲旅游者依附于所在社会的中心或文化，而消遣旅游者是在社会中心之外徘徊的话，那么，一旦这些游离于社会中心外围的人逐渐意识到他们日常生活中的这种疏离、无意义和平庸，会发生什么事呢？麦肯奈尔说，他们可能采取的获得意义的一种方式，就是通过革命来实现社会转型。倘若不采取这一招，那么，比较温和的一种就是旅游。这种重新被唤起的、在自己所在的社会之外追求真实意义的过程，是从对经验的获得开始的。这样的体验方式，可以叫作经验的方式。如果说布斯汀是休闲体验方式和消遣体验方式的最直露、最激烈的批评者，他甚至将自己的观点涵盖所有现代旅游，那么，麦肯奈尔就属于另外一种的人：通过声明旅游在本质上是一种以追求本真性体验为目标的现代宗教形式，他试图赋予旅游以一种新的尊严。麦肯奈尔将旅游与宗教进行对比，提出了二者之间的相似性：宗教的动机与旅游的动机非常相近，它们都是为了获得本真性的体验。

科恩对麦肯奈尔的观点的评价是：尽管他的观点有别于那些"知识阶层"的观点，但还是明显地可以看出这些观点是以现代人的眼光为视角的。科恩认为，简单地将旅游与宗教进行类比，会掩盖旅游与宗教之间很多本质上的区别。为此，科恩提出了旅游与宗教的两点根本不同。首先，宗教信徒的朝圣旅游总是向着它所信奉的那种宗教的精神中心的，即使有时这个中心可能远在他生活空间的边界之外。虽然旅游者也可能到所在社会或文化当中存在的一些艺术、宗教或民族的中心去旅行，并对这些地方示以"仪式性的尊敬"，但现代旅游的一个突出特征显然是对环境的极大兴趣，以及旅游者对自己文化之外的世界所怀有的强烈的体验欲望。说到底，吸引旅游者的东西，实际上是另类风景、另类生活方式以及另类文化所具有的那种纯粹的陌生和新奇。

其次，科恩还特别注意到，与那些宗教信徒不同，那些以获得经验为导向的旅游者，即使他们观察到了他人的本真的生活，但他们依然很清楚他人的那种另类人身份，这种感觉甚至在完成旅游过程之后依然存在。这也就是说，旅游体验过程并没有使这个旅游者的生活皈依于他人的生活，他也未必接受他人的那种本真的生活方式。宗教信徒能够感受到来自宗教圣地（中心）的那种精神同一性，即使这个中心处于遥远的地方；与此相反，经验旅游者即使他与所观察到的代表着本真的生活方式的人们一起生活，他也照样是一个外来人，他需要做的就是如何学会从审美的意义上去欣赏这一切。宗教信徒的经验过程是有关存在的：他与教友一道参与、共享并融入了由该中心的神圣性所创造的世界当中，坚信该中心所主张的价值观和信念。而对于麦肯奈尔的"旅游者"来说，他仅仅在体验他人生活的本真性时产生那么一点点痛感或共鸣，自己却并不想效仿。因此，即使他的需要具有某种宗教意义，但他的实际体验却主要是审美的，而这要归因于这种体验在性质上能引起共感。通过对另类文化的本真性的直接接触而引起的美感对旅游者的情感熏陶具有很大的意义，但是对他的生活并没有什么新的意义和指导。这一点，只要看看那些寻求经验的旅游者在一个宗教圣地如何观察那些宗教信徒就一目了然了：宗教信徒体验的是该中心的神圣性，而旅游者体验到的可能是由宗教信徒的宗教体验而呈现的本真性的美感。因此，经验式的旅游体验尽管要比休闲式和消遣式的旅游体验显得更意义深刻，但并不产生"真实的"宗教体验。

（4）实验的方式。这种体验方式的特点是，体验者已经不再依附于所在社会的任何精神中心，而是从许多不同的方向寻求一种替代的选择，极端一点甚至包括走向神秘主义甚至亲近毒品等等。对于后现代社会当中那些有思想的旅游者来说，这种体验方式更合口味，因为这些人富有一种异调的个性倾向。这些人如果要通过旅游得到对失去的精神中心的替代，那么，旅游就会呈现一种新的更高的意义。与经验式的旅游相比,如果说经验式旅游能够从另类文化中生活的人所展示的本真性当中获得观赏性的愉悦的话,实验式的旅游就会一反这种旁观者的身份,直接投身到这种生活的本真性当中,但却不会使自己完全融入其中。这种旅游者会品味和比较各种不同的备择方案,期望最终会发现一种最适合于他的特殊需要和欲望的方案。在一定意义上,这种旅游者探寻的是某种自我,在一个不断试错的过程中,他借以发现那种能引发自我共鸣的生命形式。科恩举了一些这类旅游者的例子,比如美国的城里人,欧洲或澳大利亚那些被熏陶了农场庄园气息的青年人,遥远的太平洋村庄,嬉皮士组织等。

(5)存在的方式。如果前几种旅游体验方式的特点都是为了探寻的话,那么,以存在的方式进行的体验作为一种极端形式,其特征就在于旅游者完全投身于一个被他选中的精神中心——一个外在于它所处的主流社会文化的中心。从现象的角度看,接受这样一个中心几乎与宗教皈依非常相像。但就旅游的意义而言,以存在的方式所进行的体验,主要指旅游者对目的地文化的完全接纳并主动寻求自我与这种文化的同化。这种情况在世界各地都不乏见。科恩对旅游体验方式的详细描述,勾勒出了旅游者在旅游过程中的行为取向和行为内容的诸多可能性。通常,这些不同的体验方式,对于不同的旅游者而言,或者对于不同的旅游目的而言,并不一定全部包含。在多数情况下,旅游者都是选择其中的一个或少数几个作为旅游体验的目标。但即使这样,旅游者的体验也构成了旅游现象最基本的结构性要素。我们这样说是因为,在整个旅游世界,虽然旅游主体(旅游者)、旅游客体(旅游资源和旅游产品)以及旅游媒体(旅游业)是这个世界的共同内容或要素,但串联着这3种要素的核心主线乃是旅游体验。如果在旅游世界当中抽掉了旅游体验,就等于抽掉了旅游现象的基本矛盾,抽掉了旅游现象的内核。没有旅游体验这种根本的需要,旅游产品就没有必要被生产出来,旅游资源将依然以其自在的状态存在着,不存在专门的旅游企业生产旅游产品,狭义旅游业也就自然不存在,而它的缺位,将使广义旅游业成为没有旅游内涵的空壳，它们的存在意义仅仅具有非旅游的意义。正是基于这样的认识，我们发现，旅游世界当中，不能没有旅游体验。承认了旅游体验这个范畴的客观性以及它在旅游世界当中的主体性地位，就需要具备对这种现象有基本的认识，因此，学术界对这样一个问题的研究缺位，也自然是不能接受的。

2024年冬至日重读此文于灵水湖畔

前　言

　　工业旅游是伴随着近代工业革命而兴起的大工业浪潮及其衰落而逐步发展起来的，目前在世界范围内正经历着巨大的增长，已成为国内重要的小众旅游市场。开展工业旅游，不仅是在旅游领域深化新旧动能转换工作的具体措施，也是推动"旅游+"战略、推进旅游产业可持续发展的现实需要，对社会、工业企业和个体发展都有着极为重要的意义。虽然国内外工业旅游增长迅速且意义显著，但是现实中工业旅游面临着多种多样的实践问题，突出表现在企业认知不足、市场认知度低、游客满意度低和缺少专业化服务等方面。因此，使工业旅游发展走上健康的轨道，让开展工业旅游的企业获益，让工业旅游者获得满意的旅游体验，是工业旅游发展亟待解决的问题。目前的理论界虽有涉及，但仅仅是关注表面上的资源问题、认知问题和管理问题等，并没有形成系统的理论解释，很多带有根本性的问题，都一直没有获得真正的解决。

　　本研究在旅游体验理论的整体框架下，从场景理论视角出发，运用具身理论，以期从根本上找到某种规律性的解决方案，找出其背后的共性理论问题。在具身理论看来，体验主体的充分在场是具身体验的核心和基点。从旅游体验的角度来说，旅游体验质量的高低，往往取决于旅游者与情境的融合度、参与度以及身心的在场程度。而工业旅游因其依托于工业生产作业的真实场景而使得工业旅游体验面临着巨大的障碍，无法具身，这就意味着工业旅游产品很可能在提供具身体验时无法达到与一般旅游产品相匹配的可能性和充分性。

　　基于这样的理论视角，本研究关注工业旅游场景中的旅游者具身参与和体验问题,具体包含几个问题:什么是工业旅游?工业旅游的本质属性是什么?工业旅游体验的精髓何在?高品质工业旅游产品的特质是什么?工业旅游的在场体验如何,如何评价?如何满足工业旅游者的体验需求?只有从根本上解决上述这些共性的理论问题,才可能找到某种规律性的解决方案,从而为工业旅游发展指明一个正确的方向,使工业旅游发展的效率和效果得到提升。本研究要实现两方面的诉求:一方面期待运用场景和具身理论有效地指导工业旅游的研究和实践;另一方面也期望工业旅游体验的实证研究能够推动旅游体验理论的发展。

本研究以工业旅游者体验为研究对象,通过文献查阅、实地观察、深度访谈、网络和问卷调查等方法广泛收集相关数据,具体包括实地观察笔记、深度访谈文本与图片、网络文本与图片以及问卷等四种类型的研究数据,运用理论思辨、扎根理论、主题分类、隐喻抽取技术以及统计分析等混合式的数据分析方法,深入分析工业旅游体验的整体结构,以探索通过工业旅游场景组织来移除工业旅游体验中的具身障碍,引发游客的主观移情参与,最终实现工业旅游具身体验的逻辑运行规律。

本书共分为五大部分,包括九章内容,具体研究内容如下:

第一部分包括第一章。总结了国内外工业旅游发展的状况,重点分析了国内工业旅游发展中存在的现实问题,在此基础上引申出本研究的理论研究问题,并对本书的研究思路、研究内容、研究创新点等问题进行系统的说明。

第二部分包括第二、三章。第二章在对国内外工业旅游研究现状进行综合梳理的基础上,进而对旅游体验、具身性、地方性、景观、场景等研究领域进行评述,目的是回应工业旅游现实中的问题,使理论研究与实践问题相互关联,构成一个整体,以统御后续研究。旅游体验向身体和具身的方向发展,而工业旅游由于其特殊性限制了游客的具身,使用"场景"这一术语来考察工业旅游情境中的旅游行为,宗旨是将地方性、景观以及旅游研究中的场景营造、场景组织等概念加以综合,突出强调场景的"可组织性"或"可布置性"、主客之间的"互融互动性"

以及由此而衍生出的场景的"动态性",以深化工业旅游体验的理论问题,指导工业旅游的实践问题。第三章包括研究设计和研究方法,本章概述了本文的研究对象与分析单位、资料收集方法、研究资料类型、数据处理和分析方法等,并对研究样本进行特征描述性分析、效度分析和信度分析。

　　第三部分包括第四、五、六章。第四章采用哲学和逻辑思辨的方式,对现有国内外工业旅游的概念及其分类进行评述,并在此基础上,采用属加种差的原则,在旧范畴、旧分类的基础上对工业旅游的概念进行辨正,赋予其新的内涵、归纳其本质特征,并对工业旅游的类型进行系统划分。得出工业旅游是人们前往提供工业生产或运营实景或其附属展演景观的现场进行休闲体验的旅游活动,具有作业性、知识性、本体性和垄断性等特征。第五章在工业旅游概念和本质特征的基础上,对工业旅游场景的形态进行探究。首先探讨了旅游场景与场所精神、场景观之间的关系,明确工业旅游场景的特征为景观性、动态性、在场性和依附性,并对工业旅游场景进行定义,得出工业旅游体验就是对工业旅游场景的体验的理论命题;其次对工业旅游的场景形态进行概念性的界定,由空间形态和旅游者的主观实现共同完成;最后采用问卷调查的方法了解现实中工业旅游者对工业旅游场景形态的偏好与认知。第六章是工业旅游场景的体验质量。对网络点评的定性数据、问卷调查的定量数据进行分析。首先得出不同的工业旅游场景所能提供的体验类型是有差异的,如大型水利电站或采掘业,由于生产运营会形成特殊的地理地貌与小气候,进而会给游客带来审美与情感方面的体验;其次不同的工业旅游者对不同的工业旅游场景所追求和获取的体验也是有差异的;最后进一步明确了目前影响工业旅游者的积极体验、消极体验、不满意的因素和条件,并识别出积极体验、消极体验以及不满意因素的来源,为进一步分析其原因打下基础。

　　第四部分包括第七、八章。第七章阐述了工业旅游体验的具身障碍和障碍移除,其核心命题是:工业旅游可能因其依托于工业生产作业的真实情境而使得工业旅游体验面临着巨大的障碍。在这部分的分析中，主要使用扎根理论对影响工业旅游体验质量的障碍进行识别，同时从游记文本中进一步抽离出障碍移除的范畴与方法，如障碍克服、障碍遮蔽、游客的移情参与以及场景组织，并在这一基础上构建了"具身体验实现"的三维度模型，指出具身体验包含感官体验、移情性浸入和具身模拟三部分内容，通过身体、场景和互动三个方面的协同作用影响具身体验的程度。最后，使用统计分析方法对问卷调查数据进行分析，以验证工业旅游体验中具身障碍的存在及其移除的途径。第八章阐述了工业旅游的场景组织。本章首先使用Rost.CM6软件针对问卷调查所获取的数据进行词频统计分析，从中抽取和识别构成工业旅游场景的核心元素和重要元素，将其归纳为工业旅游场景的自在性元素、旅游化元素和游客体验三大类；其次在此基础上使用隐喻抽取技术，在具体的应用过程中借助攀梯技术和扎根理论的情境分析法，对通过深度访谈、点评和游记收集所获取的图片文本材料进行质性分析，建立工业旅游场景和旅游体验之间的关系，形成工业旅游体验的场景组织综合模型。

  第五部分由第九章单独构成。本章首先对本研究的主要内容进行了总结概述；其次是从场景组织和改善工业旅游者体验质量的角度，分别从总体构思、工业旅游场景形态的体验差异以及规划设计工业旅游具体体验方式三个方面为工业旅游目的地管理提供针对性的对策，指出场景组织是工业旅游目的地有效管理的重要手段，以帮助企业设计、指导、控制、调整工业旅游体验，解决工业旅游面临的实际问题；最后本章指出了本文研究的不足之处，并对未来的研究方向进行展望。

  本研究的创新之处主要包括：第一，从场景理论视角出发，采用具身理论研究旅游者在工业旅游场景中的旅游体验问题。第二，重新界定工业旅游的概念并提出诸如场景、具身障碍、场景组织等新范畴。第三，提出了若干新命题，如具身障碍是制约工业旅游体验质量的重要因素；借助于障碍移除而实施的场景组织以及旅游者的移情参与是具身实现的途径等。第四，构建出分析工业旅游场景形态的概念化框架。

本研究对未来研究提出的展望在于：第一，将工业旅游与其他类型旅游进行具身障碍程度的比较；第二，依据工业旅游场景提供的不同体验类型细分游客群体；第三，对单一型工业旅游场景进行案例研究；第四，探究影响工业旅游体验质量的其他原因。

本书的部分成果受到"重庆工商大学高层次人才科研启动项目（1955051）"的资助。

胡迎春

2024 年 9 月

目　录

第一章　绪论……………………………………………………1
1.1 工业旅游的滥觞与发展……………………………………1
1.2 工业旅游发展实践中存在的问题…………………………6
1.3 研究问题……………………………………………………9
1.4 研究思路……………………………………………………11
1.5 研究内容……………………………………………………13
1.6 研究创新点…………………………………………………16

第二章　相关理论文献评述……………………………………18
2.1 工业旅游研究综述…………………………………………18
2.2 旅游障碍研究综述…………………………………………23
2.3 旅游体验研究的再审视……………………………………26
2.4 具身体验：工业旅游体验研究的新视角…………………29
2.5 工业旅游视野中的地方性、景观和场景…………………34

第三章　研究设计………………………………………………45
3.1 研究对象和分析单位………………………………………45
3.2 研究方法……………………………………………………45
3.3 样本（问卷）的描述分析…………………………………58
3.4 数据的信度和效度分析……………………………………62

第四章　工业旅游概念辨析 ……………………………………… 65
4.1　工业旅游概念的梳理 …………………………………… 65
4.2　工业旅游类型的梳理 …………………………………… 73
4.3　工业旅游的概念辨正 …………………………………… 80

第五章　工业旅游的场景形态 ……………………………………… 88
5.1　工业旅游场与场景观 ……………………………………… 88
5.2　工业旅游场景的特征 ……………………………………… 91
5.3　工业旅游场景的内容构成 ……………………………… 93
5.4　工业旅游场景与旅游体验 …………………………… 101
5.5　工业旅游场景与体验偏好 …………………………… 102

第六章　工业旅游场景体验的质量 …………………………… 112
6.1　基于网络点评的工业旅游场景评价 ………………… 112
6.2　工业旅游者体验需求分析 ……………………………… 142
6.3　影响工业旅游者体验质量的条件分析 ……………… 149

第七章　工业旅游体验的具身障碍及其移除 ………………… 155
7.1　具身障碍与障碍移除：理论概念的生成 …………… 155
7.2　具身障碍是工业旅游的显著特征 …………………… 161
7.3　障碍移除 ……………………………………………… 165
7.4　游客移情参与 ………………………………………… 170
7.5　场景组织 ……………………………………………… 172
7.6　具身体验实现 ………………………………………… 174
7.7　旅游者对阻碍工业旅游体验因素的认知 …………… 176

第八章　工业旅游体验的场景组织 …………………………… 182
8.1　工业旅游场景元素构成 ………………………………… 182

8.2 工业旅游场景的关系 ………………………………… 190
8.3 工业旅游者的场景体验构成 ………………………… 203
8.4 工业旅游场景组织的综合模型 ……………………… 205

第九章 研究结论与展望 …………………………………… 207
9.1 研究结论 ……………………………………………… 207
9.2 场景组织是工业旅游目的地管理的有用工具 ……… 210
9.3 研究局限 ……………………………………………… 219
9.4 未来展望 ……………………………………………… 220

附　录 ………………………………………………………… 222

参考文献 ……………………………………………………… 227

第一章 绪论

从表面上看，工业旅游是一个通俗易懂的词语，不会有什么理论深度。在对已有的工业旅游研究文献的梳理过程中，有一个事实也不容否认，即相关研究的理论深度确实很有限，以至于在本文的写作过程中，时常面临着强烈的理论化诉求与薄弱的理论文献积累之间的巨大反差，这使得本文的行文风格都受到了局限。然而，通过逐步深入的探究，笔者也发现，工业旅游作为旅游的一种亚型，也作为工业社会和后工业社会人们日常生活中时常会出现的一种显著现象，人们对它的复杂的好恶交织的心理事实，就足以昭示一个结论：工业旅游本身，必有其独特的规律性，有自身存在、发展、变化的内在逻辑。理论界的任务，应该是直面这种现象的内在规律，探索出某些通则性的理论知识，用以指导工业旅游发展实践。正是基于这样的认识，本研究历程才得以展开，并最终在研究途中收获乐趣。

1.1 工业旅游的滥觞与发展

1.1.1 逾百年的国外工业旅游发展

从旅游的起源来看，工业旅游只有很短暂的历史，它主要是伴随着近代工业革命而兴起的大工业浪潮及其衰落而逐步发展起来的。在17世纪，英国贵族开始到欧洲大陆旅行的时候，便已出现对工业企业进行访问的情况（Wolf，2005；Steinecke，2002）。在许多人将英国的所谓的"游学旅游（Grand tour）"（或译为"教育旅游"）看作是现代旅游的源头时，其中就已经包含了对工业设施、企业运营等进行观光的内容，此可谓工业旅游之滥觞。显然，这种旅游兼具休闲和教育的双重作用。此后，来自英国、法国和德国上层阶级的成员开始访问欧洲的其他具有工业特征的目的地，其目的主要是学习更多的文化和技术（Groote，1999）。所以，从历史的渊源来看，早期的工业旅游萌芽便已经凸显了其教育和认知的功能。

在19世纪，出现了越来越多的企业参观（company tours）类的旅游观光活动，此即早期工业旅游的例子，它是工业革命所导致的大规模生产在休闲领域的一种生活表征，具有强烈的时代特点。例如，位于美国田纳西州的Jack Daniel酿酒厂，在1866年开始提供工厂参观；法国、英国和德国的一些巧克力工厂、烟草工厂、股票交易所也会提供参观线路（Frew，2000）；大约同一时期，荷兰的花卉市场、奶酪工厂，希腊和马耳他的花边制造商，都开始提供企业参观项目（Stevens，1988；Mac Cannel，1976）。

上述工业旅游项目的出现，是与19世纪中后期一些国家迅速走向工业化相伴随的。进入20世纪后，持续的繁荣导致了大众旅游（mass tourism）的发展。特别是在"第二次世界大战"后，休闲旅行成为越来越多人的一种常见娱乐方式（common pastime），在发达国家尤其如此。这种增长的主要驱动力来自实际收入和余暇的增多，旅游成本的下降和汽车保有量的增加（Williams和Shaw，1991）。在这一潮流的带动下，旅游本身逐渐变成了一个产业。在这几十年里，旅游产业成为一种普遍概念（common notion），用以描述一个产业部门以及商业化的旅游发展方式（Rodenburg，1980；Abbey，1968）。直至现在，人们在讨论旅游时，仍含有将其作为一项产业的意涵。在过去几十年里，伴随着旅游市场多样化发展的另一个重要的变化是，旅游领域中的消费者行为也发生了巨大的变化，这导致了新的细分市场的不断涌现和发展（Nylander和Hall，2005；Robinson和Novelli，2005）。在这种大背景下，工业旅游逐渐成为这些新的细分市场中的其中之一。

使用工业旅游这个术语来表达"工业作为一种旅游吸引物"的概

念，还是一个相对晚近的现象。20世纪80年代，在英国出现了工业遗产旅游的概念。最初，工业旅游的概念仅局限于访问不再运营的企业，即工业遗产地。第二次世界大战之后，英国成为欧洲第一个面临工业衰落的国家，由此出现了大量废弃的工厂。最初，只有工业考古学家会访问这些废弃的工厂，但在20世纪80年代，一些地区开始意识到他们的工业遗产的旅游潜力（Soyez，1986；Harris，1989；Hospers，2001）。Mader（2003）就曾列举了共有1.45亿游客前往2666个景点的这一真正意义上的"遗产狂欢"。从那时起，另一些传统产品发展停滞不前的欧洲地区如德国最重要的工业集中地之一的鲁尔地区也发现工业遗产旅游是他们经济结构调整政策的有趣要素，于是便将往日的机械设备和矿井变成了大型的露天博物馆。

逐渐地，工业旅游将工业企业生产运营活动的观光作为其核心概念内涵。1974年，Simonson将工业旅游定义为对生产设备现场的参观，包括了解生产设备、试用产品样品和购买产品或纪念品等。英国旅游局在1988年开始了"see industry at work"（参观企业运营）这项运动，这被认为是促进对运营企业进行参观的第一批举措之一（Mader，2003，引自Otgaar，2010）。这一活动激发了其他国家、地区和城市采取类似的举措。20世纪90年代初，法国有超过1400个工作场所向游客敞开了大门，吸引了2000万游客前往（法国驻伦敦大使馆，2008）。这些景点中有4个工业旅游景点每年吸引超过10万名游客，其中最吸引人的是位于布里达那的一个潮汐发电站，其1992年共吸引了大约35万游客，其他三个最受欢迎的工作场所都与食品和饮料行业相关（Swarbrook，1995，引自Swarbrook和Horner，2007）。20世纪90年代末，荷兰鹿特丹开发了一项工业旅游线路（industrial tourism tour），对游客颇具吸引力。2000年，美国宾夕法尼亚州的约克郡启动了"世界工厂旅游之都"（factory tour capital of the world）旅游项目。2001年，法国拉卢瓦尔地区成立了一个名为"访问我们的公司"（visit our companies）的组织，目的是改善工业旅游的供给。2006年，拉卢瓦尔地区的昂热市举办了第一届"欧洲企业参观"（company visits）会议，此次会议聚焦企业及其所在农村或都市的工业旅游机遇。2005年，意大利都灵市启动了一项名为"都灵制造，旅游精品"（made in Torino；Tour the Excellent）的计划。在德国，许多工厂已经向游客开放，以展示其产品的生产工艺流程。鲁尔地区的吸引力主要在于它的工程遗迹和仍在运营的工业厂区。这些地区的工业传统和历史宝藏构成了工业遗产旅游的精品线路（德国国家旅游局，2013）。

拥有丰富工业遗产的俄罗斯也进行了大规模的工业旅游产品项目的开发与投资，借以增强制造业企业的吸引力。在俄罗斯，有旅行社专门从事工业旅游业务。大多数旅行社提供的旅游线路都是围绕莫斯科周边地区以及利用乌拉尔和西伯利亚的大型工业综合设施开展工业旅游活动（Tourism-Review，2009）。在日本，工业旅游也变成了一种趋势。名噪一时的 Kojo moe 或"工厂迷恋"（factory infatuation），即专指工业旅游在一些废弃的工业区所获得的蓬勃发展，与其"再造美丽故乡运动"相互呼应。在这一行动中，工业设施不是因为历史，而是因为它们的审美价值而受到欢迎（Boros 等，2003）。

1.1.2 从滥觞到规范发展的国内工业旅游

与世界发达国家相比，国内的工业旅游发展较晚，直至20世纪60年代，以参观形式开展的工业旅游才开始出现。最初只是一些政府机关、社会团体或高校科研机构，以考察和调研的名义前往一些有着先进经验的企业进行参观学习，部分企业为此开辟了专门的参观通道。但是，从严格意义上讲，工业旅游于20世纪90年代中期才真正开始在中国大陆出现。1994年，长春第一汽车集团组建了实业旅行社，对外开放部分汽车生产线和样车陈列室。此后，国内一些知名企业也渐次推出工业旅游项目。1997年，宝钢设立旅行社，开始接待少量来宝钢参观的旅游团队，象征性地收取"参观费"；1998年，四川长虹集团和青岛啤酒一厂分别向游客开放；1999年年初，青岛海尔集团成立了海尔国际旅行社，并推出了"海尔工业游"项目，并投资1亿元兴建了海尔科技馆，不仅在园区、车间内规划了专门的参观线路，还配备了专业的讲解员，把购物、参观、交流和娱乐融为一体；2000年，首钢启动了"钢铁是怎样炼成的"工业旅游项目，以此命名的工业旅游产品后来也在其他钢铁公司得以开展；北京三元食品有限公司也在同年推出三元牛奶"大篷车"项目，至此开创了新的工业旅游形式。

2000年之后，随着工业旅游产业规模的逐渐扩大，政府开始对国内的工业旅游进行规范化管理。2001年，国家旅游局制定《工业旅游发展指导规范》，正式开启了全国工农业旅游示范点候选单位推荐评选活动。2002年，国家旅游局开始实施《全国工业旅游示范点检查标准（试行）》，并于2004年7月，授予103家工业企业"全国工业旅游示范点"称号。2005年，上海成立工业旅游推广中心；2004—2007年期间，国家旅游局共评选出4批共345家全国工业旅游示范点。此后，国内工业旅游发展迅猛。2009年，国务院颁布《国务院关于加快发展旅游业的意见》国发〔2009〕4号文件，正式提出要大力推进旅游与工业等相关产业与行业的融合发展，鼓励有条件的地区开展工业旅游。2014年，《国务院关于促进旅游业改革发展的若干意见》国发〔2014〕31号文件中提出要推动旅游业与新型工业化等相关产业融合发展。2015年，"中国制造2025"将积极发展服务型制造和生产型服务业作为工作重点，努力促进生产型制造向服务型制造转变，推动服务功能区和服务平台建设。2016年，全国工业旅游创新大会发布《全国工业旅游发展纲要》征求意见稿（2016—2025年）。2017年，第二届全国工业旅游创新大会推出新一批国家级工业旅游示范基地（10个）和工业遗产旅游基地（10个），并下发了《全国工业旅游创新发展三年行动方案》以及《国家级工业旅游示范基地规范与评定》。2019年，"中国工业旅游产业发展联合体大会"重申工业旅游是促进工业转型升级，培育新增长动力的重要途径；是企业实现品牌竞争、提升综合收益的有效手段；是促进政府、游客和社区居民多方受益、形成多赢格局的重要渠道。

目前，中国已开始迎来后工业时代，中国工业也面临着产业转型升级、结构调整、化解产能过剩和增加新兴工业价值的急迫任务。不管是学术界、政府部门，还是某些传统工业部门内部，已经有越来越多的人开始认识到，大力发展工业旅游将极大地促进工业产业向服务业经济转型的步伐。这一点，在近年来的工业旅游统计数据中已经反映出来。2015—2017年，我国工业旅游接待量年均增长31%，工业旅游收入年均增长24.5%。截至2016年年末，全国共有1157个工业旅游景点，接待游客1.4亿人次，旅游收入213亿元人民币，吸纳就业42.8万人。工业旅游成为旅游产业融合发展和全域旅游的有生力量（全国工业旅游创新大会，2017）。

1.2 工业旅游发展实践中存在的问题

工业旅游可以为参与的企业提供各种好处，其中有些是隐性的，有些是显而易见的。比如，获得良好的声誉，与公众建立积极公共关系，改善企业品牌形象，拉近消费者和品牌之间的关系，增加品牌忠诚度和黏性等，都是企业可以通过工业旅游获取的隐性好处。而像借助工业旅游展示产品，促成游客的现场购买和游后购买来增加销售，以及开展工业旅游所形成的直接门票营业收入等，则是企业的直接经济收益。此外，这些好处不仅局限于最终用户，在一定程度上，也可能与商业顾客、员工、投资者或是利益相关者、当地居民等利益相关者分享。例如，对于属于业务—业务关系的企业，可以通过允许利益相关者访问供应链中的一家企业来促进企业和他们的利益相关者之间的信任和理解（Otgaar，2010）。通过吸引游客来参观和停留，工业旅游的经济外部性也可以惠及地区经济发展。

除了经济方面的好处，工业旅游还可以通过让年轻人见证目前很难体验到的生产过程来发挥其教育功能。与此同时，通过让老年人回顾他们以前的生活来为老年人提供怀旧体验，这些也是工业旅游的典型功能。

与国内外工业旅游的迅速增长及其所具有的显著意义相对的是，现实中绝大多数工业旅游景区人流稀少，有的景点甚至已经关门谢客；很多工业旅游景区都为生存而挣扎，更不用说它们在工业旅游方面取得任何经济或其他收益，这种情况在中国尤甚。笔者曾试图通过查询各大旅行信息网、各省市的旅游资讯网、旅行社网站及企业网站进行旅游信息咨询，结果发现，很多标记为工业旅游景区的企业，根本查询不到任何工业旅游运营信息。对于能够查询到信息的工业旅游景区，笔者也曾试图通过电话的方式进行咨询，结果发现部分景区的电话根本没人接听，还有很多的景点只接待参观团体，不接待散客旅游。如燕京啤酒工业园只接待30人以上的团体，而且要提前3~4天预约，否则不予接待。此类企业所表明的理由是：工业旅游与其他旅游不同，只能开展团队集体参观，以便能够合理安排讲解服务，而散客参观，则不易管理，企业还需要花费大量的人力和物力。即便是旅行社也不负责散客拼团，其理由还出于一些保密和安全方面的考虑，因此只接待单位集体预订。

旅行社不做散客拼团的更深层次原因，可能是由于盈利方面的局限。那么现实中工业旅游的发展到底有哪些突出的问题呢？为什么会普遍存在这样的问题呢？笔者通过实地观察、文献查阅以及访谈工业旅游企业经营者等多种途径，发现有以下几方面突出的问题或原因。

1.2.1 究竟是否应该发展工业旅游的问题

虽然有一些企业在工业旅游的开展中取得了一些收益，如青岛啤酒厂、张裕葡萄酒公司和海天酱油企业等，但是对于绝大多数企业，尤其是本体业务经营效益好的国有大型企业以及一些关系到社会民生的重要企业，其管理层并不看好发展工业旅游，对工业旅游的无形和隐性价值认知不足，认为工业旅游的直接经济效益和短期综合效益相对其主营业务的生产效益而言并不明显甚至微不足道，发展工业旅游属于"不务正业"。另外，企业接纳大量的"闲杂人等"前来参观也会影响生产活动的正常开展，从而给企业管理造成负担，即使有开展工业旅游项目的，也是迫于外界压力，尤其是来自政府和社会的压力，这种缺乏内在经济动力而勉强支撑起来的工业旅游项目，在实际运营上难免抱着敷衍和排斥的态度，其投入的人力、财力也会很少。很多企业只是把工业旅游项目作为其产品展示的一个方式和手段。这样勉强附设的工业旅游项目，企业也缺乏针对性的规划和营销，因此经营上均难以为继。另外，也不乏很多并不具备开展工业旅游的小微企业，怀有某种投机心态而跟风式地开展工业旅游，致使目前工业旅游市场开发程度不一，旅游产品良莠不齐。

1.2.2 究竟应该怎样发展工业旅游的问题

相对传统的观光旅游和新兴的休闲旅游而言，工业旅游在需求特征和消费规律上有其特殊性，人们对工业旅游的社会认知和审美偏好相对较弱，一般公众对工业旅游知之甚少，公众普遍认为工业旅游就是到工厂参观学习，而不是休闲娱乐，这直接影响到工业旅游的市场规模，也必然影响到工业旅游发展的深度和广度。而大多数工业旅游项目都集中在企业博览馆参观和开放生产线的阶段，内容单调而乏味，因而游客缺乏体验深度。而附设的博览馆，往往主要依托于企业既有的历史和文化，因此只能停留在简单的、平面化的展示层面上，内容单薄，形式苍白，现代展览技术应用不足，游程设计单调呆板，游客的参与性、项目的趣味性都很有限，很难激起游客的热情。在厂区开放方面，仅限于让游客参观或远观生产线，有时这样的观赏流程往往缺乏景观上的独特性和冲击力，从而使游客很快丧失观赏兴趣。另外，由于工业产品与旅游产品的结合度不高，缺乏旅游的核心内容，尤其是没有真正将工业企业文化、产品文化融入旅游过程，导致出现了参与性项目少、与职工互动少、附加旅游体验少这样的"三少"特征，从而影响了游客的体验深度。

1.2.3 究竟什么样的工业项目可以采用"旅游+"的策略的问题

目前绝大多数工业旅游景区往往基础设施不完善，有些景区甚至连最基本的旅游观光通道都不具备，就盲目开展工业旅游项目，这就极大地制约了那些旅游产品的开发。此外，很多工业旅游项目没有配套的餐饮、购物、娱乐等设施，或者即使有，设施也比较简单，缺乏基于旅游功能的独特设计，功能单一，吸引力不足。此外，工业旅游作为一种特殊旅游类型，完善的解说体系是必不可少的，但很多工业旅游景区没有专门的导游，只是由企业技术人员临时客串，基本素质和专业能力尚需提升，甚至有些景区没有准备成熟的解说词，也缺少面向不同受众的差异化解说系统，开发自助语音解说的更是寥寥。

综上，现实中，许多企业害怕做工业旅游，觉得跨界难搞，而且有不务正业之嫌，但看到很多企业都加入了开发工业旅游的大军，这些企业又蠢蠢欲动；最后，许多企业还是选择了做工业旅游，但大多搞的毫无特色，反而成了企业的拖累。

1.3 研究问题

工业旅游在发展实践中所存在的问题是多种多样的，但其中也存在着某种根本性问题，可以通过理论研究加以解决。在笔者长期接触和研究工业旅游的过程中，一个更为深刻的疑问逐渐浮现出来：这些复杂的实践问题的背后，是否存在某种共性的理论问题？工业旅游发展的效率和效果的提升，是否存在某种规律性的解决方案？经过反复的思考、调研、与同行交流和再思考的过程，笔者逐渐意识到，伴随着工业旅游发展而出现的诸多实践问题，事实上是有其理论根源的。这些问题在理论界虽有涉及，但并没有形成系统的理论解释，很多带有根本性的问题，都一直没有获得真正的解决，甚至根本还没有被认识到。例如，到底什么样的工业旅游点才算得上是真正意义上的工业旅游点？换言之，从理论上来说，究竟什么是工业旅游？工业旅游的本质属性是什么？工业旅游体验的精髓何在？高品质工业旅游产品的特质是什么？工业旅游的现场体验如何？如何评价？如何满足工业旅游者的体验需求？什么样的企业才适合发展工业旅游？为什么很多工业旅游企业不情愿开发工业旅游项目？为什么有的工业旅游项目开发之后呈现苟延残喘之态？工业旅游发展的内生动力是什么？诸如此类的问题还有很多。显然，这些基本的理论问题如果不能予以解决，现实的工业旅游发展就无法走上健康的轨道，而工业旅游项目对于某些工业企业而言，也就成了鸡肋一样的存在。这正是当今中国工业旅游发展现实当中的一个突出的问题。显然，只有从根本上解决上述理论问题，才能为工业旅游发展指明一个正确的方向。

为此，本研究将目标定位在对以下一些问题进行系统的理论探讨，并借助于实证研究，对相关问题进行经验性的证明，力图形成富有解释力的工业旅游理论模型。这些问题包括：

（1）什么是工业旅游？它的本质属性包括哪些？如何系统地划分工业旅游的类型？在上述一系列问题当中，首先要对现有的工业旅游概念、特征和类型划分进行梳理，并在此基础上结合实际进行辨正，给出更为科学的理论阐释。

（2）工业旅游体验是一种什么样的体验？针对这一问题，本研究基于已有的旅游体验尤其是其中的旅游场理论，进一步深化对工业旅游场的研究，其中具体包括两个子问题，一是工业旅游场景的形态构成究竟如何，二是如何根据旅游者的体验诉求对工业旅游场景进行有效的组织。

（3）影响游客工业旅游体验的因素是什么？表面上看，这似乎是一个老生常谈的问题。但是，深入的研究会发现，影响工业旅游体验的因素，远不同于一般的旅游体验，也不同于其他类型的旅游体验。本研究创造性地发展了一系列专有范畴，并在此基础上构建了作者所坚持的理论命题。这里具体包括两个子问题：

一是是否存在某种阻碍工业旅游体验的根本因素？还有什么因素会

阻碍和影响工业旅游体验质量？这里要回答的不仅包括工业旅游产品的品质是否决定工业旅游体验的质量和可能性，而且包括工业旅游体验的可能性是否会变相决定工业旅游产品的品质的问题。在此基础上，本研究得出了具身障碍是影响工业旅游体验的显著特征的重要理论命题。

二是如何提升工业旅游体验质量？这里要回应影响工业旅游体验可能性的障碍有哪些，这些障碍是否可以移除，如果不能移除如何通过其他途径，通过哪些途径来实现具身体验？就此话题，本研究提出了有关工业旅游障碍移除、工业旅游场景组织和工业旅游者移情参与是实现具身体验的有效手段的命题。

（4）如何组织工业旅游场景？这里包括两个子问题：工业旅游者所关注的工业旅游景观有哪些？旅游者与这些工业旅游景观又将采取什么样的互动，从中可以获取怎样的终极体验？

通过对这些问题的探索和回答，本研究的终极目的是揭示工业旅游体验现象中的一些可实证的内在运行规律，并以此解决现实中工业旅游存在的问题。

1.4 研究思路

本研究采用理论思辨和实证分析相结合、定性研究和定量研究相结合的方法来探讨工业旅游具身体验问题，以揭示工业旅游场景体验的构成要素和内容。在理论思辨部分主要采取的研究方法是逻辑归纳。具体研究思路为：首先，通过文献评述借鉴其他学科理论和实证研究成果，对工业旅游的概念及本质进行哲学和逻辑思辨，澄清工业旅游概念中所存在的问题，为后续的实证研究奠定扎实的理论前提和逻辑基础；对于实证研究部分，从旅游体验、具身理论、地方性、景观和场景的视角出发，通过观察、深度访谈、网络图文收集以及问卷调查等多种渠道进行数据收集，然后运用扎根理论、隐喻抽取技术、主题编码等定性方法以及统计分析等定量方法，对相关问题展开混合式的数据分析，进而完成对工业旅游场景形态、工业旅游场景体验质量、工业旅游体验的具身障碍和障碍移除、工业旅游体验的场景组织等问题的实证分析,并建立相应的理论模型(见图1-1)。

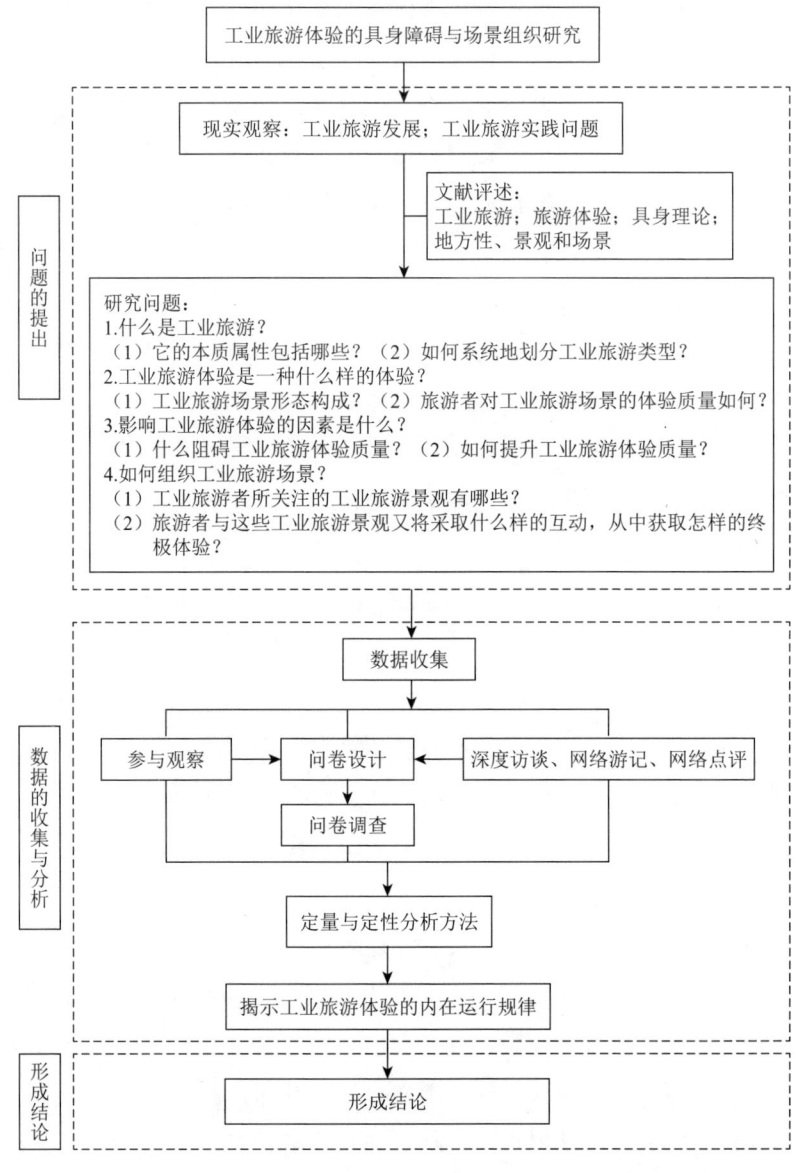

图1-1 研究思路

1.5 研究内容

基于上述提出的研究问题和研究思路，本论文共分为五大部分，包括九章内容，论文结构框架如图 1-2 所示。具体研究内容做如下安排：

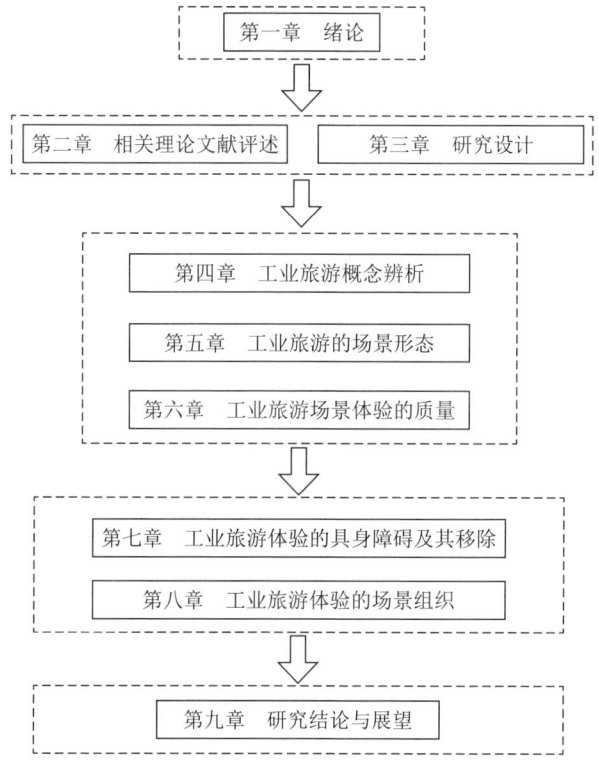

图 1-2　论文结构框架

第一部分包括第一章。首先对国内外工业旅游发展的状况进行总结性分析，并重点分析了国内工业旅游发展中的现实问题，然后对论文的研究问题、研究思路、研究内容、研究创新点等问题进行系统的说明。

第二部分包括第二、三章。第二章对工业旅游、旅游体验、具身理论以及地方性、景观和场景等相关理论文献进行研究述评，目的是回应工业旅游现实中的问题，使理论研究与实践问题相互关联，构成一个整体,以统御后续研究。旅游体验是身体和具身的,工业旅游由于其特殊性限制了游客的具身,而将"场景"这一术语作为考察工业旅游情境中的旅游行为,宗旨是将地方性、景观以及旅游研究中的场景营造、场景组织等概念加以综合,突出强调场景的"可组织性"或"可布置性"、主客之间的"互融互动性"以及由此而衍生出的场景的"动态性"。

第三章的主要内容是研究设计和研究方法,本章概述了研究对象与分析单位、资料收集方法、研究资料类型、数据处理和分析方法等,并对研究样本的特征进行描述性分析、效度分析和信度分析。

第三部分包括第四、五、六章。第四章采用哲学和逻辑思辨的方式,对现有国内外工业旅游的概念及其分类进行评述,并在此基础上,采用属加种差的原则,在旧范畴、旧分类的基础上对工业旅游的概念进行辨正,赋予其新的内涵、归纳其本质特征,并对工业旅游的类型进行系统划分。得出工业旅游是人们前往提供工业生产、运营实景或其附属展演景观的现场进行休闲体验的旅游活动。

第五章在讨论工业旅游概念和本质特征的基础上,对工业旅游的场景形态进行了探究。本章首先探讨了旅游场景与场所精神、场景观之间的关系,明确工业旅游场景的特征为景观性、动态性、在场性和依附性;其次定义了工业旅游场景,对工业旅游的场景形态进行了概念性的界定,指出工业旅游场景形态由空间形态和旅游者的主观实现共同完成,得出工业旅游体验就是对工业旅游场景的体验的理论命题;最后采用问卷调查的方法调研了现实中工业旅游者对工业旅游场景类型的认知和偏好。

第六章的主要内容是工业旅游场景的体验质量。笔者对网络点评(定性数据)、问卷(定量数据)进行了分析。首先得出不同的工业旅游场景所能提供的体验类型是有差异的,如大型水利电站或采掘业,由于生产运营会形成特殊的地理地貌与小气候,进而会给游客带来审美与情感方面的体验;其次不同的工业旅游者,针对不同的工业旅游场景,其所追求和获取的体验也是有差异的;最后进一步明确了目前影响工业旅游者的积极体验、消极体验、不满意的因素和条件,并识别出积极体验、消极体验以及不满意因素的来源,为进一步分析其原因打下基础。

第四部分包括第七章和第八章。第七章的主要内容是工业旅游体验的具身障碍和障碍移除,其核心命题是:工业旅游可能因其依托于工业生产作业的真实情境而使得工业旅游体验面临着巨大的障碍。在这部分的分析中,笔者主要使用扎根理论对影响工业旅游体验质量的障碍进行识别,同时从游记文本中进一步抽离出障碍移除的范畴与方法,如障碍克服、障碍遮蔽、游客的移情参与以及场景组织,并在这一基础上构建了"具身体验实现"的三维度模型,指出具身体验包含感官体验、移情性浸入和具身模拟三部分内容,通过身体、场景和互动三个方面的协同作用影响具身体验的程度。最后,笔者使用统计分析方法对问卷调查数据进行分析,目的是验证工业旅游体验中具身障碍的存在及其移除的可能性。

第八章的主要内容是工业旅游的场景组织。笔者首先使用 Rost.CM6 软件针对问卷调查所获取的数据进行词频统计分析,从中抽取和识别构成工业旅游场景的核心和重要元素,将其归纳为工业旅游场景的自在性元素、旅游化元素和游客体验三大类;其次在此基础上使用隐喻抽取技术,在具体的应用过程中借助攀梯技术和扎根理论的情境分析法,对通过深度访谈、点评和游记收集所获取的图片文本材料进行质性分析,建立工业旅游场景和旅游体验之间的关系,形成工业旅游场景组织的综合模型。

第五部分由第九章单独构成。本章首先总结概述了本研究的主要研究内容;其次是从场景组织和改善工业旅游者体验质量的角度,分别从总体构思、工业旅游场景形态的体验差异以及规划设计工业旅游具体体验方式三个方面为工业旅游目的地管理提供对策性的建议,指出场景组织是工业旅游目的地有效管理的重要手段,以帮助企业设计、指导、控制、调整工业旅游体验,解决工业旅游面临的实际问题;最后本研究指出了本论文的不足之处,据此对未来的研究进行展望。

1.6 研究创新点

科学研究的使命是贡献新知识。在本项研究当中，笔者力图通过逻辑思辨和科学实证两条路径为工业旅游体验研究领域的知识大厦添砖加瓦。尽管本人的理论功底还不够深厚，驾驭相关研究的能力还很有限，在深入到相关问题域展开理论研究时还存在着一些资源约束，但经过努力，笔者还是在一定程度上取得了一些进展。在这方面，本研究主要实现了以下几个目标：

1.6.1 研究视角的创新

视角创新是理论创新的前提、路径和工具。只有观察问题的角度变了，才能对一些老问题产生新认识，形成新解释。在既往的研究中，学术界多半是从工业旅游资源开发的角度出发，通过研究工业旅游资源的特性决定工业旅游者的体验可能性和体验质量，进而研究工业旅游资源发展模式，或通过展开工业旅游资源评价，以探索工业旅游体验质量等问题。而本研究则反其道而行之，以旅游者微观视角来研究工业旅游，从工业旅游者的行为出发，来研究工业旅游体验可能性对工业旅游产品品质的反向决定性。更进一步，本研究从场景理论视角出发，采用具身理论研究旅游者在工业旅游场景中的具身体验问题，这不仅呼应了旅游体验研究的趋势，也为工业旅游研究探明了新的方向，为工业旅游实践开辟了新的出路。本研究借助这一视角对工业旅游中的诸多问题进行研究，体现了追求旅游研究要变革其研究基点和研究视角的一种独特考虑。

1.6.2 系统化的研究成果：范畴—命题—理论模型

（1）范畴创新。范畴创新包括旧范畴的重新界定和新范畴的提出两个方面。本研究首先全面深入地探讨了"工业旅游"的本质内涵，将其作为工业旅游研究在本体论上的"元问题"来加以看待，着力对此核心范畴加以重新界定。工业旅游的概念是工业旅游研究中的核心范畴，但人们对于工业旅游的认识仍然有不同看法，其中不乏偏颇之处，这直接影响到对工业旅游的性质、特点、类型和运动规律等关键问题的理论认识。本研究在现有理论的基础上，重新界定工业旅游这一范畴。

本研究还尝试提出了一些新的理论范畴，并利用这些范畴来解释工业旅游中存在的问题。在这方面，场景、生产实景、附属展演类场景、工业旅游场景、景观形态、本体功能、异化功能、功能性障碍、连带性障碍、具身障碍、障碍移除、障碍克服、障碍遮蔽、具身模拟、具身唤醒、移情参与、具身实现、场景组织、自在性元素和旅游化元素等范畴，它们或者是本文作者首次提出，或者是作者首次赋予其新的意涵，因此都具有创新的价值。它们构成了解释工业旅游体验现象的重要概念单元。

（2）提出了若干解释工业旅游体验现象的重要命题。命题作为主要的知识形式，是本研究努力要探寻、证明的内容。如工业旅游体验就是工业旅游场景具身体验；具身障碍是制约工业旅游体验质量的显著特征；借助于障碍移除而实施的场景组织以及旅游者的移情参与是具身体验实现的途径等，都是本研究要证明的重要命题，一旦这些命题得以证实，也将带动后续研究对相关问题域的进一步理论探索。即使这些命题可能还存在着将来被证伪的可能性，但它们所具有的启发价值还是存在的。

（3）构建出分析工业旅游场景形态的概念化框架。工业旅游体验实质上就是工业旅游场景体验，工业旅游是由一个个不同的场景所构成的，场景不仅具有不同的空间形态和元素，身在其中的旅游者通过感知、理解、情感、联想和想象等心理过程，在同样的空间场景中会形成不同的意境体验，赋予物质空间不同的意义。随着时间的变化，个人情感的变化，同样的空间形态也会带来不同的意境体验，这些意境体验之间是动态的，连续的。

第二章 相关理论文献评述

本研究从工业旅游的发展渊源和实践问题出发，在梳理旅游障碍研究文献基础上，将工业旅游的限制问题放在旅游体验理论的整体框架下，以旅游场、具身、地方性和景观理论为切入点，通过对工业旅游场景中的景观形态及其引发的具身障碍和体验质量进行分析，旨在通过场景组织来提升工业旅游者的体验质量，这种体验主要表现为具身实现。以此逻辑为起点，本研究首先对国内外工业旅游研究的现状和旅游障碍研究进行综合梳理，进而对旅游体验、具身性、地方性、景观、场景等研究领域进行评述，并通过对文献的统观，架构起这些概念在解释工业旅游体验中所具有的系统性关联。

2.1 工业旅游研究综述

国内的工业旅游研究始于20世纪90年代，经过近30年的发展，已成为国内旅游研究中一块较为独特的研究领域。以"中国知网"作为检索数据库，以"工业旅游"为关键词进行模糊论文搜索，可以得到5834篇论文，进一步将论文的期刊来源设定为"CSSCI"和"北大核心"来源期刊，得到305篇核心期刊论文（截至2018年6月），依据这305篇核心期刊论文的发表时间，可以将其分为三个阶段（见图2-1）：第一阶段为2000年以前，可以看到，2000年以前每年的发文数不足10篇。第二阶段是2000—2010年，学者们开始逐渐关注国内工业旅游的研究，学术论文数量也逐渐增加，这一阶段的论文占论文总数量的70%，其中，绝大多数的论文集中在2005—2010年，2010年数量达到顶峰。2010年之后为第三阶段，每年的发文量稳定在15篇左右。

这样的研究发展阶段受国家政策、经济发展状况影响明显，与科学发展观、转变经济发展方式等发展理论的提出也密切相关（凌欢，郑向敏，2018）。

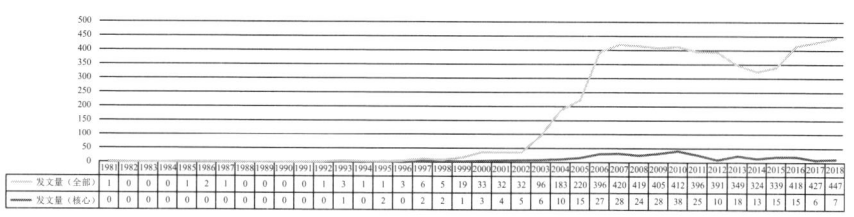

图 2-1　工业旅游文献发表年度趋势

通观这些研究，主要有三种类型：概念性的思辨研究、规范性的对策研究以及科学实证研究。其中工业旅游开发、工业与旅游业产业融合方面的对策研究文献最多，而涉及理论探讨的另外两种研究的相关文献则少之又少，反映了工业旅游研究"多规范、少实证，重宏观、轻基础，多抽象、缺特质，缺理论、少方法"的倾向（邱洁威，2011）。而图 2-1 中比较总的发行量与核心论文发行量发现，核心期刊发文量非常少，仅占总发文量的 5%，核心期刊发文量与总发文量之间的巨大差异，也间接反映了理论研究偏少的事实。

具体来说，目前国内工业旅游研究绝大多数属于规范性或对策性研究，主要包括五个方面:（1）分析国内、区域、城市、行业、具体工业旅游点、工业遗产地和矿区的工业旅游发展条件与现状，提出工业旅游发展对策（熊花，2015；宁静和赵阳，2013；胡迎春等，2010；朱芳，2016；梅林等，2005；王莹和刘雪美，2010）；（2）在借鉴国外工业旅游发展经验的基础上为国内工业旅游发展提供对策（杨铭铎和郭英敏，2016），这是我国早期工业旅游研究的普遍模式，采用的分析工具主要是 SWOT 分析法（高伟霞和吴智慧，2016；徐柯健，2011）和 RMP（昂谱）分析法（张利华，2010）；（3）从空间的角度来研究工业旅游的分布及发展模式（唐健雄等，2017；吴杨等，2015）；（4）工业旅游资源

（任宣羽，2008），尤其是工业遗产资源（王明友等，2014）的保护利用和评价，主要采用的是德尔菲法（Delphi）（韩福文等，2010）、AHP层次分析法（李丽和李悦铮，2010）和多层次灰色综合评价模型（王慧等，2014），很少涉及定量的研究方法。(5) 随着实践的发展，研究逐渐地细化，也出现应用相关理论视角指导工业旅游发展的研究，如体验经济（张利华，2011）、创意经济（陈琴等，2013）、循环经济（颜庭干等，2010；王莹和姜琴君，2010）、景观生态学原理（曾磊和曾晖，2009）、DLC理论（刘洪利等，2009）等。总体来说，目前工业旅游的规范性研究也只是从资源开发的角度来研究如何发展和解决问题，而没有从工业旅游者体验的角度进行切入。

在国内的工业旅游相关研究文献中，也出现了一些思辨性研究。早期学者主要通过逻辑思辨研究工业旅游的概念、特征、效益以及发展方向（裴泽生，1997；戴道平，2002；王宝恒，2003；黄芳，2004）。还有一些致力于在理论应用和生成方面，研究成果如张威（2014）将体验经济与体验营销的理论引入到工业旅游研究中，并建立了相应的理论关系模型；张威（2013）以天津港为例，运用扎根理论建构了工业旅游经营模式。这方面的文献较多的集中于台湾学者用英语撰写的文献中，尤其是近几年，如 Cheng fei（2016）采用层次分析法，运用"4A"旅游目的地管理实践模型，对工业旅游吸引力的主要维度进行识别。Wu 等（2015）以台湾盐业作为个案研究，分离和检验最大化的促进盐业遗产地认知吸引力的特征。Byrd 等（2016）通过比较可能影响葡萄酒游客访问或重访北卡罗来纳州酿酒厂或葡萄酒产区的具体因素，对核心和补充服务的理论模型进行了探索，以确定哪些因素对酒庄旅游决策的影响最大。Chow 等（2017）运用品牌资产的概念来检验顾客对品牌旅游企业价值的认知。Kirova 等（2018）利用体验经济模型（4Es）对葡萄酒旅游体验进行深入的研究。从中可以看出，无论是大陆学者还是台湾学者，其关注点主要是应用理论来指导工业旅游的发展，而少有从工业旅游发展的实践问题出发而形成理论抽象。

综上所述，国内尤其是大陆的工业旅游学者，从研究方法来看，仍然以传统的描述、归纳、考察等方法为主，缺少新技术新方法，缺乏对于其他学科的借鉴，缺少理论的应用和生成，研究方法单一，尤其缺少严格的实证研究。从研究视角来看，主要以自上而下的宏观研究为主，较少从自下而上的微观情境展开研究。从研究内容来看，主要关注工业旅游的效益、资源特征等，研究结论更多是从供给出发，研究工业资源的开发利用，少有从游客需求出发，探讨游客的工业旅游体验，或如何依据游客的体验来发展工业旅游等问题。

相对于国内工业旅游理论研究文献的严重缺乏状况，兴起于20世纪80年代的国外工业旅游研究，更多地注重于理论的发展与应用，研究路径也多采用科学实证的策略。国外早期的工业旅游研究始于废弃矿区的再利用问题上（Edwards，Cotes，1996；Hospers，2010），Beeho和Prent（1997）使用ASEB栅格分析法研究工业遗产旅游体验。随着旅游业对城市更新、旧工业景观价值恢复和经济发展方面所表现出的重要意义（Forga和Valiente，2017），越来越多的学者开始研究废弃工厂和生产领域的再利用问题，如能源旅游（Franta´l和Urba´nkova´，2017）和石油线路旅游（Kruczek，Z和Kruczek，M，2016），Pawlikowska-Piechotka（2009）以华沙工业遗产振兴项目为例，研究了以满足旅游和休闲需要为目的的现代化历史建筑在多重维度（社会、历史、美学和经济）上丰富城市空间的意义，使其具有显性价值。鉴于工业场所（无论是正在经营还是非经营的）都有着发展可持续旅游的机会（Chengfei L，2016），大量学者对工业旅游开展了细致研究，如Frew（2008）从旅游吸引物理论的视角，考察了核心业务不是旅游的工业旅游景区，并识别了旅游和非旅游业务并行管理问题。Halewood和Hannam（2001）在探讨本真性和商业化的基础上构建了西欧新兴维京遗产旅游的一些关键维度。Edwards等（1996）讨论了工业遗产的类型结构，并从威尔士和西班牙的案例研究中提出了对这一工业遗产的不同考虑。其中，一个重要的方向是从游客角度展开分析，如 Deborah 等（1998）在实证的基础上分析了工业遗产旅游中游客旅游行为特征与其探访模式之间的关系，并识别出工业遗产的维度。Tanski 等（2004）通过对负责北欧八家不同公司游客中心的营销主管和经理进行个人访谈，描述了工厂体验现象，并调查了提供工厂体验的诸多价值。Rozycki 和 Dryglas（2017）分析了游客对矿山和其他地质物体的感知及其旅游行为；Beer 等（2017）根据可再生能源与旅游之间的互动关系对工业旅游区进行分类；Chow，H W 等（2017）指出从事工业旅游的企业应将重点放在游客互动体验上；Chia-Li Lin（2019）探讨了工业旅游者的需求和偏好。国外的研究也同样关注工业旅游的概念、特征、分类及效益，同样也做规范性的对策研究，如 Boros 等（2013）在回顾工业旅游概念框架基础上提出了其主要发展趋势，并运用定性和定量的混合研究方法分析了匈牙利工业旅游发展的可能性，开展了对策研究。

董锁成和郭鹏（2015）在对国内外工业旅游研究进行评述时指出，工业旅游研究在实证分析和理论探索方面，都取得了一定的进展，已经成为国内外旅游研究的重要组成部分。其中，国内外学者对工业旅游的概念、影响因素、开发条件、工业遗产旅游进行了深入细致的研究，国外研究主题侧重于工业旅游发展的动因、意义、政策和开发管理等方面，而国内的研究则侧重于工业旅游资源的特征、空间分布、开发模式、现实问题与对策等方面。

从以上评述可以发现，无论是国内还是国外的工业旅游研究，在研究内容与理论应用上都亟待提高。现有的研究忽视了工业旅游者的体验，忽视了从需求的角度来理解工业旅游的发展。工业旅游不同于一般的旅游吸引物，它的发展可能存在一些固有的障碍，或者说可能有一些特殊的原因影响和阻碍了工业旅游者的体验质量，而不仅仅是现在研究者所关注的资源、认知和管理的问题。

2.2 旅游障碍研究综述

人们在旅游决策过程中经常会受到各种障碍因素的影响而制约其行为或决策，如时间、金钱、距离和安全等，而旅游活动中关于障碍的探讨源于休闲限制（leisure constraints）的研究，早在20世纪80年代，研究人员就开始探索最初被认为是障碍（barriers）的约束条件（Jackson 和 Searle，1985；Jackson，1988），如无法克服的障碍（Iso-Ahola 和 Mannell，1985）、风险（Moutinho，1987）或抑制剂（Um 和 Crompton，1992），已经有几十年的历史。早期的研究人员认为，约束条件的存在导致了不参与，消除障碍将导致休闲参与（Wade 和 Hoover，1985）。Crawford 和 Godbey（1987）不同意这一概念，并提出了休闲限制模型，将休闲限制分为三个维度——个人限制（intrapersonal constraints）、人际限制（interpersonal constraints）和结构限制（structural constraints），并假定当人们拥有自由以及参与休闲活动的愿望时，制约因素可能阻碍他们的参与（Raymore，2002）。个人限制与个体的心理状态、人格特质和偏好等相关，一般会在个体选择或参与休闲活动时产生，包括兴趣、信仰、健康、压力和担忧等因素；人际限制指由于个体的人际关系而产生的制约因素，如缺少同伴、与其他参与者的关系不融洽等；结构限制即外在因素，是指来自社会环境各方面的制约因素，包括由于时间、距离、交通、设施、环境和经济状况等引发的障碍，这个模型还扩大了可能会影响休闲行为的限制因素的范围，认为休闲限制不仅影响参与与否，还会影响个体的参与偏好与程度。Crawford Jackson 和 Godbey（1991）的后续研究中，他们强调了三个维度层次间的重要性，并进一步指出休闲限制的阻碍因素间具有阶层关系，按照次序依次为个人限制、人际限制和结构限制，连续克服每个层次的约束将导致休闲参与。个人限制是影响休闲活动最初和最直接的原因，也是个体在参与休闲过程中需要首先克服的因素，其次是人际限制，而结构限制则是最次要的和最后需要克服的因素。而后层次约束模型（HCM）成为休闲研究领域普遍接受的理论框架，被广泛应用于休闲、游憩研究中。

伴随着旅游业的迅猛发展，Goodale 和 Witt（1990）将休闲约束研究的发现应用于旅游的背景中，并指出 HCM 与目的地类型有着相关关系。Pennington-Gray 和 Kerstetter（2002）测试并确认了 HCM 在基于自然的旅游环境下的适用性，但建议通过继续在其他旅游环境下进行测试模型，旅游业将得到很好的服务。Nyaupane，Morais 和 Graefe（2004）将 HCM 应用于三种以自然为基础的旅游活动，并呼吁重新检查结构维度。Nyaupane 和 Andereck（2008）也质疑了模型的有效性，因为他们发现它们的结构约束维度不包括期望的旅行约束项（即区域属性、成本和时间不足）。Funk 等（2009）以北京奥运会为例，在美国和澳大利亚调查了 282 名公民前往中国观看奥运会的感知限制因素，他们的研究结果从对具体限制性因素的分类到各因素间的阶层关系，都完全地支持了 Crawford 等人的休闲限制层级模型。Chen，Chen 和 Okumus（2012）引入了一种新的旅行约束模型，其中包括一个特定于目的地的约束维度（即不熟悉的文化约束），这可能对旅行决策过程的早期阶段至关重要。Hung 和 Petrick（2012）应用 HCM 来研究在邮轮旅游背景下的旅游约束的影响。他们的研究结果表明，旅行限制对人们的邮轮旅行意图产生了负面影响。例如，人们可能会选择不乘坐邮轮，因为他们担心自己在邮轮上的安全（内在性限制）和互联网接入的限制（结构性限制）。

一些研究人员研究了基于社会人口统计特征的旅行限制方面的差异。例如，Hudson（2000）发现，女性滑雪者比男性能感知到更高水平的内在性限制（例如，害怕受伤，害怕电梯）。Pennington-Gray 和 Kerstetter（2002）指出，以自然为基础的旅游的限制会随着年龄和家庭生活阶段而变化。Fleischer 和 Pizam（2002）和 Nyaupane 和 Andereck（2008）也发现年龄与对旅行限制的看法显著相关。Fleischer 和 Pizam 对以色列 55 岁以上老年人的旅游限制进行了研究，结果显示收入和健康水平是影响其是否出游的最为显著的两个因素（2002）。Mckercher

等（2003）将限制残疾人旅游的因素分为内部限制和外部限制两类，内部限制主要包括内在限制（如缺少必要的知识、较弱的社交能力以及身心障碍等）和经济限制，外部限制则包括环境限制（如在交通、建筑、公共设施等方面的障碍）和交流限制（如消极的社会态度等）。Jovanovic 等（2013）对比了塞尔维亚城市居民和农村居民水上旅游的限制因素，研究发现受教育程度越高的受访者，其个人限制和结构限制越小。

我国对于休闲限制和旅游限制的研究起步较晚，近十几年来才有相关文献出现。现有的少量文献主要是运用国外的休闲限制模型，选取特殊的游客群体或旅游类型进行相关研究。如，郭鲁芳和韩琳琳（2009）系统性地分析了杭州女性的休闲障碍因素。陈世斌（2005）对杭州城区"最具出游"力人群的休闲旅游障碍因素进行了实证分析。李连璞、刘笑明（2006）从年龄、性别、职业类型等角度研究了西安市城中村不同类型的"非旅游者"的出游障碍因素。袁利（2011）以四川省老年人为研究对象，在国外休闲限制理论的基础上，探讨四川省老年旅游限制因素的构成以及不同城镇老年人在不同出游情况下旅游限制因素的差异。

虽然许多限制因素研究集中在限制类型上，但 Scott（1991）断言障碍并不是不可克服的；相反，人们可能会找到一种方法来修改他们的行为，以达到或维持休闲参与。Jackson 等（1993）通过引入协商策略进行回应，协商策略是指休闲（包括旅行）的参与取决于协商。根据 Jackson 和 Rucks（1993）的说法，协商涉及认知和行为策略。认知策略与参与休闲活动的感知价值有关，而行为策略则是指为克服对休闲参与的限制而采取的行动。个人可以使用各种策略协商约束条件从而导致积极参与休闲活动（Jackson，1999）。这之后，研究人员在建立决策模式时考虑了协商策略（Kang 和 Hsu，2004，2005；Litvin，Smith 和 Pitts，2012；Mansfifield，1992；Son，Kerstetter 和 Mowen，2008；Son，Mowen 和 Kerstetter，2008；White，2008；Wilhelm，Schneider 和 Russell，2009）。他们的研究结果表明，限制条件以及动机和态度

(前变量）与协商策略相互作用，以决定个人的行为，如参与的频率、忠诚和对活动的依恋。

综合以上述评可以发现，旅游限制的研究，多是应用休闲限制理论来研究旅游行为，相关理论和模型较为完善，研究方法也日益成熟，目前已积累了比较丰富的研究成果，能够识别一些旅游体验的障碍问题，但是结合本研究的工业旅游低迷发展的现状，会发现目前的旅游限制模型中的个人因素、人际因素和结构因素以及协商策略都仍然无法有力的解释和解决工业旅游体验质量不高问题。

2.3 旅游体验研究的再审视

旅游体验研究是旅游学理论体系中较为厚重的模块和理论支撑点，是构建旅游知识共同体的核心成分（谢彦君，2005a），对于旅游学科发展和产业实践日益显示出其重要性，也已经积累了丰富的文献。

20世纪60年代，继布斯汀（Boostin）指出旅游中充斥着大量"伪事件"（psuedo events），旅游体验是一种流行的消费行为之后，麦肯耐尔（Mac Cannell）以现代性的理论来定义旅游体验，并提出旅游体验是旅游者离开自身所处的虚假世界去寻找客观真实的过程，指出旅游的目的是追求"本真性"（authenticity）。至此，本真性问题成为自20世纪60年代以来西方旅游社会学研究中的一个核心范畴，以至于在很长一段时间内，西方旅游学界对旅游体验本质的研究都围绕本真性议题展开。科恩（Cohen）指出本真性的概念不是静止的、固定的，而是可以商榷的，是一个不断演进的过程。王宁（1999）对本真性理论进行了深化与拓展，将本真性概念发展的各个阶段划分为客观性真实、建构性真实和后现代的真实，并在此基础上提出了存在性真实。王宁认为，人的身体是感觉和感官快乐的内在根源，这种身体体验是个体内部本真性的表现。除了个体内部本真性，人们也寻找个体和个体之间的本真性，旅游者共同体的概念来自特纳，认为旅游体验本质上是一种朝圣，具有

"阈限""共睦态"等典型的仪式特征。在此基础上，格雷本发现游客体验状态存在神圣到世俗的两极，继而将旅游体验的本质由"神化游程"泛化为"世俗仪式"。

同一时期，国内的旅游体验研究则侧重于研究旅游者自身。谢彦君（1990）最早关注了游客体验的逆反心理，并系统地阐述了旅游体验的目的在于追求愉悦，构筑了研究旅游体验的基本框架，在此影响下，国内的旅游体验研究取得了一定进展。邹统钎（2003）运用体验经济概念，指导旅游景区打造令游客快乐的体验。潘海颖（2012）则认为，旅游体验的核心价值在于审美。赵刘等（2013）认为，体验是在主体与客体的直接互动过程中产生的，是作为体验流而呈现给主体的。马凌、朱竑（2015）在研究旅游世界概念时，特别强调了旅游者的价值建构和主观体验色彩。这些研究确立了人的主体性，认为人们进行旅游这种休闲活动时，相对于客观的事实判断，更看重主观的感知，因此受中国现实情境和人文传统的影响，表现出"真"让位于"美"，认知让位于情感的认识和研究取向。赵红梅（2012）曾对中国的大众旅游能否与西方的本真性体验"存在文化和价值判断上的可理解性与可沟通性"进行了思考。王宁（2014）也指出，本真性议题在中国语境下出现审美的倾向。

随着旅游体验研究逐步走向深入，除了探讨其本真性的话题以外，表演和凝视理论的引入将对旅游体验的关注引向了表征领域（厄里，2002），从而将旅游世界中的事物、关系和人置于客观化的境地。受到福柯"凝视"理论的启发，厄里（2002）主张旅游体验是一种凝视。这里的凝视是一种隐喻的说法，不单指"观看"的动作，而是旅游需求、动机和行为融合抽象的结果，是旅游者对旅游地的一种作用力（王宁，刘丹萍等，2008），游客使用"凝视"的权力进行符号收集，建构旅游体验，形成解读旅游体验的另一基本框架。因此，早期关于旅游体验的研究，更多的是把旅游与视觉相联系，然而视觉虽在旅游体验中扮演重要角色，但也只是获取体验的一种方式，旅游这一行为尤其需要其他感官的参与。戈夫曼（Goffman）的"拟剧理论"（dramaturgical theory）

使旅游研究出现了一种"表演转向"（performance turn），这一理论认为凝视是一种被动的隐喻手段，无法囊括所有旅游体验行为，认为旅游表演更能兼容所有的身体活动，是一种更好的隐喻手段，能够涵盖凝视所隐喻的一切内容（Edensor，2007）。但是，表演理论的"宏大叙事"企图同样存在着解释上的缺陷，"在正常的社会生活圈中，每个人都按照圈内特有的活动规则规规矩矩地呈现各自的面孔和人格"（谢彦君，2011），而旅游世界则不同，旅游世界中的关系通常是非正式的，"剧本"（社会期望）与"角色"（社会角色）之间的关系是模糊不清的，因此"旅游表演"的范围被无限的泛化。

旅游表演的舞台化与旅游凝视都贯穿着本真性体验这条主线，旅游体验研究一直以来忽视了身体作为"与世存在"的本体对旅游体验的影响。20世纪90年代以来，伴随着人文社科领域"身体转向（body turn）""感官转向（senses turn）"和"非表征转向（non-representation turn）"的到来，大量的学者意识到旅游体验研究中缺少对身体的研究（Quan和Wang，2004）。厄里（2002）在其《旅游凝视（第二版）》中，明确承认他在第一版中忽略了对身体及其他感官的关注，他主张旅游研究应在视觉景观研究之外，关注声景、嗅景、味景、触景等其他感觉景观。Quan和Wang（2004）指出，从某种意义上说，旅游是一种审美和感官的存在方式，而感官是以身体作为其载体的。因此，旅游活动应该保证身体各类需求的满足。Briassoulis（2002）也指出，游客在目的地不仅消费有形的资源，也消费当地的文化、嗅景和声景等无形的资源。Edensor（2000）认为，旅游者的旅游过程是一个多感官体验的过程，在这一过程中，旅游者扮演着不同的角色进行着不同的表演，多感官的体验可以使旅游者在旅游地的体验更加的丰富化、多样化。这与Tucker（1997）提出的"不仅视觉景观，其他如吃饭、睡觉、鼻闻、耳听，甚至攀爬洞穴等，都是旅游体验的重要内容"有异曲同工之处。多感官参与是游客获取完整的旅游体验意义的必要手段。

旅游体验研究逐渐从单纯的视觉凝视转向身体本身及具身性的研

究，旅游体验是身体和具身的已经得到多数学者的认可，旅游研究范式也逐渐发生转变，从凝视到身体，从原真性到表演性，从表征到非表征。非表征理论认为旅游现象是在具体的情境中发生的，人的行为具有意义属性，并随环境不断变化。要从人的内部、从人与环境的互动中去研究旅游，将被表征的旅游现象重新拉回了事实现场。非表征理论以其对"不仅是认知的或非认知的体验和运动"的关注，为旅游体验研究指出了新的方向。Cohen（2012）在"当前旅游领域的社会学理论与问题"一文中明确指出，"身体、具身性与情感"是当前旅游体验研究的七大主题之一。

2.4 具身体验：工业旅游体验研究的新视角

2.4.1 具身理论的内涵与意义

具身理论（theory of embodiment）是在计算隐喻、联结主义出现之后，以诠释性的视角来认识人类是如何获取外部世界知识以建构其内部概念系统的一个新型理论，其核心是关注模拟、情境性行为和身体状态对人的心理和行为的影响（Barsalou，1999，2008）。它最初仅仅是身心关系问题的哲学思辨，在传统西方哲学思想中，灵魂与身体相分离、灵魂统治身体的观点长期主宰着人们对世界的认识。17世纪法国哲学家笛卡尔继承并发展了这一观点，并把它总结为身心二元论。这一观点认为，人的心灵与身体是彼此独立，互不干涉的，心灵可以离开身体而单独存在，是不同于身体的另一个实体。心灵是认知的主体这一理论，为近代西方哲学建立了主客二分的研究范式，长期影响着人们的思维方式。这一理论将心灵与身体对立起来，切断了二者之间的联系，忽视了认识过程对身体的依赖，因此也遭到各方的质疑。

具身思想就是在对身心二元论进行反思的过程中逐渐形成的。这一思想在尼采、胡塞尔、海德格尔等哲学家的著作中都有所体现，但它真正的开创者是法国知觉现象学家莫里斯·梅洛-庞蒂。梅洛-庞蒂使用"具身主体性"的概念来驳斥笛卡尔，这一概念的意义在于提供了击败笛卡尔身心二元论的可能性（Fusar·Poli 和 Stanghellini，2009）。梅洛·庞蒂既不将人视为无身体的心灵，也不将人视为无心灵的机器，而是将其视为鲜活的、积极的生命体，它的主体性是通过身体与世界的互动得以实现的。在梅洛·庞蒂眼中，我就是我的身体，我的身体就是我。物质和精神在我这里是同一的。一直以来，我们心智的一切能力都是以具身的方式实现着我们与世界的交往，同时也制约着我们与世界交往的可能性。"梅洛·庞蒂将身体视为人与世界关联的唯一桥梁，促成了现代西方哲学的'身体'转向"（叶浩生，2011）。之后，在维果茨基的认知发展理论、皮亚杰的发生认识论以及杜威的实用主义理论中，都存有具身性的思想（殷融等，2012）。

近些年来，具身理论已经被纳入实证科学范畴，成为推动实证研究走向情境化的重要理论潮流。具身理论在探索人类的知觉规律时，把面对外部世界的一体化身心联动看作是形成人的知觉的基本条件。换言之，人们依靠身体作用于世界的活动来知觉客观世界。认知应当植根于身体与物理、社会环境间的互动方式，不应当与之相分离（Goldman 和 de Vignemont，2009）。Davis（2012）等研究者指出具身理论可帮助研究者创新视角，将相关的理论框架应用于法学、人文艺术、空间规划以及体验的研究，可以解释人们在不同领域和空间的行为、认知以及态度的形成机制。身体的视、听、嗅、味、肤及运动觉是人们认识世界的基础，通过身体的这些活动及其与认知对象进行互动，能够引起不同的身体体验，而不同的身体体验又形成了认知上的差异，产生了不同的思维方式，并进而成就不同的人的特质（叶浩生，2014）。当这种逐步内化的体验在某种情况下成为概念性的认知定式时，具身理论认为，主体对客体的概念表征是以主客互动中所获得的身体经验为基础的，不同的主体与客体互动经验的不同也会造成概念表征的差异（殷融等，2012）。

显然，具身理论强调的认知特点是"人是情境中的人"。换言之，在场的情境体验构成了具身理论的本质内核。由此可以得出这样的结论：具身体验是人与情境的面对与回还。这样，具身体验的对象便与身体形成互动的客体，认知不仅基于身体，也依托于情境。人的认知、行为总是发生在某个具体的情境当中，认知不仅受限于身体条件，也受限于情境条件，而这个情境作为一种环境，借助于空间、感知对象等特定情境并通过与身体的互动而对认知产生影响（吴俊，唐代剑，2017），这一点在具身理论的早期研究中就已经确定了基本的基调。例如，具身认知的早期倡导者Gibson（1979）曾经提出一个功能可示性的概念，它是用来指代客体展示给个体的一种功能属性，这一概念能够给主体开展行动的机会和可能性，而这种机会和可能性又反向影响了主体对这个客体的知觉。知觉表象的形成主要是依赖于被观察对象提供的行动可能性和观察者的行动能力，而非依赖于感觉刺激的符号加工（叶浩生，2014）。威尔逊（Wilson，2002）在整合梳理和重新审视各种有关具身认知的基本观点之后指出，具身认知包括六个方面，其中包括认知是发生在真实场景中的，是情境化的行为；认知是发生在身心与环境的实时交互中的，是有时间限制的；环境支撑并作用于有机体的整个认知过程。

　　强调情境对认知的即时性影响的另一个依据，还在于情境中的行为必然受到行动个体预设的期望的影响。换言之，情境行为是行为个体在情境中自觉或不自觉外化其期望并与情境要素反复互动的结果。具身认知理论认为，认知是主体在实时（real time）的环境中形成的，储存在记忆里的认知信息是具体的、生动的，是同身体的特殊感觉通道相关联的，不是抽象的符号。这种情景体验过程完成之后，当个体在语言和思维中使用这些储存的信息时，个体仍然在身体的同一感觉通道模拟该事件（叶浩生，2010）。也就是说，当体验过后进行回忆某一场景时，仍然能选择性地模拟出当时体验时的具身场景，如声音、气味等，这便是具身效应（伍秋萍，冯聪等，2011）。

2.4.2 具身理论与工业旅游体验研究

具身理论的早期应用主要是在教育和学习领域，人们主要探讨如何运用具身理论进行教学环境的设计布置等（贾丽娜，田良臣等，2016）。20 世纪 90 年代，芬兰学者 Veijola（1994）等首先批判了旅游研究中身体的缺席，最早提到旅游所具有的"具身性"特征，并认为旅行的动力源于将身体沉浸于环境中的欲望，敏感地将具身理论应用到旅游体验领域，为旅游研究开辟了新的方向。近年来，具身理论在旅游研究领域日受重视，陆续有学者专门对旅游者的各种感官体验进行研究，而旅游体验研究也越来越倾向于使用具身理论来解释旅游情境中游客的身体行为、认知体验以及旅游者与情境要素之间的互动关系（吴俊，唐代剑，2017）。不可否认，旅游体验所包括的身体感觉、运动觉和多感官知觉共同作用，能够使体验中的身体在旅游客体中产生身临其境的感受，获得更加真实和具象化的体验。要深入体验景观，仅仅观看是不够的，与景观的接触才是建立丰富和有意义的体验的重要方式（樊友猛，谢彦君，2016）。从这一点上说，旅游体验是具身的，具身认知成为旅游理论的一个新的支点，从而使人们对旅游现象的独特性拥有更为全面的理论认识。与传统旅游体验研究相比，从具身视角出发，一方面研究者更关注旅游者在特定的时间与空间界面的身心互动关系，探讨在身体限制性条件下，旅游者态度、感知觉、情绪等内隐性体验与其他旅游要素之间的协同关系和影响机制（吴俊，唐代剑，2018），如滨海沙滩旅游中身体形象及其所负载的社会价值（Small，2017）、女性假期的旅游体验和外貌感知（Small，2016）。此外，还包括性别、年龄、肥胖（Small 和 Harris，2012；Harris 和 Small，2013）、具身性与旅游体验、身体与流动性（Small，2015）、视觉障碍者、旅游平等和社会公正等批判性旅游研究话题的深入探讨。出现了有关旅游者身体的三个重要的理论维度：（1）在场和旅游"做（the doing）"的语境中的感官意识；（2）权力和意识形态的社会意义所涵盖的具身性的文化意识；（3）面对话语体验世界主体性、身份认同和实践的局限性意识（Ateljevic，Harris 和 Wilson 等，2005）。另一方面也关注这些研究成果可能对旅游发展的所具有的应用意义和价值。如通过身体行为有助于塑造旅游目的地的形象，Frohlick（2011）探讨新西兰和哥斯达黎加这两个旅游目的地在打造独特的旅游品牌时，运用常见的景观修辞，并赋予地方和身体以自然、独特性和浪漫的符号来共同打造"100% 纯运动"和"天然元素"两个旅游活动；Kole（2010）指出夏威夷旅游活动中，通过舞蹈创造一种原始的异质性的身体，也创造了夏威夷享誉全球独特的旅游品牌；将身体作为重要的宣传材料（Edelheim，2006），纳入旅游目的地的形象表征的宣传符号建构之中，并通过广告宣传策划和杂志（Harris，2008；Jordan，2007）等媒介进行宣传，将某种特定价值投射到某个目的地。

在具身理论看来，具身体验的核心和基点是体验主体的充分在场。从旅游体验的角度来说，旅游体验质量的高低，往往也取决于旅游者与情境的融合度、参与度以及身心的在场程度。人们更喜欢那种相对容易知觉和进行互动的事物（Ping 等，2009）。根据这一观点，作为诸多因素当中相对重要和更为综合的一个因素，在很多情景下，距离（包括心理距离和物理距离）的远近决定着这种可接近性和易得性。同时，物理距离同样也是心理距离的一种隐喻，物理空间的远近对应心理上的亲疏。身体的变量，身体所处的时间和空间等变量的复杂互动关系为研究人类认知形成机制的关键（叶浩生，2011）。

作为一个广义的范畴，旅游体验与具身理论的内在联系已如上述。这说明，旅游体验本质上就是具身的。那么，作为旅游体验的下属范畴，工业旅游与具身理论或者具身体验又有什么关系呢？初步的考察可以发现，工业旅游景点的旅游价值实现，与一般的旅游吸引物在体验的身心一体化程度方面，存在着很大的不同：工业旅游可能因其依托于工业生产作业的真实场景而使得工业旅游体验面临着巨大的障碍。这是一个重要的、可以支持"白马非马"命题的理论观点。不过，在对国内外相关领域的文献回顾时发现，国内现有的学术研究对此并无涉及。当我们将这一问题移至更大的理论范畴去审视的时候，则进一步发现，这恰是最近几十年来发展起来的具身理论可以探讨的问题。工业旅游搞不好，就是游客的体验不好，游客体验不好的主要原因就是工业运营环境中有太多的体验限制，无法具身，这就意味着工业旅游产品很可能在提供具身体验时无法达到与一般旅游产品相匹配的可能性和充分性。应用具身理论可以有效地指导工业旅游的研究和实践。目前旅游学术界在相关问题的研究上还没有形成系统的理论解释，因此也谈不上将其应用到工业旅游发展的实践领域的问题，因此，这既是工业旅游理论研究的一个空间，也是具身理论应用的一个缺口，更是旅游体验理论大厦缺失的一角。在这方面展开更深入、更系统的研究，有利于促进相关理论的发展。

2.5 工业旅游视野中的地方性、景观和场景

旅游是在旅游世界中发生、在旅游情境中达成的。在这方面，已有的旅游场理论对其具有明确的解释（谢彦君，2005b）。工业旅游作为旅游的一个类型，必然同样具有自己独特的场性，由此形成了工业旅游的景观特点。为此，进一步分析工业旅游场景的特质，就十分必要。对此，本研究分别从地方性、景观和场景三个角度进行考察，检讨相关研究文献中可能对工业旅游场的研究有理论贡献的内容为进一步的研究展开做好理论铺垫。

2.5.1 地方性

"地方"一词是文化地理学中的概念，首次出现是在 1947 年美国地理学家赖特的《未知的土地：地理学中想象的地方》一文中。此后，针对"地方"这一概念，不同的学者也给出了不同的解释，并形成了各自不同的流派和观点。钱俊希（2013）总结道，在已有的英语文献中存在四种研究地方性的理论视角：第一，地方是经由主观性的建构而存在

的，是意义与情感的集合；第二，物质性的社会经济过程与社会关系在地方性的生产过程中所起到的作用（David Harvey）；第三，为了创造文化意义及重塑社会权力关系，探讨地方性知识是如何通过话语与表征进行建构的；第四，探讨社会成员如何通过积极的重构、再生产和再体验的过程，来感知地方的意义。尽管关于地方的解释多种多样，但本质上都是指一个地方所具有的特殊性，即地方感（蔡晓梅，何瀚林，2016）。随着"地方"这一概念的兴起，作为描述地方文化的本质的概念"地方性"（placeness）也同时得到学者们的关注。

20世纪70年代地理学界对逻辑实证主义计量方法开始进行反思，雷尔夫（1976）批评当时对于行为和特殊问题的分析方式过于机械化、抽象化，将整个世界简化成一个结构和模型，忽视了人们日常体验的微妙性及重要性，尤其令人担忧的是人们在进行环境和空间管理时还使用这种简化的结构和方法，他指出必须在人类行为的背景下锚定它的意义。在这样的背景下，以段义孚和雷尔夫等为代表的人文地理学者重新将"地方"引入到人文地理学研究中，连同"地方性"一起成为人文地理学的核心概念和热点（周尚意，唐顺英等，2011），作为人地关系讨论中最具重要地位的范畴。段义孚在《空间与地方》一书中指出：随着我们对空间认识的加深，并赋予其价值，致使本来混沌不分的空间变成了地方（Richards，2007）。段义孚（1980）认为，人对居住或经常性接触的"地方"会产生各种强烈和持久的情感反应，通过人的活动，空间被赋予了意义。地方是人类生活的基础，能够给生活其中的个人和群体提供安全感或身份感（段义孚，1977）。雷尔夫（1976）指出地方不是日常生活中能经历的独立而且定义明确的实体，而是通过对比和其他地方的装饰、景观、仪式、常规表现、个人体验、关注而产生的感受。他把地方看作一个多元的经历现象，他认为地方是行为和意图的中心，它是"我们经历的有意义的事件的中心"。通常有一个固定的位置，但位置不是地方含义的必要条件；地方拥有可识别的特征，景观是地方的视觉特征，地方的精神依赖于它的景观；地方对人们来说，更重要的是人，外表和景观的重要性相对来说微不足道。地方感可能出现在各种等级的空间中，我的地方、你的地方、街道、组织、城镇、区域、国家和洲际，但是地方性本身不具备明确的等级分类特征。简而言之，地方与日常生活世界是有区别的，因为它们包含对意图、态度、目的和经历的关注。由于这种关注，它们区别于周围的空间，同时保持它的一部分。因此，地方是经验世界的基本元素，在混乱的地域是没有地方的。地方的基本意义，它的本质，既不来自位置，也不来自地方的服务功能，也不来自占据它的社区和表面平凡的经历，尽管这些都是地方常见的也许是必要的方面。地方的本质在于自然而然的意向性，定义了地方是人类存在的中心。几乎每个人都与其出生和成长的地方、现在生活的地方，或者特别的经历有意识深处的联系。这种联系似乎构成了个体与文化认同和安全的重要来源，以及我们指向世界的起点。法国哲学家 Gabriel Mqrcel 总结道，个体不是不同于他的地方，他本身就是地方（雷尔夫，1976）。詹姆斯 S 邓肯认为，地方是日常社会生活中，人们构建的某一特定区域的节点。地方性是某一区域独有的、其他区域所不具备的特色属性，也是某一区域区别于其他区域的根本所在（唐顺英，周尚意，2011）。从人文主义出发，地方性是指某一区域社会环境中的地方文化体现，是该地居民在长期的社会实践中与自然相互作用的结果，是由人的主体创造性赋予该区域的乡土特质，突出表现为独具地方风情的地表人文现象（潘朝阳，1996）。

雷尔夫认为地方是融合人类和自然的秩序，是我们对世界直接经验的重要中心。地方不是由地理位置、景观和社区来界定的，是由人们对这一特定情境的体验和意义来界定的。这个观点对旅游研究具有非常重要的意义，它把旅游体验的过程看成意义建构的过程，在这一过程中，空间变成了对旅游者个体而言具有特定意义的地方。

地方被理解和感受为景观，是由于直观上景观的视觉特征提供了人类活动的有形证据，微妙地反映了人类的价值和意图，而外观是所有特征中最重要的一个。景观的概念与地方、地方性的概念如出一辙，景观一词的英文为"landscape","大地之上的景观",有着"地方性景观"的思想,因此,景观是具有地方性的,要以地为本。地方、景观都是地理学的关键概念(霍洛韦,赖斯,2008),二者联系密切。人们一般认为,景观是"观者位居地景之外"(Cresswell,2004)。克莱斯维尔(Tim Cresswell)认为这是景观与"地方"(place)的区别所在,地方是人居其中,因而有着相应的生活记忆、情感和认同。但在人类学者看来,人类学中的"景观"指的是人类对环境的主观性认知和看法,包含了个人或者集体对自然及建筑环境的文化认知与集体记忆。周尚意(2011)曾指出,景观体现了一个城市的地方性,是目的地旅游吸引力的根本,也是地方特质的重要表现形式。

工业旅游一定是地方性的,它所依托的地理位置、一定空间范围内的景观构成,所涵盖的社区生活,无一不是具有地域特性和时代性,从地方性的角度来思考工业旅游的发展,才能具体到工业旅游的情境当中。

2.5.2 景观

景观这个词起源于德国,起初并不是指一个特定的空间范围,只是泛指一片土地的风景。17世纪,在绘画领域,景观一词用来描述内陆的自然风光,与人物等其他绘画内容相区别。18世纪,园艺方面也出现了景观的概念,用以表达视觉美学所包含的意义,其意义与"风景"相似,这种理解与艺术界众多学者持有的理解相一致。到了19世纪初,德国地理学家、地植物学家洪堡(Humboldt)把景观应用到地理学中,将其解释为"一个区域的整体特征"(Naveh和Lieberman,1984),并提出把景观作为地理学的核心问题进行研究,在西方早期的地理学著作中,"景观"主要用来描述地质地貌属性,"地"是核心,这是与地理学的学科本义相一致的(保罗·克拉瓦尔,2007)。因此,景观通常包括某一区域的综合特征、一般自然综合体、区域单位等。1906年,史律特在"人作为地理学的目标"一文中提倡将景观作为人文地理学的研究核心（胡兆量等，2001），从此景观包含自然景观和文化景观两个部分，但史律特的自然景观与文化景观不是相互分离，相互独立的存在，而是相互融合的存在。以卡尔·索尔（Carl Sauer）是传统文化地理学的典型代表，他认为文化景观是"附加在自然景观上的人类活动形态"（周尚意，孔翔等，2004），景观是文化的载体，文化是塑造景观形态的动力，具有象征性意义和表征的意义（Strathern，1995）。

Thrift从非表征的视角出发，认为不应该只是从表征与象征的规则中去论述和构造景观（Gregory等，2009），更应当关注从情感和日常生活行为等非表征方面去感知多元的景观（Larsen，2008；Owusu和Thrift，2009）。非表征理论关注具体的、可感知的、情境化的日常生活和情感对景观的建构。日常生活是具体的、经验的，主体面对景观客体，会产生抽象的感官感受、情感和行为等，而这些抽象的内容也是景观意义的重要组成部分，人们日常行为的变化体现了景观内容的变迁。情感是社会化的产物（Anderson等，2002），情感不能够被表征，但社会建构的情感体现了景观的意义。事物能够对人们产生强大的情绪作用力，人们通过感官感受特定的事物（Anderson和Wylie，2009）。事物所呈现的不同的物理属性会使人们产生不同的感受，从而使景观具有不同的意义，空间的外形、布局、色调、风格也会创造一种特殊的情绪氛围，从而使人产生一定的情绪，并影响人们的行为。葛荣玲和彭兆荣（2014）指出景观由"景"和"观"两个字构成，因而景观包括两个部分：被观看的景和对景的视觉理解。谢彦君教授（2017）在其《灵水识谭》一书中也有提到，景观不是纯物理的、空间的或地理的概念。景观，掉过来是观景，是人看了之后，形成的对外物的概念。所以，景观具有两个深意：客观的物理存在和主观的心理感应。因此，无论"观景"还是"景观"，都涉及人们看待事物的方式和态度，即人之主观投射于客观之上的结果。"景观"既包含了观赏主体的"人"也包含了被观赏的客体的"景"。"景"具有地域性、全体性（综合性）和公共性，而"观"具有多样性、生活性和参与性。因此，人与景观之间是一种密切互动的关系。景观的呈现在于人的注意,如果没有人进行观看,即使是纯粹自然之景,也不能称其为景观的存在。

景观一词在学科使用的过程中,逐渐从土地景物转变为审美景观。旅游景观即为审美景观,雷尔夫认为旅游景观具有Jackson所提出的"缺乏自主性建筑"(Relph,1976,引自胡迎春,2017)的特点。而工业企业,尤其是历史悠久的工业企业,具有典型的"地方性"特征和"场所价值",通过强化"地方记忆"有助于传递已经消退的历史传统(丁新军,阙维民等,2014),因此,通过旅游活动,可以构建一种新的存在方式。工业企业及其空间范围内的工业元素,是时代的印迹,为一代人的情结所系,既是地方性的,又是景观化的。景观是显著的,体现意义的,地方是隐性的,是有情感的。地方以及地方性有助于形成景观的内涵价值,一切融入地方性的开发策划,都可以增进景观的吸引力。只有那些融入地方感,拥有地方性元素的景观才是真正意义上的景观。因此,无论是关于景观的研究还是地方的研究,都是在一定的空间范围内,元素的构成,文化与文脉的意义表征,人的情感所赋予的认知与解读,使其成为一种独特的地方性景观,这为接下来"场景"概念的提出和应用奠定了坚实的基础。

2.5.3 场景

专业的场景一词主要用于舞台戏剧表演领域。在旅游学术界,不仅有关于本真性的"表演的本真性"(staged authenticity),而且随着旅游体验研究的深化,人们也多将旅游世界中游客的在场行为比作一种"舞台表演"(stage performance),因此,场景一词便获得了其应用空间。通常,人们对场景有两种解释:第一种解释是指戏剧、电影等艺术作品中的场面。影视剧中,场景是指在一定的时间、空间(主要是空间)内发生的一定的人物行动或因人物关系所构成的具体生活画面。从摄影造型的角度来说,可以把场景视为戏剧舞台上在一个地点拍摄的一组连续的镜头。

从戏剧表演的角度来理解的场景是一种重要的叙述表达方式，是衡量叙事艺术水平高低的一个重要标准（邓百意，2009）。韩晓、魏明（2005）通过对《金瓶梅》中雪场景的描述和分析，将雪与雅文化相联系，并打造了一个非常成功的场景。贾鹏（2009）通过对《美丽的磨坊姑娘》进行分析得出场景的营造不仅可以帮助演员和听众更好的理解和体会作品所蕴含的气息，也有助于他们更好地演唱和聆听。陆键能（2009）认为，电影的成功之处在于对场景的真实营造，场景这一概念的运用更多的是在艺术领域。王跃洪，周莹莹等（2011）以亨利·詹姆斯《梅茜所知道的》为研究素材，探讨了具有现代主义特征的戏剧化表现手法在小说场景中的应用。朴永光（2015）基于场景理论，分析了中国朝鲜族农乐舞展开的场景。从上述文献对场景一词的使用来看，可以发现戏剧舞台的场景概念更关注"景"，即具有道具和布景意义的物质实体及其组合，它们会因为情节的加入而构成一道景观并印刻于人们（观众）心里。这种场景是可以虚构的，可以为了某种目的加以营造。如果存在一个三维空间，分别以时间、空间和人为坐标，那么场景的范围就是在时空平面坐标系上（赵男，2010）。

第二种解释则与人类的日常活动相关联。20 世纪 80 年代末，伴随着后工业化社会的到来，由特里·克拉克和丹尼尔·西尔佛所带领的芝加哥学派提出了用以解释后工业城市发展的经济社会现象的场景理论（The Theory of Scenes），该理论在最近几年得到了很大的发展，引发了很多解释和应用此理论的研究成果。2012 年，徐晓林和赵铁等将场景理论系统引入国内学术界，并从都市研究视野出发，把"场景"分为广义和狭义两方面。从广义上看，它泛指那些与文化有关的、具有美感并能够给人带来内心愉悦感受的人文和自然景物；从狭义上看，它是存在于一定区域的、与文化有关的活动、设施、组织、机构等的总称。2016 年，芝加哥大学出版社出版了《场景：地方特质如何影响社会生活》（Scenescapes: How qualities of place shape social life）一书，该书探讨了通过文化艺术联结人与地之间的互动，以构成一个场景从而影响一个地区的经济、政治以及其他社会活动。因此，可以看出场景具有重要的社会功能。

此外，对场景的研究又与情境研究形成了很多交叉与重叠，甚至经常出现与情境、情景并用或滥用的情况。国外关于情境的研究起步很早，相关文献的积累也已经相当充分。"情境"（Situation），是社会心理学的一个核心范畴，其最早出现在《身处欧美的波兰农民》一书中（William Isaac Thomas 和 Florian Znaniecki，1918—1920），该书把情境研究推至一个新的高度。1923年，William Isaac Thomas 在《生活失调的少女》一文中，分析了不同少女们的态度和价值取向，得出4个愿望维度，用以说明不同情境对人的心理和行为可能产生的影响。1927年，William Isaac Thomas 又在《行为模式与情境》一文中，进一步说明了情境对行为研究的重要性。情境指能够对人产生直接的刺激作用，并具有一定的生物学意义和社会意义的具体环境。与意境不同，情境并非人们臆造的"精神境界"，而是由物理环境和心理环境共同构成。因此，心理学的情境分为两种：主观情境和客观情境。主观情境指的是主体的心理状态；客观情境指的是能够对主体的心理产生影响的情境。在认知心理学中，情境被称为情形（situatedness）、背景（background）、情景（episode）等。1896年，Dewey 提出了情形（situatedness）的概念，这在现代心理学中被称为"重构记忆（constructive memory）"。根据重构记忆的观点，记忆是可以不断更新和演进的，不会一直停留在原始经验和事件发生的时刻。事实上，人们在回忆某一事件或情境时，不是在简单的提取过去的经验或者活动，而是在现实中对过去的经验和活动进行重构。Tulving 在1972年提出了长时记忆中的情景记忆（episodic memory）这一概念，其认为人的记忆是对过去情景的重新构建，这种重构是建立在对经验和活动事件发生时的记忆的基础上的，记忆的内容是由经验和活动事件发生时候的情景决定的。这里需要强调的是，记忆的每一次重新建构都会在原有的基础上增加新的经验和活动事件，以形成新的情景记忆。该一记忆还影响着未来记忆。无论是重构记忆还是情景记忆，都说明了记忆在被提取和塑造的时候，当时的情境会对其产生巨大的影响。哲学认识论认为客体并不直接等同于情境，只有当它成为认知对象并为认知主体所把握时才等同于情境（周强等，2009）。

由此可见，无论是哪一种解读，场景或情境都是空间、元素（物质与非物质）与人的交织所构成的意义世界。于是，在旅游的语域当中，场景自然也就获得了它应有的学术生命，并引起了旅游学术界的关注。

在这一学术思潮的影响下，国内学者也展开了有关场景的研究，而且通常把问题聚焦通过场景营造和场景布置来进行资源和景区的开发等规范性问题上。例如，汪芳等（2009）以工业遗产旅游目的地"北京798艺术区"为例，探讨了如何通过场景布置对工业遗产进行体验式旅游开发。王莹（2006）主张引入"场景设计"的概念进行旅游区的景观规划。桂慕梅（2015）借鉴"场景理论"分析并构建了具有百年历史的天津古文化街年货市场的"传统节日文化场景"。单彦名（2017）运用场景理论指导福建德化的城市设计过程。刘东超（2017）首先对场景理论框架进行修订，并运用此框架分析北京南锣鼓巷的空间、设施、人群、活动、价值观和政策，以观察南锣鼓巷的文化特色、呈现形态、所遇难题及作为一个例证对于北京发展动力的征兆意义。2017年，《东岳论丛》就场景理论及其对中国的意义开展了专题讨论研究，以期能够对于中国城市与社区增长发展研究与政策实践有所裨益。张颖（2018）以"场景"为基点，以"场景理论"为切入点，探讨了景德镇未来的发展模式。该作者将场景的构成要素限定为四个，一是地理学概念上的社区；二是具有显著的建筑实体；三是拥有不同种族、社会阶层、性别、受教育程度、职业和年龄等的人群；四是能够将以上三种要素连接起来的活动。所有这些要素综合在一起形成了场景象征意义的表达，即共同的价值观，使得场景可以让所有人参与其中。

国内关于旅游情境的研究主要是谢彦君（2005a，2005b）所做的工作，他不仅定义了旅游情境，把其划分为旅游氛围情境和旅游行为情境两种类型，且在此基础上定义了旅游场的概念。其中，旅游氛围情境对应着旅游世界，是一种概念化的情境，它的调性主要是由旅游者根据其自身的旅游需要所进行的心理赋彩功能所厘定的。而旅游行为情境则对应着旅游场景，是一种具体的操作性情境，处于旅游氛围情境之下，缺乏总体的规划性，具有明显的不可预知性。旅游场景就是串联在旅游过程中的各级、各类节点，这些节点对旅游行为起着规范和引导的作用。旅游场的特征，尽管要依靠旅游者进行主观的投入和融入，但是其主要取决于旅游线路上各旅游地及其自然和文化景观等客观存在，这一点与旅游世界完全不同，旅游世界主要是旅游者进行主观的投射。谢彦君以"情境"一词来描述与"场景"具有相似内涵的现象，但并没有明确使用"场景"一词。

本研究特别使用"场景"这一术语来考察工业旅游情境中的旅游行为，其主要目的是将地方性、景观以及旅游研究中的场景营造、场景组织等概念加以综合，集中用以表征工业旅游者在场体验过程中所呈现的一定时空条件下的人与物的动态组合及其意义世界。在这个时空当中，一定的人在一定的时间、空间和物理包围之中，做着一定的事，进而形成了畅爽的体验，而这个场景是可以组织的，是由供给方提供、需求方参与和融入的现象世界，具有突出的实践意义。尽管在本质上场景与情境具有一致性，但本研究更聚焦强调场景的"可组织性"或"可布置性"、主客之间的"互融互动性"以及由此而衍生出的场景的"动态性"。同时，本研究更侧重于人在场景中形成的动态景观，强调人的主动性。当人的情感与地方空间内的景观相互融合互动，运用感觉（视觉、嗅觉、味觉、触觉和听觉）和行为活动等，就会产生"情感"和"情绪"等一些场景中无法表征的内容。

基于这种对"动态性"的强调，毫无疑问，旅游场景是一种旅游景观，但是，传统意义上的旅游景观（如石林景观）却并不一定是旅游场景。旅游景观可以是客观的物质实体，也可以是非物质的文化现象，它是可以独立于游客而单独存在的；旅游场景则强调游客的在场性，它不仅是拥有有形的物质实体，还必须有在场的看客与表演者，具有明确的时空组合性。换言之，旅游场景不只由单体景观构成，它还与周围的空间环境存在依存关系，并且是以人为主导的。旅游景观则处在相对封闭的地理空间，由若干景观单体所构成，这种旅游景观可以是固定的或是流动的，但景观的属性是固定的，至少短期内是固定的，不会变动。工业企业、工业遗址是固定的、有形的物质实体，是旅游景观；工业场所中的节事活动、生产工艺、历史文化等也是旅游景观，但只要没有游客亲临现场，这些就都不属于旅游场景。因此，一般意义上的工业旅游景区可以是旅游景观，而游客在现场观赏此类景观时所形成的意义世界或现象世界，则是工业旅游的场景。基于这种场景的可组织性、可布置性、动态性和主客互融互动性来探讨这种场景的组织或布置规律，是本研究要重点解决的问题。

对场景中的景观和活动进行组织和主题化改造，也自然要注重工厂本身的地方感，其目的是提高工业旅游体验的质量，这也是本研究的逻辑主线。

第三章 研究设计

本章主要包括以下几方面内容：本研究的研究对象和分析单位；本研究所使用的研究方法；本研究的数据收集和分析方法；本研究所使用的样本特征以及信度和效度分析。

3.1 研究对象和分析单位

本研究以工业旅游者的体验为研究对象，以旅游者自行撰写的网络游记（包含图片和文本两部分）和网络点评（包含文本和图片）、深度访谈（文本和图片）、实地观察笔记以及调查问卷数据为分析单位，旨在了解工业旅游者的人口统计学特征、工业旅游的类型、工业旅游场景的类型、工业旅游者对工业旅游场景的体验动机与体验质量、影响工业旅游者旅游体验质量的因素以及工业旅游场景的构成元素和关系，以便合理地组织工业旅游的场景和体验。

3.2 研究方法

本项研究采用哲学思辨和实证研究相结合的方法，其中实证研究采用定性研究与定量研究相混合的方法。数据收集主要采用深度访谈、网络游记、网络点评、参与观察法和问卷调查法。数据分析主要采用扎根理论方法、统计分析方法、隐喻抽取技术和主题分类法等。整个研究过程中质、量资料并采，不断整合以获得对研究对象的深入理解。

3.2.1 基于文献的哲学思辨

按照孔德的知识类型划分[①]，思辨也是一种知识来源，也是诸多先哲经常采用的一种知识生产方式。不仅苏格拉底认为知识是辩论产生的，其他如老子、庄子、康德等哲学家，都采取思辨的研究路径，在前人的基础上，贡献新的知识。因此，思辨的研究方法也可以理解为一种哲学与逻辑学的研究方法。这种方法可能不是完全意义上的科学方法，但是它对科学方法有着直接或间接的作用，能够启发思想，抽取科学的概念和命题。李醒民（2010）和彭荣础（2011）认为思辨研究方法是建立在研究者个体理性认识能力及直观经验基础上的。这种理性认识能力也可以看作是对已有的概念和理论进行重新演绎推理，以对混乱或歪曲的概念进行正确认识和理解。因此，可以说思辨研究方法对于新概念和新命题的提出是非常有价值的。

本研究中"工业旅游"的概念、"工业旅游场景"的概念、"工业旅游场景形态"的构成等内容，均是在梳理前人理论的基础上，结合经验事实，再以思辨理性为内核，以逻辑演绎为骨架，去把握和揭示概念的真实内涵，是在本质层面上对结构、规律以及原因的演绎（张以明，2006）。此外，这种思辨研究所得出的概念与命题，是本研究后续研究主题和方向所依赖的基础。

本研究主要通过哲学思辨的方式对工业旅游、工业旅游场景的相关概念、特征和类型划分进行辨正分析。在具体的操作过程中，采用属+种差的原则。首先对大量国内外学者们提出的工业旅游的定义进行梳理，而每一个存在的工业旅游的定义都对应着工业旅游所包含的范围，也对应着工业旅游的类型，通过对这些旧定义、旧范围、旧类型的梳理，提出工业旅游的新定义，并解释其新内涵，获得新类型，新特征；

[①] 实证主义的开拓者之一，社会学家孔德对知识做了经典的划分：信仰的知识，来自宗教；思辨的知识，来自哲学；经验的知识，来自科学。现在流行的实证研究观念，往往忽略了实证主义的鼻祖—孔德的这个划分，仅仅把实证研究当作知识的唯一来源，这是错误的。

其次，在工业旅游概念的基础上，通过对地方、景观以及场景等文献的述评对工业旅游场景及其特征进行概念化，并依据景观形态学的原理，对工业旅游场景的形态构成进行界定，以实现操作化。

3.2.2 定量研究方法：问卷调查

本研究使用问卷调查法作为获取原始定量数据资料的方法。相对于其他的数据收集方法，问卷调查法有其独特的优势，如问卷易于操作；便于收集原始数据；匿名的自填式问卷使得收集的数据比较可靠；标准化的问卷使得分析的标准统一。

尽管问卷调查法有各种多样的优点，但其固有的缺陷也会使得本研究在一定程度上受到影响。如问卷一旦确定便缺乏弹性；对于问题的理解依赖于被调查的理解能力和认真负责的态度；选择式的问题限制了答案的范围，问卷的收集受到研究者人口统计学特征的影响而直接造成受调查者人口统计学特征的倾向性。

（1）问卷的设计。

调查问卷的题目设计建立在前期研究的基础上，问卷共分为三大部分，20道大题。第一部分是被调查者的人口统计学特征，包括10道客观题。第二部分是工业旅游体验相关题型，共包括5道客观题，其中，两道为单选题，三道为李克特量表题。这三道李克特量表题主要是测度工业旅游者对开展工业企业的类型及方式的喜好程度，其题项的设计是在研究者对工业旅游景区的实地观察，反复搜索查阅景点介绍、游客网络游记和点评信息所获取的经验事实的基础上所做的归纳总结；工业旅游的动机这一部分的题项是基于文献阅读和与相关研究人员进行头脑风暴的基础上得出的；阻碍工业旅游场景体验质量的因素是基于扎根理论的编码设计制作的。第三部分包括5道主观开放性问题，其目的在没有答案限制的基础上，获取工业旅游者对于工业旅游景区的体验和场景认知，以此来弥补问卷调查封闭性答案给被调查者所带来的限制和深度访谈资料的地域限制。问卷在进行发放之前，在小范围内进行了预调查，以测试问卷是否为人们所全部理解，问题的用词是否恰当以及是否愿意完成问题中的题项，进而对问卷的条目进行修正，以保证问卷的合理性。

（2）数据的收集。

本研究借助国内专业的数据收集平台"问卷星"网站发放调查问卷。网络调查方式有助于突破地域限制，拓宽取样范围。为了保证被调查者的差异性及其填答的有效性，本次调查没有采用绝大多数研究者通用的方式：通过微信朋友圈等社交工具进行大规模发放。本次调查具体采用三种发放方式：一是通过微信，研究者以一对一的私聊方式向身边的旅游爱好者、旅行社导游、朋友同事等推送网络链接，然后再通过滚雪球的方式，让被调查者同样以一对一的方式向其周边的差异性群体推送链接；二是面对面调查，研究者通过扫描二维码及纸质版填写的方式对日常身边接触到的人群进行随机的调查；三是现场调查，在工业旅游点进行参与式观察和访谈的过程中，同样采取扫描"二维码"及填写纸质版问卷的方式进行调查。微信私聊方式发送的问卷，被调查者可通过手机和电脑链接到问卷星进行填写，而面对面和现场调查则采用调查者询问，被调查者回答，调查者填写的方式来完成，以便更好地保证被调查者对问卷的理解。

为了进一步保证问卷填答的有效性和完整性，在对被调查者进行调查之前会询问其是否对工业旅游有所认知和了解，在具体的操作过程中，首先会询问被调查者"是否对工业旅游有所认知和了解"如果得到的是肯定的回答，在不影响其判断的基础上让其自行填答；如果被调查者回答时犹豫和不确定，调查者会对其进行适当的解释与提示，如您怎么理解工业旅游，根据回答来判断被调查者是否知晓，也会列举几个工业旅游的例子作为提示，如果被调查者有所领悟，那就让其继续填写，否则就会放弃让其填写。问卷回收遵循"不求量，但求质"的原则，在2018年7~8月累计回收303份问卷。在数据清洗阶段，根据答卷时间、反向测量问项是否符合逻辑、是否存在缺省值、是否存在高度一致的基础上，303份问卷全部为有效问卷，问卷有效率为100%。然后将所有数据统一转换为Excel文件，并进行数据的预处理。

（3）数据的处理方法。

在本研究中，客观题主要使用spss25统计分析软件，对工业旅游者的人口统计学特征、工业旅游特征、工业旅游的体验质量、工业旅游动机、工业旅游的喜好程度和类别、影响工业旅游者场景体验的因素进行信度分析、效度分析、描述性统计分析（频数分析、交叉表分析）、因子分析和聚类分析等定量分析。采用ROST.CM6词频分析软件对主观题"您认为构成工业旅游的核心元素和重要元素有哪些？"进行词频统计分析。

3.2.3 定性研究方法：参与观察法

工业旅游景区类型多样，分布广泛，由于时间及经费有限，没有办法走遍所有的工业旅游景区进行实地的现场参与式观察，故在选择实地调研地点时遵循：就近原则、声誉原则、交通便利原则、类型差异原则。通过参与式观察获取一手资料，在2017年9月至2018年8月之间，笔者先后以自助游的形式到达14个工业旅游景区进行了16次以上的实地参与式观察（见表3-1）。在整个过程中采用拍照、录像、记录、录音和撰写实地观察笔记（实地、个人、方法和理论四种笔记）方式来记录笔者观察到的及自身感受到的现象，记录与观察主要遵循游览的线路、时间、空间的顺序。共计形成观察记录1万余字，照片774张。

表3-1 参与观察的工业旅游目的地统计

序号	参与观察时间	参与观察地点
1	2017.9（多次）	鞍钢博物馆
2	2017.11	沈阳铁道博物馆、机车检修所

续表

序号	参与观察时间	参与观察地点
3	2017.11.12	北京 798 艺术中心
4	2017.1	阜新海州露天矿
5	2017.12.19（多次）	鞍钢"钢铁是怎样炼成的"工业旅游线路
6	2018.1.18	张裕葡萄酒文化博物馆
7	2018.1.19 2018.7.19~26	青岛啤酒博物馆
8	2018.1.19	青岛海尔集团
9	2018.3.10	唐山开滦国家矿山公园
10	2018.3.11	启新 1889 创意产业中心
11	2018.3.11	唐山工业博物馆
12	2018.3.13	湖南醴陵瓷谷
13	2018.3.14~15	佛山南风古灶旅游区
14	2018.3.25 2018.4.20	北京市珐琅厂

3.2.4 定性研究方法：深度访谈法

在进行深度访谈之前，笔者设计了访谈提纲和部分题项，在访谈过程中根据受访者的叙述灵活地进行追踪提问。鉴于访谈地点和时间的不同，采取现场访谈和游后访谈两种方式。

（1）现场访谈。现场访谈旨在了解游客在旅游目的地现场的即时性体验，可以发现更多、更真实的信息。一个旅游地是通过对周围物质环境的"感觉即时性"被体验的（瓦尔特·本雅明，2013），实时情境中游客的实时体验最能还原其本真状态,并对产业实践提供更切实的指导。现场访谈工作与参与观察工作同时进行的,主要采取半结构化访谈方式。

现场访谈由两名研究人员共同进行,集中在 2018 年 7 月 21~25 日,在青岛啤酒博物馆进行为期 5 天,每天 6 小时的现场访谈,具体访谈的位置设在青岛啤酒博物馆游览的最后一站——啤酒吧,对结束游览在此休息的游客进行随机抽样访谈。为了保证此次调查的效度,保证受访对象的差异性和客观性,在选择受访者的时候,采用自愿抽样技术,随机抽取愿意配合访谈的游客,但考虑到人口统计学特征会影响体验质量,研究人员会有意选取不同的年龄、性别的受访者,同一团队也会只选取 1~2 人进行访谈,主要是询问现场体验。具体的访谈过程是首先向受访者介绍自己,解释访谈的目的和性质,并保证访谈不涉及私人问题,在得到对方的同意后,开始正式的访谈。在访谈进行时,会有意引导游客分享他/她在游览过程中拍摄的照片,伴随着对照片的解释来述说他/她整个游览过程和印象最为深刻的场景,并对拍摄的这一场景进行详细的描述,如为什么会拍摄它,是受到什么吸引,当时的状态是什么样的,在做什么,和谁在一起等。在现场访谈中,研究人员一共尝试向 76 位游客发起访谈,共计有效访问 27 人,每名游客平均提供 1~2 张照片,访谈时间受旅行时间限制,持续时间平均为 16 分钟,转录电子版文字 35230 字,照片共 32 张(见表 3-2)。对所获取的文本信息进行编号,如 1 号受访者提供的第一张照片编号的方式为"XC-FT1-1"。之后,研究人员使用隐喻抽取技术、扎根理论的情境分析和攀梯技术进行分析。

表 3-2 现场访谈情况统计

编号	性别	年龄	受教育程度	职业	提供照片数量
1	男	27	本科	学生	2

续表

编号	性别	年龄	受教育程度	职业	提供照片数量
2	男	29	本科	公司职员	0
3	女	70	专科	自由职业	2
4	男	35	本科	公司职员	2
5	女	22	本科	学生	3
6	男	30	本科	机场人员	0
7	男	50	专科	退休工人	3
8	男	28	本科	公司职员	1
9	女	30	本科	公司职员	3
10	女	30	本科	教师	2
11	男	28	本科	自由职业	0
12	女	32	本科	导游	0
13	男	28	本科	公司职员	0
14	男	37	本科	老师	1
15	男	65	初中	退休工人	1
16	男	31	硕士	老师	1
17	男	42	本科	公司经理	1
18	男	22	本科	学生	1
19	男	65	小学	退休工人	1
20	女	23	本科	学生	1
21	女	23	本科	学生	1
22	男	26	本科	公司职员	1

续表

编号	性别	年龄	受教育程度	职业	提供照片数量
23	男	28	高中	自由职业	1
24	男	27	硕士	学生	1
25	男	25	本科	公司职员	1
26	男	72	初中	退休工人	1
27	男	37	本科	业务经理	1

（2）游后访谈。由于现场访谈受制于游客的时间安排，每次访谈不能持续过长时间，为挖掘游客体验的深度信息，本研究也对有过工业旅游经验的工业旅游者做了游后访谈，研究人员主要是通过面对面、电话、微信、QQ等进行游后访谈。游后访谈以两种方式进行，一种方式只是要求游客对工业旅游的经历进行描述，共计有效访谈14人，形成转录文字2万余字。另一种方式是进行图片访谈，具体操作过程要求受访者从其工业旅游经历中选取最具有代表性和典型性的照片，然后逐一对提供的照片进行描述，主要围绕三个方面，一是拍摄的内容，二是拍摄理由及当时的情景，三是游客的情景心理反应。关于照片访谈需要特殊说明的是，出于两种原因，有些游客无法提供照片，一是有些工业旅游点对一些工艺或车间的场景是禁止拍照的，二是有些游客当时忘记拍照。但是，由于游客印象特别深刻，能够很详细地描述出当时的场景内容，这样的访谈也会作为有效访谈。此次共计访谈13人，获得照片31张，转录文字1万余字。

3.2.5 定性研究方法：网络资料（游记、点评）

对互联网上游客发布的定性数据的分析可以在提高我们对旅游体验，目的地品牌，目的地形象以及旅游市场结构和文化变化的理解方面起重要作用（Bosangit等，2015；Hsu, Dehuang 和 Woodside, 2009；

Kladou 和 Mavragani，2015；Rageh 等，2013；Wu 和 Pearce，2014）。游客和旅游专业人士积极使用新技术和社交媒体，为研究旅游体验打开了新的视野（Xiang 和 Gretzel，2010）。游客越来越多地在旅游体验的不同阶段使用社交网络，也有研究表明，旅游者信任其他游客共享的在线评论，而不是旅游业的在线广告（Kladou 和 Mavragani，2015）。另一方面，网络资料也可以弥补深度访谈数据的缺乏。

（1）网络点评信息。

第一步，确定相关的在线社区。经过比较发现，在工业旅游景区的数量以及单个景区的游客评价数量两个方面，相对于其他的旅游在线网站，携程旅行网占有绝对的优势。成立于1999年的携程旅行网，经过20多年的发展，已成为目前国内在线旅游网站中的佼佼者（王昕天和汪雷，2017），其旅游信息查询业务为用户提供旅游前、中、后期全方位的信息查询、规划、评价、心得、问答等服务（迟哲超，2017）。游客在旅行的过程中经常会在携程网上团购优惠票，购票后，携程网会向游客发出游后评价的邀请，所以携程网拥有大量的在线评论和离散消息评论者，能够为国内普通大众出游提供及时有效的参考，拥有广泛的受众面。因此，本研究最终选择携程旅行网作为工业旅游景区点评信息的获取来源。

在2018年4月选择数据时，以原国家旅游局颁布的工业旅游示范点（356家）、工业旅游创新单位（22家）、工业旅游和工业遗产旅游基地（20家），经整理后共360家工业旅游景区，作为工业旅游目的地的样本框。在携程旅行网进行工业旅游景区搜索时，以景区名字作为关键词进行搜索，在具体的搜索过程中为了避免遗漏，在全名搜索不到的情况下，会以缩减全名，提取关键词等多种方式进行搜索。截至2018年4月30日，共搜索到125个工业旅游景区，其中4个景区的游客点评数为0条，最终得到有关121个工业旅游景区的评价信息共计24458条。

第二步，研究者将点评文本和图像，下载到Word文档中，并进行逐条阅读，旅游网站会开展一些评价返现金活动，存在一些"应付性"的评价，如复制景点介绍、几个词语概括等，这种文本容易识别，本研究不会采纳，除此之外还会剔除掉重复出现的，信息与景点匹配错误的，内容无关的评价信息，对评论条数特别少的景点（如美特斯邦威服饰博物馆等）直接删除。

第三步，对评价信息进行编号，编号的方式为"工业旅游点名称—评价人昵称-日期"。如新安江水电站-放飞心情-2016-05-31。并将这些评价信息整理之后，使用QSR NVivo.Plus进行主题分类分析。

（2）网络游记。

依据Bagozzi（1981）等研究的发现可知，积极情绪可以促使人们分享积极的体验经历，而网络游记是其分享自己积极体验的重要渠道。游记搜索选择的在线网站主要是携程旅行网和"马蜂窝"旅行网，笔者在游记搜索过程中发现，这两个旅行网无论是在工业旅游游记的数量还是质量上都占优势，知乎评论"马蜂窝最成熟的板块就是旅游游记部分，游记的内容是旅游者的真情实感，同时游记设置评论、回复功能，可以实现互动"。故本研究最终选择"马蜂窝"和"携程旅行"两家旅行网站作为网络游记主要来源，选取旅游者撰写的以记录工业旅游体验为主的游记。收集的第一步骤同搜索网络点评信息一致，以工业旅游景区的名称为关键词进行工业旅游游记的搜索，共收集工业旅游游记208篇。然后，再根据"类型代表性"和"内容丰富度"两个标准进行筛选，得到游记71篇，以此作为本研究分析的网络游记数据库，每篇游记以"目的地名称简写首字母-游记来源-发布日期"的形式命名，如"青岛啤酒厂，马蜂窝，2015年1月1日发布"将会被表示为"QP-MFW-2015-1-1"。把这些评价信息整理之后，使用QSR NVivo.Plus进行分析。

（3）网络图片文本。

以收集到的工业旅游的网络游记和网络点评为样本框，逐条点评，逐篇游记的阅读，在阅读的过程中以图片为搜索源进行文本收集，将图片连同解释文本一同作为资料分析的对象。工业旅游的游记非常少，且类型复杂，笔者通过对工业旅游游记的阅读发现，绝大多数的游记是以照片为主，再配以部分文字对照片进行解释说明，本研究正是基于这样的一个材料现实，采取相应的研究方法，具体在收集的过程中结合扎根理论情境分析以及理论饱和原则，同种类型的不再重复收集。同时，游记图片编号采用游记和点评文本同样的方式。

3.2.6 定性数据的处理方法

（1）扎根理论方法。

扎根理论的方法因其适用于面向较新领域的探索性研究，强调根植于资料之中的理论建构，所以被广泛运用在社会研究中（陈向明，1996）。扎根理论是分析深度访谈资料和游记文本非常有用的手段和策略。在具体操作中，本研究将扎根的方法进行了更为灵活地采用，采其精髓，即其根植材料逐步建构理论的思想，改其形式，即在开放性编码阶段不逐一对具有实意的符码进行抽取，而是据某一主题，提取主题相关的符码。总结来说，即学术研究中，扎根理论可采用两种方式进行，在无研究主题或主题不明确时，可进行严格意义上的开放式编码，对所有具有实意的符码进行概念化抽取，再进行类属分析，以探索建构理论的可能性；但当操作前已有明确的研究主题，在开放性编码阶段便具有选择性，这种选择性并非"以受访者观点当观点或以研究者的观点当观点"，挑选符合研究者想法的符码。而是选择性的抽取与本主题相关的符码，一旦主题确定，其他无关符码便被舍弃。

本研究采取后者的编码原则对原始材料进行整理，原因之一是由于工业旅游类型众多，游记记录内容差异很大。若严格按照开发式编码会导致符码多且杂，不但会一直不能趋向饱和的状态，还会使研究者在众多符码中迷失，形成"只见树木不见森林"的局面。其二是因为本研究在操作前已有明确主题，由于工业旅游的发展现状，本研究欲通过游记资料，从游客角度探究工业旅游体验存在的问题及改进的可能性，故对无关主题的符码进行舍弃。然后，借助 QSR NVivo. Plus 软件进行编码。

（2）主题分类分析。

根据网络点评信息所反映的内容使用 QSR NVivo. Plus 软件通过抽取参考点进行积极评价、消极评价的主题归类分析。该软件具有根据预定义的主题进行精确分类的功能。在具体的操作过程中，首先，依据第五章所做的工业旅游场景形态进行型的划分，整理点评信息，逐条阅读，并区分积极评价还是消极评价；其次，根据不同的工业旅游场景形态，将积极评价或消极评价进行细分类，即细分出积极体验或消极体验主要发生在哪一场景的哪一区域或板块。

（3）隐喻抽取技术。

笔者对于图片文本的分析主要使用了隐喻抽取技术，辅以攀梯技术和扎根理论的情境分析法。

隐喻抽取技术是一种以图像为媒介的研究方法。这种技术是一种能够深入探究行动者内心想法与需要的质性研究方法，对受访者进行访谈时，受访者往往无法精确地说出自己的意图与想法，也就是说受访者的很多想法和感受很难用语言或文字进行精确的表达，也有许多的想法是存在于受访者的潜意识中，连他自己都不知道的，而隐喻抽取技术可以深入受访者的潜意识层，它是以视觉隐喻和图片的想象为基础，可以引出受访者深层的理性思考和情感意义，不仅能够了解表层的内容，也能够获取潜意识中的信息。因此，在隐喻抽取技术的研究过程中，选取典型恰当的资料是非常重要的。本研究在使用这一方法的过程中，加以灵活的运用，不仅用其分析深度访谈所获取的图片文本，也用其分析网络点评与游记中的图片文本。

情境分析是一种将所收集的资料先拆分然后再整合的方式。对图片文本进行分析的步骤是，首先通过精读，理解并阐释图像文本内容所传达的作者的意图，图像的内容指的是一张图片中的重点，这也是拍摄者，即旅游者所观察和关注的重点。第七章中提到工业旅游区通过有效的场景组织可以帮助游客实现具身体验，因此本研究主要分析以工业旅游场景作为拍摄对象的图像文本，如果照片只有人物，可以将人物进行虚化处理，或是图片中的人物本身就是一种陪衬，那么这类图片也归为场景形态。其次，每一张图像都包含着拍摄者的思考和故事，而故事具有隐喻功能，透过说故事可以知道元素与元素之间的关系。大多数人在描述一类景色、一件物品或是一项活动的时候，都倾向于引申到一种氛围、一种情境或是心情上，所以从工业旅游者所描述的故事中，可以了解其想法和感觉。在具体的操作过程中，首先对图片所属的工业旅游场景的空间形态进行划分，然后对场景中的所包含的元素进行抽取，在抽取的过程，遵循扎根理论的理论饱和原则，具体借助攀梯技术，研究者根据自己的理解把隐含在图片文本中，但是受访者和撰写者没有表达出来的信息引申出来，以完成构念和关系的构建。

在对图像文本进行分析之前，首先对图像进行编号，来自游记的内容，会以"景点名称的首字母－网站名－发表日期－图像编号"的方式命名，如"蒙牛，马蜂窝，2016 年 11 月 26 日，图像编号，会表达成 MN-MFW-2016-11-26"。来自访谈的内容，会以"访谈来源（微信 WX 或现场 XC）－受访者编号（FT-1）－受访者提供图像编号"方式命名。来自网络点评的内容，会以"景区名－网站名－发布者昵称－日期"的方式命名。

3.3 样本（问卷）的描述分析

本部分对问卷样本的人口统计学特征及人口统计学特征之间的交叉关系进行频数分析，频数分布表能够很好地显示各个变量的差异和聚合状况，能够把握数据的分布特征，了解目前工业旅游者的总体特征。

如表 3-3 所示，从调查对象的性别来看，男性在总样本中所占的百分比约为 41.58%，女性在总样本中所占的比例约为 58.42%。受调查者在性别分布上的差异达到 16.84%，女性受调查者所占的比重在一定程度上高过了男性受调查者。

表 3-3 样本人口统计特征频数分布（N=303）

人口统计特征		频数	百分比（%）	人口统计特征		频数	百分比（%）
性别	女	177	58.4	婚姻状况	已婚	224	73.9
	男	126	41.6		未婚	70	23.1
受教育程度	小学及以下	3	1.0		其他	9	3.0
	初中	4	1.3	家庭人口	单身	39	12.9
	高中	6	2.0		2人	19	6.3
	高职或专科	14	4.6		3人	164	54.1
	大学本科	131	43.2		4人	52	17.2
	硕士研究生	104	34.3		5人及以上	29	9.6
	博士研究生	41	13.5	出游决策权	自己	156	51.5
年龄	18岁以下	1	0.3		妻子/丈夫	87	28.7
	18~25岁	35	11.5		孩子	43	14.2
	26~30岁	37	12.2		长辈	17	5.6
	31~40岁	128	42.4	童年生活地	一、二线大城市	34	11.2
	41~50岁	79	26.1		中小城市	138	45.5
	51~60岁	19	6.3		小城镇	49	16.2
	61~70岁	4	1.2		农村	82	27.1
职业	专业技术人员	153	50.5	现在居住地	一、二线大城市	110	36.3
	政府官员（科级以上）或企业高管	20	6.6		中小城市	172	56.8
	政府公务员（科级以下）或企业一般职员	40	13.2		小城镇	13	4.3
	农林牧副渔劳动者或企业工人	6	2.0		农村	8	2.6
	军人	2	0.7	工业旅游经历	0次	120	39.6
月收入	2000元及以下	42	13.9		1~2次	115	38.0
	2001~3000元	22	7.3		3~4次	35	11.6
	3001~5000元	53	17.5		5次及以上	33	10.9
	5001~8000元	107	35.3		系统缺失	1	0.3
	8001~15000元	52	17.2				
	15001元及以上	27	8.9				

数据来源：根据样本结果统计分析整理。

从调查对象的学历来看,大学本科及以上学历的人数高达91.08%,表明本次的调查对象大多为高学历人员;从收入结构分布看,收入3000~8000元的受调者占总数的52.8%;从职业分布结果看,如果按照从高到低的分布比率,排名前三的职业依次为:专业技术人员(50.5%)、政府和企业人员(19.8%)与在校学生(11.88%)(见图3-1)。

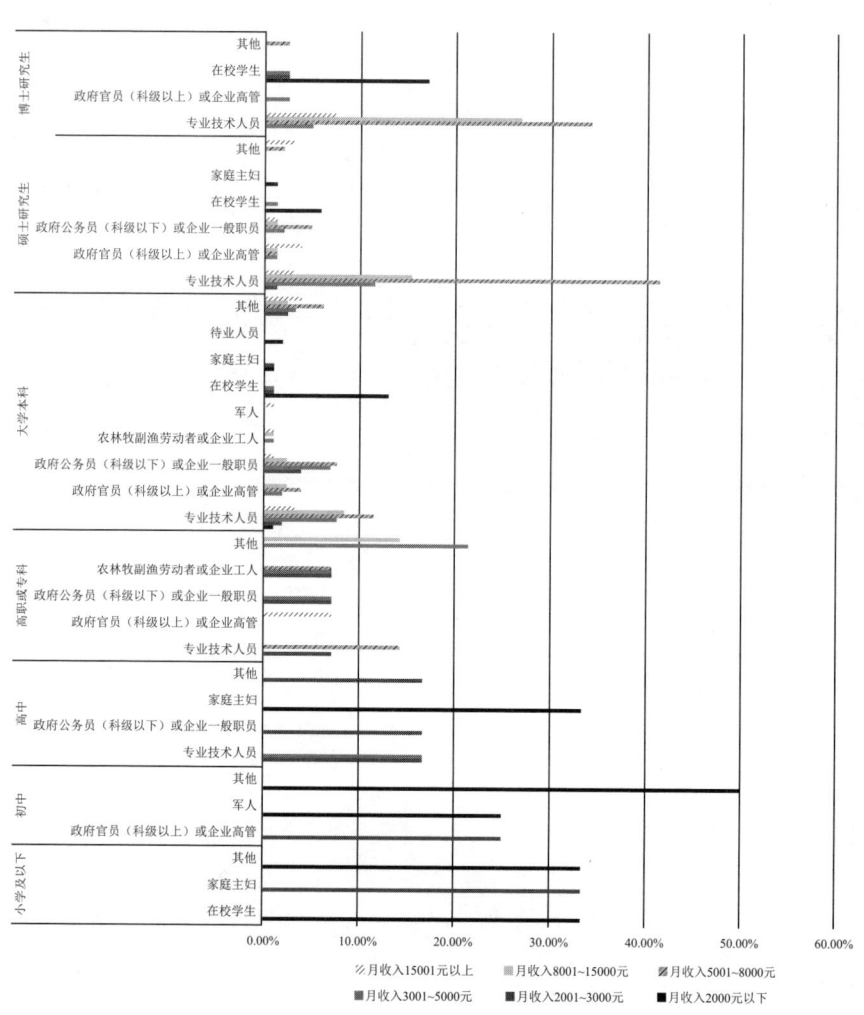

图3-1 职业 * 月收入 * 受教育程度交叉

进一步对受调查者的受教育程度、月收入和职业进行关联性交叉分析发现（见图3-1），受教育程度在大学本科以上，职业大多为专业技术和政府/企业工作，月收入为5001~8000元；学历在大学本科以上，职业为在校大学生的被调查者人数比例最高。同时，本研究在向调查对象发放问卷之前，会询问是否对工业旅游有所认知和了解，在得到肯定的回答后才会进行调查，这样的一个学历分布，说明学历较高的人对工业旅游相对较为关注，而且这样的学历层次与其职业和收入也是相匹配的。

从婚姻状况的分布来看，受调查者有效回答中已婚者为224人，占76.19%；从家庭人口数的分布来看，工业旅游者中54.13%是3口之家。进一步将婚姻状况与家庭人口数做关联性交叉分析发现，已婚的受访者中65.6%为3口之家，19.2%为4口之家。而婚姻状况为其他的受访者中33.3%为2口之家（一般为离异带子女）（见表3-4）。

表3-4 婚姻状况*家庭人口数交叉表

占婚姻状况的百分比		家庭人口结构				
		单身	2人	3人	4人	5人及以上
婚姻状况	已婚		6.30%	65.60%	19.20%	8.90%
	未婚	50.00%	2.90%	22.90%	11.40%	12.90%
	其他	44.40%	33.30%	11.10%	11.10%	

从受调查者出游同行人的选择来看，45.5%的游客选择同家人一起带孩子参与工业旅游。进一步将婚姻状况、家庭人口数与同行人做关联性交叉分析发现（见图3-2），已婚的三口之家，家长带孩子参与工业旅游是目前工业旅游市场的客源主体，目的是丰富孩子的认知，学习知识，所以这部分群体对于工业旅游比较热衷。这样的结果与从游记和点评中所获取的信息是一致的。

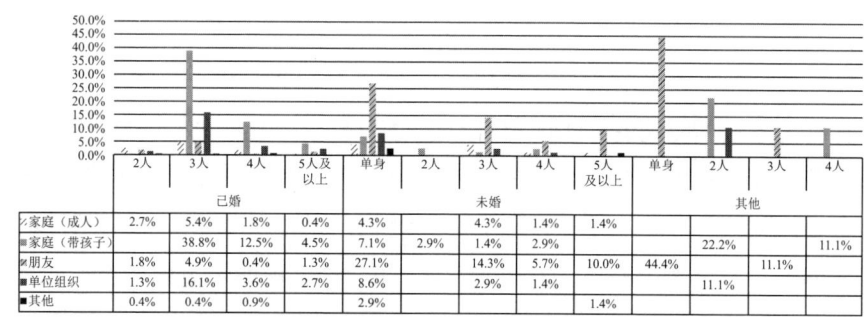

图 3-2　家庭人口数 * 同行人 * 婚姻状况交叉

从受调查者生活地的分布来看，绝大多数受调查者来自中小城市和一、二线城市，相对来说，城市居民的受教育程度和收入相对较高，这与前面的被调查者的学历与收入状况的分布达成一致。而童年出生地和现居住地却没有明显的区别。

从调查结果来看，39.6% 的受调查者没有过工业旅游的经历，而 37.95% 的受调查者仅有一次到两次的工业旅游经历，这两种类型占比 77.55%，说明目前工业旅游者的重游率和参与率都很低，大多数人都只拥有低于 2 次的工业旅游经历。

综上所述，从被调查者的人口统计学特征明显可以看出，受过高等教育、月收入在 3000~8000 元、已婚有子女、专业技术人员会更多地参与工业旅游，这直接说明了工业旅游的认知和教育方面的突出意义，也说明工业旅游仍是小众旅游，受旅游者的人口统计学特征影响显著。

3.4 数据的信度和效度分析

3.4.1 信度分析

信度，即研究结果的可重复性。也就是说，其他研究者重复本研究，能否得到与本研究相同或者类似的结果。陈向明（2003）认为信度主要针对的是定量研究，对质性研究没有实质意义。因为质性研究是将研究者作为研究的工具，研究者的身份、个人背景、经历以及与被访谈者的关系会影响他的态度和对问题的思考。因此，研究者不同，即使是在同一地点和时间就同一问题对同一人群进行研究，其结果也会有差异的。因此，本研究中不对质性研究的相关内容进行信度分析，只对定量分析的调查问卷做信度分析。

本研究的工业旅游体验调查问卷包含旅游者对工业旅游类型的喜好、旅游者参与工业旅游的动机或原因，以及阻碍工业旅游体验的因素三个量表。信度分析包括重测信度、复本信度和内部一致性信度三种类型的测定方式，由于本研究的特殊性，只进行内部一致性信度测定，具体操作主要是运用克朗巴哈 α 信度系数法对问卷中的评价量表各题项的得分之间的一致性进行内在一致性系数检验，这种方法适用于态度、意见式问卷的信度分析，是目前最为常用的信度分析方法（王璐，王沁，2010），估计结果如表3-5所示。

表3-5 调查问卷量表的Cronbach's α系数值

量表名称	项目数量	Cronbach's α 系数值
工业旅游类型的喜好程度	19	0.9225
前往工业旅游景区游览的动机或原因的重要性	20	0.9366
阻碍工业旅游体验因素	12	0.8478
总维度	51	0.9367

信度的高低与Cronbach's α 系数值成正比，若 α 值小于0.6说明内部一致性较差，α 值处于0.6~0.8说明内部一致性较好，α 值大于0.8则说明内部一致性极好。从上面的分析结果来看，本研究中量表的Cronbach's α 系数值均大于0.8，这表明各量表的内部一致性很好。

3.4.2 效度分析

效度分析也叫扩广度分析，是定量研究的概念，指的是将样本研究结果推广到总体的有效性。效度分析可以回答这样一个问题："这项测试衡量了它想要测试的东西吗？"换言之，效度指的是基于这种调查所得到的结论的正确程度。

（1）问卷样本效度分析。

由于本研究的量表数据为等级数据，故本研究主要采用Spearman相关系数对调查问卷进行内容效度检验。表3-6列出了调查问卷的三个量表的Spearman相关系数。

表3-6　调查问卷量表的Spearman相关系数

量表名称	Spearman相关系数	显著性水平
工业旅游类型的喜好程度	0.8559***	P<0.000
前往工业旅游景区游览的动机或原因的重要性	0.8848***	P<0.000
阻碍工业旅游体验因素	0.4760***	P<0.000

注：*** 表示在1%的显著性水平上显著。

一般而言，Spearman相关系数在0.4~0.8较为理想，如表3-6所示，本研究认为基本上通过了效度检验，且相关系数均特别显著。

（2）质性样本效度分析。

质性研究主要关注研究的过程，其主要是通过对特定对象的深入研究来获取对其比较深刻的认识，通过对这种现象的解释而获得对某种现象的新知识，由于研究者不同，故对质性过程和质性实质的把握也不同，这一点会影响研究效度。本研究中的质性研究在既定样本范围内具有较高的效度，从该样本所得到的多数结论带有普适性，在适当的范围内进行概化、推及一般是可能的。另外，在本研究中，整个质性分析的过程都由两名研究者共同进行，目的是保证其效度，两名研究人员先各自进行资料分析，再通过讨论最终确定。如此可以降低资料收集过程中由于单方面观察或者诠释所造成的主观性偏差，进一步提升研究结果的效度。

第四章 工业旅游概念辨析

中国工业旅游的发展实践一直伴随着各种各样的问题,理论界对此缺乏正本清源的学术探讨,从而也制约了工业旅游理论研究的深化和体系化。为此,本章拟从工业旅游的基本概念入手,通过对文献中有关工业旅游的概念、特征、类型的论述进行系统的梳理,检讨其得失,进而依据属加种差的逻辑原则对工业旅游的概念进行辨正,并给出新的定义,对工业旅游的特征和类型做出新的阐述。

4.1 工业旅游概念的梳理

对于什么是工业旅游,无论是在理论界还是在实践中,无论是在国内还是在国外,都没有达成统一的认识,甚至还表现出众说纷纭的状态,如表4-1所示。

表4-1 工业旅游的典型定义

文献来源	工业旅游的定义
Lew(1987)	对于农村和农业场所、居住功能和机构环境的旅游观察
Gunn(1988)	旅游线路包含像非寻常场所(工业场所)这类景点
Pearce(1991)	作为旅游景点的人类和自然地标,包括工程成就、工业用地和采矿地点
Prentice(1993)	与主要生产、工艺中心、工艺车间和制造业有关的景点
Dodd(1998); Simonson(1974)	对生产设备场所的参观,包括生产设备的科普、样品的讲解和购买产品或纪念品

续表

文献来源	工业旅游的定义
Soyez（1986，1993）	工业旅游（德语 industrietourismus）为组合名词，指对运营和非运营公司的拜访，"运营中的或前工业系统可能会引发任何一种旅游移动" 对上一定义进行改进：以前的或运营中的工业系统的吸引力一定会引发外部游客的移动
Inskeep（1991）；Swarbrooke（1995）	将工业旅游纳入旅游景点类型学，指出工业旅游这一旅游类别是指该地点可能主要是为了生产非旅游产品和/或服务而设计的，不是主要的旅游消费景点
Yale（1991，1992）	工业旅游是当代制造流程的展示，工业这个术语被解释为"制造业"
Stipanuk（1995）	工业旅游是"人类创造的旅游"，让游客有机会去拜访工作中的人
Green（1994）	工业旅游是一种另类现象，它提供了一种有趣的并列活动，"本质上是在工作场所的娱乐，工作和休闲在这里相遇"
Dodd 和 Bigotte（1997）	消费者访问生产设施的场所，包括设施的教育之旅和产品的品尝
Elspeth Ann Frew（2000）	游客对运营场所的拜访，这一场所的核心活动是非旅游导向的
Stevens（2000）	对现有公司的访问，而不是对过去工业的拜访
Mark 和 Sheila（2001）	工业旅游就是把工业本身独特的机能作为旅游元素与吸引力的活动，如产品生产制作过程、特色、文化和历史等。根据这一观点，工业旅游是发生在工业行业的范围内
Jean-Rene Morice（2006）	把企业参观访问定义为经济发现的一个子集
Edwards 和 LIurdes i Coit（1996）	作为文化旅游领域的一部分，工业遗产旅游是指"起源于早期工业过程的人造场所、建筑和景观的产业旅游活动"
Otgaar（2010）	旅游者到现场去了解过去、现在和未来的经济活动
Vargas-Sánchez A（2011）	工业旅游被理解为对公司的访问，实际上是到生产活动发生的场所，见证实际上活着、运动、实时的过程，作为一种体验，对真正的和真实的东西产生特殊的兴奋
阎友兵，裴泽生（1997）	工业旅游就是指旅游者通过参观工业、科技、手工业、服务业等各类企业，以了解某些产品的生产制作过程，并购买到低价产品的过程

续表

文献来源	工业旅游的定义
姚宏（1999）	工业旅游是一种专项旅游，它是以现有工厂、企业、公司及在建工程等工业场所作为旅游客体
赵青（1999）	工业旅游是人们通过参观工业景观、生产流水线、工艺流程及劳动场面进行学习和加深认识了解的过程
戴道平（2002）	从供给的角度来看，工业旅游是以工业企业的建筑环境、设备设施、生产或工艺流程、企业文化与管理等作为旅游吸引物，其目的是满足游人的求知、求新、求奇等旅游需求
王宝恒（2003）	工业旅游是通过包装将工业资源转化为旅游资源的专项旅游活动和企业发展项目。其目的是满足人们的旅游需求，提高企业的综合效益
李蕾蕾（2003）	"工业旅游"包含两部分内容，一是对当前工厂企业的生产景观的观光，二是对工业历史遗迹的旅游
梁坤，杜靖川（2015）	狭义的工业旅游是以工业生产资源作为旅游吸引物；广义的工业旅游是以工业遗产和工厂生产资源及其相关事物为旅游吸引物
李小云，郑剑艺，钟新平等（2015）	工业旅游是工业与旅游业融合发展的产业，是一种专项旅游活动。它是以工矿厂房、工业遗址为基础，以工业场所、生产过程、操作流程、企业文化等为参观学习客体
国家旅游局（2017）	工业旅游（industry tourism）是以运营中的工业企业和工程项目等为客体，进而开展相关参观、游览、体验、购物等活动的旅游项目

在国外，学者们用"industrial tourism"这个词来形容完全不同的东西，如旅游作为一个产业（Rodenburg, 1980; Abbey, 1968），也有学者针对这一现象使用其他的词，这些词或多或少等同于工业旅游（industrial tourism），如技术参观（technical visits）、企业游览（company tours）、工厂游览（factory tours）、工业景点（industrial attractions）和工业观光（industrial sightseeing），这些概念彼此之间也经常被混用，但在概念界定时也表现出行业、场所、吸引物、旅游者等不同的侧重点。

随着国内工业旅游实践和研究的深入，在概念界定时会表现出视角（如活动场地、游览内容、市场需求、企业、旅游业和产业）、内容、动机/目的等不同的倾向，进而也表现多种不同的称谓，如工业旅游、工业遗产旅游、工业遗址旅游（郑岩，2009）、现代工业旅游（梁坤，杜靖川，2015）、现代工业企业游（汪希芸，沙润，2007）、企业观光式工业旅游（刘洪利等，2009）、工厂观光旅游（韩福文，王芳，2012）、工业科普旅游（杨铭铎，郭英敏，2016）等。因此，逐一的审视工业旅游概念的演进过程，将有助于明确工业旅游的概念。

纵观国内外学者对于工业旅游的定义，可以看出主要侧重于以下几个方面：工业这一术语的内涵；工业场所的种类和范畴；工业景观的吸引力所在等。下面笔者将就此展开进一步的讨论。

4.1.1 "工业"还是"产业"

工业旅游在国外通常使用 industrial tourism 这一术语，而 industrial 这个术语本身却对应着两种含义，即工业和产业，进而也就出现了工业旅游与产业旅游的区别，笔者在英文文献的检索过程中发现，学者们对 industrial tourism 的界定也穿插着产业和工业两种理解，工业是产业的一部分，所以 industrial tourism 在国外也就不仅仅是在工业行业范围内。可能受文献翻译的影响，在国内也有学者使用工业产业旅游这一术语，与农业产业旅游一起构成产业旅游，但是以工业产业旅游为主（钟贤巍，2007）。即使是在工业行业内也存在具体部门的差异。

（1）工业指的是传统的工业部门，尤其是制造业。有些国外学者把工业限定在工业行业，即传统的加工工业。如 Pearce（1991）列出包括"工程成就、工业用地和采矿地点"在内的人类和自然地标可作为旅游景点。Mark 和 Sheila（2001）在定义中明确工业旅游是在工业行业的范围内，运用工业本身独特的机能。国内的绝大多数学者在这一点上基本是达成一致的，都把工业这一术语限定在工业行业，明确工业旅游就是在工业企业内开展。如李蕾蕾（2003）指出工业旅游是以工厂、企业、公司和建设工程等工业生产与营运之地为载体。按照这个标准，工业这一术语就指的是国民经济产业分类中的工业。

还有一些国外学者将工业仅限定在制造业。Simonson（1974）将工业旅游定义为对生产设备场所的参观（Dodd，1998；Simonson，1974）。Yale（1991，1992）把工业这个术语解释为"制造业"。Prentice（1993）也提到了工业旅游景点是与制造业有关的景点。根据这样一个标准，工业旅游的载体就是生产制造工业产品的企业。

（2）工业指的是行业类别，并且包括所有的经济部门。在这种语境中所使用的"工业旅游"中的"工业"一词，就突出表示"一种作业环境"甚至是一种"工作"本身，工业旅游是对这种作业过程的观赏。例如，从 Lew（1987）的定义就可以看出，Industrial tourism 中的"工业"不仅仅指的是传统的加工工业，也包括农业，这说明 industrial 指的是产业。Stipanuk（1993）认为，工业指的是各种技术，是工作，与这种观点一致。Green（1994）也认为，工业旅游是一种另类现象，它本质上是在工作场所的娱乐。MacCannell（1976）把对工业作业场所的参观描述为"被异化的休闲"，因为这种观光"颠倒了休闲的目的：成为对工作场所的回归"。Frew（2000）指出工业旅游包含了所有开放的企业：工业这个术语是经济的一部分，公共部门的组织也可以接待访问者。她还认为工业旅游不仅仅是工厂旅游，而是所有经济部门都可以为工业游客开放。人们不仅要拜访公司了解生产过程，还要了解他们的管理方式（Lammers，1990），正如 Simonson（1974）所建议的，不仅是生产设施，像物流公司这样的服务提供商也是潜在的工业旅游目的地。在法国里昂召开的第一次欧洲工业旅游会议上（2006），法国学者 Jean-René Morice 在 Marcon，Preuilh 和 Ksouri（2000）等人工作的基础上，把企业参观访问定义为对各个经济部门的公司运营地点的访问。Otgaar 等（2010）的定义指出工业不应该只被定义为制造业，而是"工作"。根据这一标准，农业旅游、葡萄酒旅游、啤酒旅游、议会旅游，它们都是与某个部门或产品相关的特定类型的工业旅游的示例。这样理解下的工业旅游，其形式既包括参观生产有形产品的工业运营场所，也包括参观诸如政府和非营利组织（如议会，教育机构）等服务部门的工作场所。国内最早定义工业旅游的学者是阎友兵和裴泽生（1997），他们认为工业旅游是发生在工业、科技、手工业和服务业等各类企业中，显然也是将工业旅游的"工业"视为"产业"或"行业"，由此带来的工业旅游的内涵，自然从传统工业观光转向对各种行业运营场所的现场游览和体验。尽管本研究在后续内涵上主要取决于传统的工业，但在探讨工业旅游景观特质时，主要以作业场所作为工业旅游的核心内涵，相应的概念体系也是在这一思想主导下建立起来的。不过，尽管做了这个特殊的强调，但实际上，笔者仍然认为，工业旅游这一概念不管在学术上还是在日常应用上，都可以兼顾上述两种理解。它们没有根本性的矛盾和冲突。本研究更期望将二者有效地统一起来，其途径则是借助于"场景"这一表征现场体验概念的引入。

4.1.2 工业场所界定的差别

当把工业旅游视为对产业/行业运营场景的某种在场体验时，我们需要对工业场所的特质加以进一步的界定。其路径有：

（1）依据场所的本体功能。为了将工业旅游景点与其他类型的旅游景点相区分，要考虑到作为景观客体的组织/机构的核心业务，即组织存在的主要原因，或者是中心或关键部分（Makins，1992）。Swarbrooke（1995）引用了苏格兰旅游委员会（1991）的建议，指出一个工业旅游景区的主要目的是允许游客为了娱乐、兴趣或教育而进入。然而，对于一个工业旅游景点而言，其主要目的（或核心活动）是为社会公众和其他消费者提供非旅游产品和/或服务，而不是以接待游客访问为其本职业务，其核心活动仍然是非旅游产品和/或服务的生产，原因是工业机构存在的初始目的和当前的主体运营活动都并非以游客为主要对象，所拥有的旅游接待设施多数为附设或增设的便利性设施。这一事实也为 Mac Cannell（1976）所注意到，他曾描述了贝德克尔到纽约证券交易所的访问，并没有发现任何证据表明"为了观光者而进行表演"。在 Kotler（1994）的核心产品、有形/基础和附加产品利益组合模型中，也可以看到这种关系（见图 4-1）。

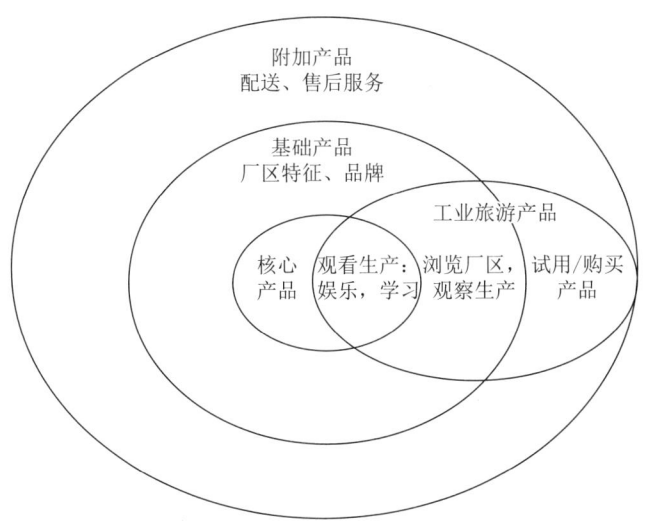

图 4-1　Kotler's 产品和工业旅游产品的三个层次（1994）

Leiper（1990）指出，如果没有游客参观伦敦塔，它就不会被认为是一个旅游景点，游客是必要的部分。对于工业旅游景点，如果没有游客参观生产商品和/或服务的地点，这个地点原则上仍然存在，因为核心活动不是为了迎合游客。在任何时候，工业旅游景点都可以单独回归核心功能，即非旅游产品和/或服务的生产，也就是说，旅游不是组织存在的必要条件，因为其核心功能不是旅游。

Inskeep（1991），Prentice（1993）和 Swarbrooke（1995）将工业旅游纳入旅游景点类型学，指出工业旅游这一旅游类别是指该地点可能主要是为了生产非旅游产品和/或服务而设计的，而不是主要的旅游消费景点。Frew（2000）的定义也意味着，工业旅游场所仅指那些存在的理由是为了生产产品和/或服务的企业。以旅游为导向的地方被排除在这个定义之外。为了说明这一点，她根据商品和服务的不同市场提出了旅游的类别（见图 4-2）。在一个极端——纯粹的工业，这些企业只生产面向大众的商品和/或服务，游客不允许进入。在另一个极端——纯粹的旅游消费领域，只生产商品和/或服务给游客，但他们并没有提供真实的幕后体验。工业旅游介于两者之间，为普通大众和游客提供商品和/或服务，尽管对游客的准入可能是有限制的。工业旅游地和消费旅游地的主要区别在于前者总是回归到纯工业一端，其重点是它的核心功能不是旅游。如果一个消费旅游场所不吸引访客，它就必须关闭。与此相对的是，国内的学者对于这一点却表现得十分混乱，按照Frew的观点，像北方重工博览园、开滦国家矿山公园和中国煤炭博物馆这样的企业博物馆和主题公园将不被视为工业旅游。在国内的理论和实践中，却由于只考虑到它所展示的内容，将其划为工业旅游的范围之内，这就造成了工业旅游类型泛化的问题。

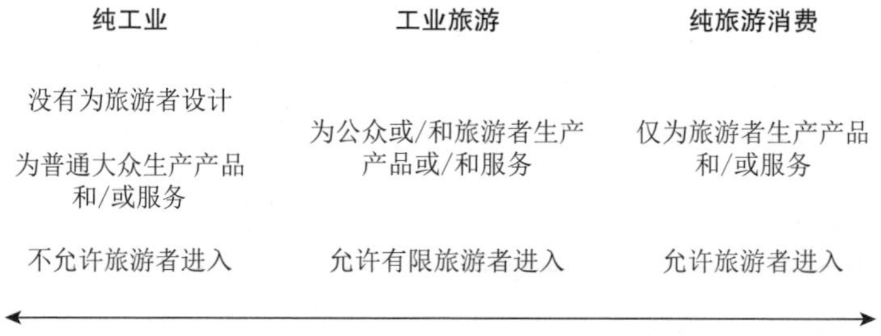

纯工业	工业旅游	纯旅游消费
没有为旅游者设计	为公众或/和旅游者生产产品或/和服务	仅为旅游者生产产品和/或服务
为普通大众生产产品和/或服务		
不允许旅游者进入	允许有限旅游者进入	允许旅游者进入

图4-2 基于商品和服务的不同市场划分工业旅游（Frew，2000）

（2）依据游客游览的理由。与上述学者侧重于工业旅游场所存在的理由相比，其核心业务是生产产品和服务而非旅游的不同，Soyez（1993）的定义似乎包括了像企业博物馆和品牌公园这样的消费旅游场所，他侧重于旅游者访问的理由（目的或动机），且认为旅游业可以为工业游客敞开大门。当你去动物园看动物的时候，你是一个普通的游客。但是当你去动物园了解更多动物园的功能时，你便是一个工业游客。以这种方式，游客们可以体验到运营的旅游景点的"幕后"方面，但是，Frew（2000）的定义似乎排除了旅游业作为工业旅游者的目的地。国内学者鲜有从游客的角度来考虑工业旅游的界定问题，大多重在研究工业旅游满足游客各方面的需求，如求知、求新、求奇、精神需求、开阔视野、丰富阅历、休闲、审美体验、健康、娱乐等。

（3）依据运营和非运营的区别。Soyez（1993）在他的定义中明确地包含了"前工业系统"，即已经不再运营的工业遗产地。相比 Soyez 的定义，Stevens（2000）将工业旅游定义为对现有公司的访问，而不是对过去工业的拜访。Frew（2000）的定义的关键字也是"运营"，她指出一个不再运营的地点是完全不同的，如工业遗产景区，工业遗产指"在当代环境中前工业活动的实物证据"（Goodall，1994）。Frew 明确地把工业遗产从她的定义中排除了。而 Jean-René Morice（2006）把公司旅游与工业遗产旅游作为经济发现的两个并列子集，是旅游的两个不同的类型。

国内学者对工业旅游概念的理解，从最初只关注运营的工业场所，到之后李蕾蕾于 2003 年指出我国对于工业旅游定义的研究忽视工业遗产旅游的概念，强调"工业旅游"不仅是对当前运营企业的生产景观的观光，也是对工业历史遗迹的旅游。现在，国内的旅游学术界几乎达成了统一，广义的工业旅游包括工业遗产旅游和现代工业旅游（梁坤，2015），在实践中，2016 年及 2017 年全国工业旅游创新大会都将工业旅游示范点与工业遗产旅游示范点分开进行评审。

4.2 工业旅游类型的梳理

不同的工业旅游概念必然带来不同的工业旅游类型划分，因此，本部分将对国内外学者有代表性的工业旅游的分类方式进行系统的梳理。

4.2.1 弗汝的三种工业旅游分类方式

弗汝（Frew，2000）把工业旅游看作是在多样式连续统上的存在，可以以至少三种不同的方式来分类：工业的自动化程度；可观察过程的有形程度；以及游客的参与程度（见图 4-3）。首先，工业旅游可以以工业自动化程度为特征，左边是一些小型家庭手工业的例子，比如珠宝制造商和艺术家，而右边则是大规模生产标准化产品的大型企业的例子；其次，工业旅游也可以以被观察到的生产过程的有形程度为特征，左边是只生产有形产品的地点的例子，右边是只生产无形产品的地点的例子，也就是服务；最后，工业旅游也可以以游客参与产品或服务的生产的程度为特征，左边是游客只是被动地参与到活动中，参观生产过程的例子，右边则是游客亲身参与到生产过程的例子，例如，作为一名电视/广播工作室的观众，或者骑着马去围捕牛。

小型生产	大规模生产大众产品
手工艺品	工业产品
例如：珠宝制造商，艺术家	原材料加工和制作

以工业自动化程度为特征划分工业旅游

有形产品	服务
物质产品生产	无形产品
例如，陶瓷和酒类	例如，政府和教育机构的参观

以被观察到的生产过程的有形程度为特征划分工业旅游

被动参与	主动参与
观察生产制作过程	在生产的某些方面进行身体参与
没有任何的身体参与	

以游客参与产品或服务的生产的程度为特征划分工业旅游

图 4-3　工业旅游类型三种划分方式（Frew，2000）

工业旅游有一些著名的例子，包括从服务业和大型企业。如加州的环球影城，它可以说是世界上最大的、最繁忙的电影和电视演播室，自 1954 年以来，已经接待了近 7500 万人到电影制作的幕后世界（Gelbert,

1994）。同样的，游客们也会参观伯班的美国国家广播公司的电视演播室，并作为观众参与制作节目。这些特殊的例子也进一步突出了组织/机构的原始核心业务被作为主导或核心业务的旅游业所取代（就像环球影城，主题公园的基础设施和游客量超过了电影工艺本身）。

Frew 也对其他与工业旅游相关的概念进行了全面的概述。她把这些概念从两个轴上分类（见图 4-4）：横轴是从消费旅游到工业旅游，纵轴是从具体的旅游景点到更一般的概念。农庄旅游和酒庄旅游是工业旅游的一个子集，而工业遗产旅游可以被看作是教育和文化旅游的一个子集。

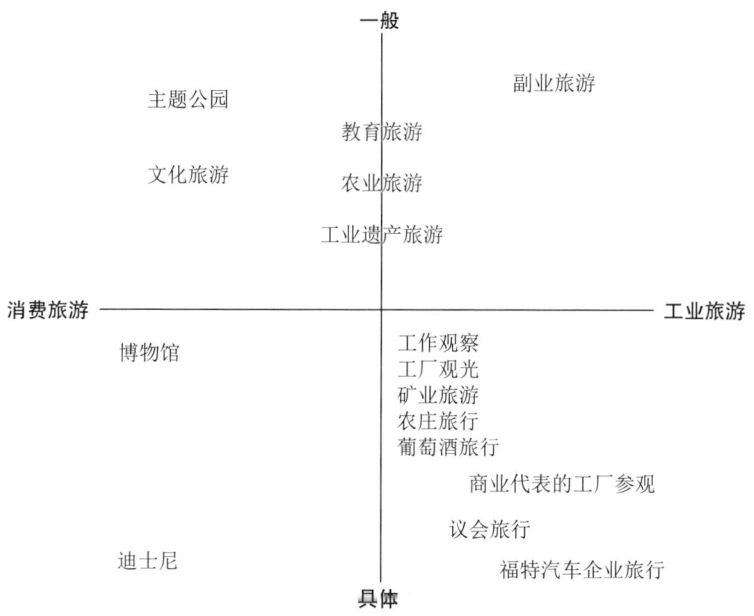

图 4-4　工业旅游的构成（Frew，2000）

4.2.2 参观旅游、工业遗产旅游和科学旅游

Marcon，Preuilh 和 Ksouri（2000）指出，工业旅游包括企业参观旅游、工业遗产旅游和科学旅游三种类型。对于这三种类型的工业旅游，公司参观旅游可能是最有名的，它涉及对各个经济部门的公司运营

地点的访问。而企业参观旅游又包括三种子类型：打开大门，交流中心和商业单元。（1）打开大门开放公司提供公司参观，但不调整生产单元，只是展示生产过程；（2）交流中心相当于游客中心，是企业内的一种微型生产单元；（3）还有一些公司有所谓的商业单元，商业单元是为了从公司参观旅游中赚钱，纪念品商店是一个典型的商业单元的例子（Jean-Rene Morice，2006）。第二类是工业遗产旅游，涉及游客到博物馆和遗址，主要是了解过去的企业经济活动。科学旅游范畴包括博物馆、文化中心、科学中心等，游客可以到那里了解科学。

4.2.3 斯坦因耐克的工业体验世界

斯坦因耐克（Steinecke，2001）展示了从地点到目的地的工业体验世界。工业体验世界是在经济、娱乐、历史、消费和休闲之间结合而成的主题化、复杂化和多功能的设施。游客主要通过展览了解一些经济活动，是典型的交流中心，虽然他们通常包括商业单元（纪念品商店），他指出大多数企业开展的只是打开大门参观生产过程，因此不能被认为是对工业体验世界的拜访。Steinecke 认为，工业体验世界可以沿两轴分类（见图 4-5）。横轴表示遗产（工业遗产旅游）和市场之间的差异。他用"市场"这个术语代表一类工业体验世界的类型，这一类型中的运营公司有着明显利害关系：他们利用工业旅游作为营销和公共关系工具，而工业遗产景点一般由公共部门管理。沿着纵轴，Steinecke 描述了从一个位置到目的地的发展，这个目的地转变成遗产和市场的景点。在他看来，成功的工业体验世界可以变成真正的目的地，这基本上意味着规模和更多的功能的增加。对于遗产地他预见了从工业博物馆和遗址到工业线路和工业体验景观（如英国 Iron bridge）的发展。对于市场行动者开发的景点，他分析了从公司博物馆到品牌公园（如"耐克城"Nike town）和品牌目的地（如奥迪中心）的演变过程。

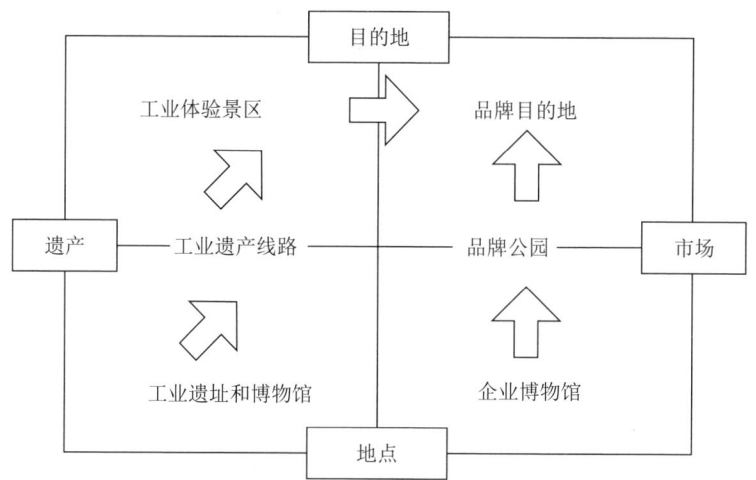

图 4-5　工业体验世界：类型和趋势（Steinecke，2001）

4.2.4 奥特佳的主动型与反应型工业旅游分类

奥特佳（Otgaar，2010）结合 Frew，Morice，Steinecke 的工作，同意工业旅游包括企业参观旅游、工业遗产旅游和科学旅游三个类别，并进一步指出，开展工业旅游的企业有积极和不积极之分。不积极指企业因为安全限制等问题根本不想接收工业旅游者，积极的公司则包括反应型和积极主动型两种类型，它们分属一个连续体的两端。积极主动型企业将工业旅游作为一种收入来源，或者是一种营销和公共关系（内部压力）的工具；而反应型企业则是（外部压力）敞开大门回应需求。开展反应型工业旅游的公司几乎不会对导引或场所进行投资，成本很低，但这同样能带来利益。积极主动型公司会在场所调整和专业导游方面进行投资，他们想把自己的场所变成一个有更多游客的目的地，以期望更大的收入和交流，这就意味着更高的成本（见表 4-2）。

表 4-2　反应型和主动型方式工业旅游的特点（Otgaar，2010）

特征	反应型	主动型
接收游客的原因	公民意识	交流/收入
压力	外部	内部
进入	有限	完全进入
场所调整	没有	有
导游	员工	专业人员
战略政策	没有	有

4.2.5 国内关于工业旅游类型的划分

针对工业旅游类型进行专门讨论的学术成果在国内比较少见，时坚（2007）将工业旅游的场所划分为工业企业、工业园区、行业博览场所、工业历史遗址遗迹以及能够反映重大事件、体现工业技术成果的重大工程和项目等。而更多的学者基于资源与产品的属性，对工业旅游的开发和经营模式进行探讨，如李淼焱（2009）将工业旅游划分为文化传承型、综合景观型、现代企业型、艺术品展示型、工业园区型和遗产与博物馆型等，郑斌（2009）指出资源型城市工业旅游开发可采取博物馆模式（停产的遗址性厂矿）、观光体验模式（生产中的企业）、园区一体化模式（在建的/规划中的企业）、区域联合模式（所有和工业旅游相关的企业）。

国内工业旅游类型划分的核心问题是范围庞杂，这与工业旅游概念的泛化有直接的关系，工业旅游概念的泛化直接导致凡是游览内容与工业相关的旅游活动都归入到工业旅游的范围之内，将工业旅游与工业遗产旅游相混淆，同时也会把工业旅游与博物馆旅游相混淆。

4.2.6 核心辨析：工业旅游与工业遗产旅游

在工业旅游研究领域，有关工业旅游与工业遗产旅游之间的关系历来存在着很大的争议。鉴于本研究在定义工业旅游时对"场景"的重视，对二者关系的讨论就必然摆在首位，其目的是进一步解决有关工业旅游本质规定性的认识问题。

在探究两个相近概念之间的关系时，其方法莫过于孔子所言之"扣其两端而竭焉"（《论语》）。对工业旅游与工业遗产旅游两个范畴的认识，即可采用这种方法，将其置于一个可比的连续谱的两端，进而考察二者之间的区别与联系。笔者用图4-6这个谱来进行说明，谱的左边是工业旅游，谱的右边是工业遗产旅游，中间虚线是对两种旅游类型的分界。在这个谱上，现实中的一些所谓的工业旅游景点都能够找到自己的位置。按照笔者的观点，生产实景场所及其附属展演类场所开展的旅游活动是属于工业旅游范围内；完全废弃的矿坑、矿井、单体博物馆等场所开展的旅游活动以及废弃的工业遗产地原址开发的创意产业园，如北京798创意产业园区；时尚消费中心，如上海的M50以及风景园林，首钢工业遗址公园等都属于纯粹的消费旅游，不受到任何生产活动的阻碍，游客没有任何的进入障碍，也不属于工业旅游，属于工业遗产旅游；以展示工业遗产为主题的主题博览园或博物馆，如中国煤炭博物馆、沈飞航空博览园等同样属于纯粹的旅游活动，也划归为工业遗产旅游，或者划归为博物馆旅游更为合适。

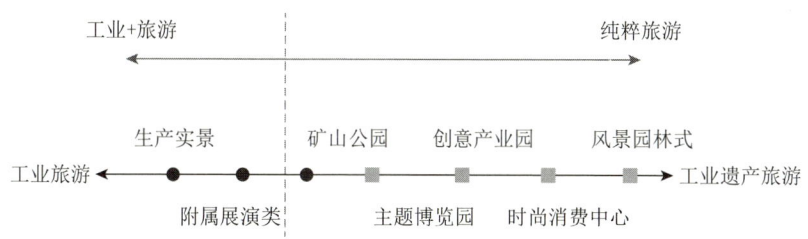

图4-6 工业旅游与工业遗产旅游的关系

至此，针对任意一个实践中所谓的工业旅游景区，从理论上我们可以很明确地根据这个场所是否处于生产运营状态，是否提供实际生产实景的体验来区别是否是工业旅游，这其中生产实景地所附属的展演场所可能其场所或是其展示内容属于工业遗产，但是因其依附于存活的仍在经营的生产实景，并与生产实景一起作为工业旅游的整体线路也属于工业旅游的范围。工业遗产旅游由于其存在形态上以"死"的博物景观为主体，可以排除在工业旅游范畴之外。图4-6也同时展现了工业旅游与一般旅游（纯粹旅游）的关系。

4.3 工业旅游的概念辨正

图4-6清楚地厘定了工业旅游与工业遗产旅游之间的区别与联系，从而为工业旅游的内涵提供了明晰的认识思路。为了寻求一个更符合形式逻辑的定义，本研究试图以"属+种差"的原则建立工业旅游的概念性定义。换言之，本研究将在系统梳理前人对于工业旅游概念、类型的研究的基础上，在此重新界定工业旅游的概念、特征，并进行系统性的类型划分。

4.3.1 工业旅游的特征

属加种差定义法，是指被定义概念的邻近的"属"和"种差"共同组成整个定义项，是一种形式逻辑中较常用的定义方法，它的公式是：被定义项＝种差＋邻近的属。使用属+种差的方法，首先应找出被定义项邻近的属概念，即确定它属于哪一个类，然后，把被定义项同该属概念下的其他种概念进行比较，找出被定义项不同于其他种概念的特有属性，即种差，最后把属和种差进行有机地结合。

根据属加种差定义法来给工业旅游下定义，首先找出"工业旅游"的属概念，也就是工业旅游的上位概念，毫无疑问应该是"旅游"，旅游的特征是异地性、暂时性，可体验性和愉悦性，这也是工业旅游所包含的基本特性。接下来就是确定"工业旅游"与它的属概念"旅游"之下的其他旅游类型的差别，即种差，如乡村旅游、红色旅游和草原旅游等，相对于它们，两者在基本属性，即异地性和暂时性方面不存在差别，但是在可体验性与愉悦性方面就存在较大的差别,如工业旅游相比乡村旅游在可体验性方面就具有更多的障碍,乡村是完全开放日常生活空间的,对其本体功能进行旅游化能够与乡村很好的融合,甚至取代其本体功能。其次,乡村场所可以完全开放给游客,而工业旅游场所受安全等方面的阻碍,只能部分开放给游客。在愉悦性方面,二者也有很大的区别,如乡村旅游更注重娱乐性的休闲体验,而工业旅游更注重于知识获取。获取在场的生产实景的知识性愉悦是与通过其他形式所获得的知识不尽相同,它更加真实,无法替代。据此,我们可以尝试总结工业旅游的特征。对工业旅游的基本特征有一个科学的认识,可以使工业旅游从一开始就得到规范健康的发展(陈业炜,戴道平,2003)。具体如下:

(1)作业性。工业旅游的开展依托于运营中的企业组织,不能脱离这个载体。这一场所具有自己独特的物质景观和非物质景观,这些景观向游客传递着属于自己独特的意义和特性,游客对这一系列组织起来的元素进行游览,根据自身的经历、自身的特征体会不一样的情感,引发不一样的联想,理解不一样的内容。不同的场景扮演着不同的角色,展示着不同的主题。独特的生产作业场景,在日常生活中十分罕见,而不同年代的人会对这一点有着不同的认知和体会,由此形成了工业旅游体验的独特之处,来自其对运营中的企业组织或机构的实体场景的依赖,我们将之定义为"作业性"。工业旅游是通过正在作业中的场景来认知不一样的世界,从而感受不一样的意义。

(2)知识性。通过工业旅游,游客可以进入到他们工作生活之外的禁区,看到、听到他们以前完全不能接触到的东西,这种神秘性、直观性改变了游客的认知,包括对工业企业的环境、工业的生产流程、工业企业的设施设备的认知,这些认知不仅包含知识的获取,同样也是见识的提高,人生意义的完整。如挖掘煤炭的大型机械是可以触摸的;酿造啤酒的大麦原材料是可以品尝的;啤酒的主要原料啤酒花是可以亲眼看到的。这些都是通过其他间接途径所获取的知识不能比拟的。

(3)本体性。工业旅游与其他类型的旅游本质区别是其核心业务,即存在的主要原因,或者是中心或关键部分(Makins,1992)。在任何时候,工业旅游景点都可以单独回归核心功能,即非旅游产品和/或服务的生产,也就是说,旅游不是组织存在的必需,因为核心功能不是旅游。生产的过程中涉及安全问题,包括产品的安全问题,如产品隐私问题,产品的卫生问题,以及高危的生产环境可能会对游客的安全带来威胁,这些都构成了游客对于工业旅游完全深入的障碍,而本体功能性是工业旅游景区的特征,没有障碍就不是工业旅游景区,这再一次将其与工业遗产旅游和博物馆旅游区分开。

(4)垄断性。这一特征可能是工业旅游的魅力和本质所在。工业旅游所提供的体验是其他旅游类型所无法取代的,必须依托于工业企业的场所,而这个场所也是不依赖于旅游而存在的,但工业旅游却是依赖其而存在的,一旦企业的核心业务经营不善,失去了其核心功能,也就意味着旅游功能也就消失了。现实中也有许多因企业倒闭而退出工业旅游舞台的实例。没有办法模仿、模拟和复制,只能亲临现场,才得获得。

4.3.2 工业旅游的概念界定

对文献的回顾表明,现有的工业旅游概念,无论是概念性定义还是技术性定义,人们还没有达到一致的认同,致使对工业旅游的类型划分也是相互矛盾、相互割裂和相互重叠的。在实践中,政策制定者和其他行为者似乎对这一现象使用不同的术语,同时他们以不同的方式定义工业旅游或任何他们使用的术语。研究工业旅游问题的逻辑起点和理论前提就是科学的界定工业旅游的概念(李炯华,2011)。基于以上对工业旅游的全面分析,本研究尝试在此给出工业旅游以及相关范畴的定义:

工业旅游是人们前往提供工业生产或运营实景或其附属展演景观的现场进行休闲体验的旅游活动。

这一定义涵盖了以下相关问题:(1)什么是"工业"?(2)什么是工业旅游的核心吸引物?(3)什么是工业旅游景区?(4)什么是工业旅游者?

（1）什么是"工业"。

在描述工业旅游的概念时，"工业"这个词指的是采掘自然物质资源和对工业品原料、农产品原料进行加工的独立的物质生产部门（中国人民大学工业经济系，1983）。包括采掘业，制造业，电力、煤气及水的生产和供应业在内的3个门类。我国采用两种分类方式进行行业划分，第一种分类是依据中国国民经济行业标准分类。在实际运行中采用两级分类。第一级分类以国民经济行业分类中的门类为基础，分为11个行业。其中工业包含采掘业，制造业，电力、热力、燃气及水生产和供应业3个门类；第二级分类是在第一级分类的基础上，将国民经济行业分类中的一部分门类细化为行业大类。

第二种分类是三次产业分类。依据国家统计局《三次产业划分规定》，分为第一产业、第二产业、第三产业，其中第二产业是指采掘业（不含开采辅助活动），制造业（不含金属制品、机械和设备修理业），电力、热力、燃气及水生产和供应业，建筑业。

本研究依据第一种分类：国民经济行业分类标准，将工业锁定在工业行业内，包含采掘业，制造业，电力、热力、燃气及水生产和供应业3个门类行业（见图4-7）。

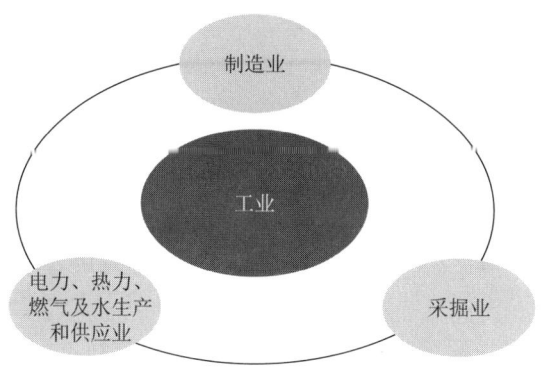

图4-7　工业行业分类依据

来源：中华人民共和国国家统计局

（2）什么是工业旅游的核心吸引物。

工业旅游的核心吸引物是生产实景和附属展演景观，也就是指以实景或展演的方式展示工业产品的生产制作流程。凡是不能提供这一核心吸引物的场所都不属于工业旅游的范围。如大连港、青岛港是国家的工业旅游示范点，在实际的运营过程中，游客只是游览港口的外貌，根本没有参与到如轮船的制造或者港口内的相关机械运营工作，因此就不能纳入工业旅游的范围。

（3）什么是工业旅游景区。

综合工业、工业旅游核心吸引物两个范畴，可以明确什么是工业旅游景区。工业旅游景区一定是其本体功能为生产产品和服务的工业企业，旅游只是其异化功能，其存在的目的是为消费者而非旅游者提供产品和服务。即使没有旅游者的到来，也可以正常运营。工业旅游景区包括两类：一是运营中的企业及其附属的博览馆；二是具有展演功能的博览馆，如云锦博物馆。这样可以把不能提供生产实景的工业遗产地改造的创意空间，单体的工业主题博物馆，如中国工业博物馆或是北方重工博览园排除在工业旅游的范围之外。而不再运营的、废弃的工业遗产地开展的主题工业遗产旅游也只是与工业旅游并行的另一类旅游类型。

（4）什么是工业旅游者。

Soyez（1986）明确地提到了把"外来游客"作为工业旅游景点的顾客。按照这种方式，员工的访问不包括在内。在其1986年的文章中确定三类工业旅游者，即商务旅客（如访问其他公司的工程师）、教育游客（如教师、学生、学者）、其他游客（如休闲游客，企业活动的参与者，公务员），且明确表示，并不是所有的外部游客都是工业游客。在他看来，常规商务旅行和其他类型的出行（如技术访问、工业旅游）之间最重要的区别在于，访问企业的人员的停留是否会直接服务于生产过程。这将意味着，生产要素和服务供应商的访问不被视为工业游客，而且（商业）客户的访问也将被视为常规的商务访问。然而，Soyez也指出，"中间类型"的访问是可能的。Frew（2000）只将"游客"视为公司访问的客户。尽管没有明确地定义工业旅游者，但Frew似乎对游客的定义相对宽泛，因为她指出，学生和商业代表（技术访问）也可以被归类为工业旅游，如果他们在该地区旅行，或者停留不到24小时，这与Soyez（1986）定义的游客类型相似。根据Evenepoel（2006）的观点，对工业旅游者进行分类重要的是，游客在工业方面有一种特殊的兴趣才能被视为工业旅游者。Otgaar（2010）结合Soyez（1986）和Frew（2000）的观点，认为工业游客不一定是来自其他地区的游客，只要他们在正常的工作和居住场所之外旅行，也可以将他们自己归类为工业游客。这就意味着工人家庭成员的工厂参观也可以被视为工业旅游，因为他们离开了日常的环境。

国内学者谢彦君认为，旅游者一定是以寻求愉悦为目的的，基于这些学者关于工业旅游者的观点，本研究将工业旅游者定义为通过工业旅游获取愉悦为目的的旅游者。根据这一界定，商务访问，技术方面的企业交流人员就不属于工业旅游者的范围之内，因为他们在出行的目的上缺乏体验愉悦的规定性，也不具有休闲的性质。

4.3.3 工业旅游类型的场景统合

（1）生产或运营实景：依据其本体功能和异化功能的强弱进行划分。

借鉴Frew（2000）以多样式连续统的方式对工业旅游进行分类，本研究依据生产或运营实景的本体功能的强弱程度绘制一个谱系，如图4-8所示。本体功能是来表示事物"是"什么，有什么作用。作为"工业"旅游景区，其本体功能应该是工业运营，即其产品的生产和销售，其衡量标准为产品的质量、销售量、生产规模等。而又因其本体功能，吸引了人们的好奇心，形成了自己独特的吸引力，所以在普通的工业场所的基础上，产生了异化的功能，也就是旅游的功能，其衡量标准为旅游者的体验质量，体现在游客满意度、愉悦度、回访行为等。如图所示，谱的左侧表示工业旅游场所的本体功能强，与之相对，右侧表示其异化功能强。所有的生产或运营实景类工业旅游景区都可以在谱上找到自己的位置。比如，景德镇等陶瓷类生产企业，北京珐琅厂等手工艺品生产企业，作为工业场所，旅游作为异化的功能与其非旅游的本体功能能够很好地结合，甚至其原始的核心业务被旅游业取代，这类工业旅游点游客参与性强，存在的障碍较少。与之相对，如海南昌江核电站或酒泉卫星发射基地，它们会部分开放给游客，其开放的原因多为社会效益或社会责任，其本体功能强，但旅游的参与性也差，相对而言，存在的障碍也多。

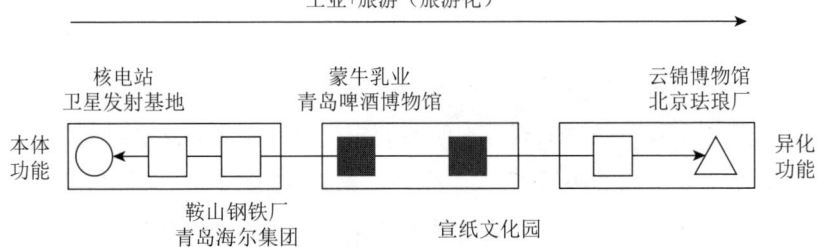

注：○纯工业场所；△纯旅游场所；□靠近纯工业/纯旅游场所的工业旅游场所；■工业旅游场所；类型差异。

图4-8 依据本体功能强弱划分实景类工业旅游类型

（2）附属展演类场所：依据与生产实景的关系。

展演类工业旅游景区，如工业主题博物馆类、矿山公园类。事实上，工业旅游一旦把博物馆纳入进来，就会没有边界，而有一些博物馆，如果把它彻底的排除在工业旅游之外，还会有一些不甘，这就存在什么样的博物馆属于工业旅游，什么样的博物馆不属于工业旅游，核心问题就是这个博物馆与生产工艺流程之间的关系。主要是空间关系，也包括所有权的关系，甚至是时间关系（这里的时间关系重在旅游线路的一体化），同样用一个谱系来表示（见图4-9），图的左边是博物馆嵌入生产实景，或是生产实景嵌入博物馆。比如云锦的传统手工艺，由于其不需要特殊的生产环境，生产工艺主要依靠人工与其特殊的工具，而这些工具又是可移动的,其生产制作流程的展示就与博物馆融为一体,青岛啤酒博物馆与生产工艺流程之间的时空关系也非常的紧密。而在图的右边,博物馆与生产实景在空间距离上较为分离,在线路的安排上也是分离的。但是在大的空间也相对比较紧密。但如大庆石油历史陈列馆,与大庆石油只是同处于大庆市,湖北黄石矿山公园虽然与大冶铁矿在空间上联系紧密,但是其在线路的安排上是分离的。

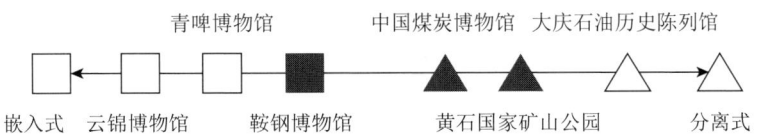

图4-9 依据空间关系划分展演类工业旅游类型

对工业旅游的概念、特征和类型进行重新界定和系统梳理将为本研究后续章节的撰写打下基础。

第五章 工业旅游的场景形态

本章从场所特质或场所精神出发,进一步引申出场景观和工业旅游场景的概念,并在工业旅游场概念的基础上对工业旅游场景进行概念界定、特征分析和类型划分。

5.1 工业旅游场与场景观

场所精神是起源于古罗马的概念,那时的人们普遍认为一切独立存在的实体都是有其精神的。挪威建筑师和历史学家诺伯舒兹的《场所精神——迈向建筑现象学》对场所精神做了很好的阐释。他依据"空间"和"特性"对场所结构进行分类,指出"空间"是构成一个场所的元素,是一个三向度的组织;"特性"通常指的是一种"气氛",是场所中最丰富的物质。相同的空间组织,经过空间具体的元素处理技巧,会有非常不同的特性。从历史时间来看,基本的空间造型可能以不同的特性而赋予不同的新的诠释。另外,空间组织对特性的形成有着一定的限制,空间与特性是一种互动的关系。

特性一方面指一般的综合性气氛(comprehensive atmosphere),另一方面是具体的造型,及空间元素的本质。任何真实的存在与特性都有着密切的关联。所有的场所都具有特性,特性是一种基本的模式,在某种意义上,场所的特性是时间的函数,因季节、气候、一天的变化,尤其是不同的光线因素而有所改变。特性也由场所的材料和造型组织所决定。因此必须使用具体的"物"对场所进行分类。

从某种意义上来讲,场所是一个人"对一个地方的认同感和归属感"(诺伯舒兹,2010)。这两种相关的精神称为"方向感"

（orientation）和"认同感"（identification）。

5.1.1 场景观

依据场所精神的阐释，能够让游客融入其中获得方向感和认同感，并且为游客所喜欢的场所本身就是一个景观。场所中的物和景观经由不同的组织，不同的搭配可以彰显出不同的特性，这些特性与场所的历史和文化密切相关，这些特性赋予了场所空间以丰富的意义，使之成为人们喜爱的"场所"。

在这样的场所中，人们运用意识和行动在参与的过程中获得了一种场所感，一种有意义的空间感。赵红梅等（2011）认为，旅游景观只有在游客的观看下才能成其为景观，游客进入一个场所，与这个场所中的景观发生互动，进而获得物境体验、情境体验和意境体验。这样的一个过程是动态、多元和螺旋上升的过程。这在这过程中，各个元素之间相互穿插、相互影响、相互递进、相互循环、往复不断达到新的状态。这也是遵循人们认知事物的规律的。

第一，物境体验，是旅游者在认知的过程中形成的最直接的感官体验，是体验场景观的起点与基础，场所内的空间布局、灯光、色彩、装饰、时间、气温的变化都会使场景观发生改变。场所中一切可以看到、听到、摸到、闻到、尝到的都会对游客的在场行为产生影响。

第二，情境体验。主要是指旅游者运用情绪和情感，运用"心"来感应或投射于"物"的方式，对景观产生的一种心灵体验。情境体验主体对客体进行表征，产生愉悦且深入心灵，进而唤起心灵的激动和亢奋，这是主客体之间的心灵交融，是可以布局和组织的。

第三，意境体验。是对景观的一种生命体验，是对景观体验情感升华的最高境界。这种体验超越了感官的愉悦，纯粹汇入到人的心意和神志深处，体现为意志和精神的愉悦，是一种超越时空，超越自我，进而达到物我两忘、天人合一的最高境界。

5.1.2 工业旅游场

不同的行为需要有不同特性的场所。为了满足旅游者的行为需求，一个旅游场所必须是在功能上可体验的，在目的上可愉悦的。龙江智（2005）定义旅游场为一种体验剧场，在这个剧场中有异于日常生活的环境和氛围，这一场所能够满足游客寻求愉悦、刺激、好奇、求知和审美等心理需要。在这个定义中，旅游场包括所有会对旅游者体验产生影响的因素，但没有包括旅游者的五官所包含之外的其他因素，旅游场是独立于旅游主体之外的客观存在。2012年，黄志远和张玉钧的文章延续了这一观点，将旅游景区与旅游场景直接等同起来。李淼（2017）在谢彦君旅游场概念的基础上进行了改进，"旅游场是旅游者以具身表演的方式建构而成的情境化现象空间"，并进一步指出，旅游场以身体为中心，具有身体关联性，多感观性等特征。这一概念把人，人的身体放在旅游场的核心位置。

工业场所是一类特殊的场所，这一场所的核心功能是生产产品，存有大量工业相关的物质实体、工业化进程中的历史文化、人们共享的场所记忆等，这些场所特质决定了其特定的景观特性、环境特征和特殊的场所精神。因此，要理解工业场所首先要从其体现的自然环境和人文历史特征出发。只有充分理解场所的特征和内涵，才能充分展现其场所精神。

旅游者的加入，使整个工业场所发生了改变，由一个"死"的物理环境转化为一个"活"的工业旅游场，在这里，工业场所的物理环境与旅游者的心理环境进行交融。工业企业的生产作业现场、厂容厂貌、员工的工作状态、所处的地理位置、周围的自然环境、内部的构筑物等共同构成了工业旅游场的物质环境。工业旅游者随着物理场的变化，其心理场也在发生着变化；其心理场的变化也会引发其正在感受的物理场的变化，旅游者的心理场与外在的物理场相交融的时空框架，是工业旅游场的物理寄托，而旅游者在此情此景中的心理场才是整个旅游场的灵魂，它统辖着工业旅游者旅游体验的物理环境，给予整体赋彩，并指引以一定的方向，进而使自己的行为与这个旅游场的特性保持一致。

5.2 工业旅游场景的特征

基于上述的分析，工业旅游场景也一定是在物理、心理、物理与心理交融的三维空间中体现着独特的场所精神。本部分在细化工业旅游场景的特征的基础上定义工业旅游场景。

5.2.1 景观性

景观是场所的视觉特征，场所精神依赖于它的景观。地方被理解和感受为景观，是由于直观上景观的视觉特征提供了人类活动的有形证据，还更微妙地反映了人类的价值和意图，外观是所有特征中最重要的一个，工业旅游中有一些独特的景观，整个工业旅游场所也是一个独特的景观，这些独特的景观共同构成了工业旅游场景体验的客体。如鞍钢工业旅游中，一个很重要的场景就是转炉工艺场景，平炉改转炉在鞍钢的技术革新道路上有着重要的历史地位，这样一个景观只有在鞍钢这样的车间中才有其意义，才能成其为景观。

5.2.2 动态性

动态性表现在几个方面：一是同样的场所给不同的旅游者带来的物理感受、情境感受以及意境感受是不一样的，不同经历，不同心境的旅游者会有不同的在场体验。即使是同一个旅游者在不同的时间到同一个场景也不可能回到从前的心境和感情，场景本身随着气候、时间、光线的变化会改变整体的氛围，深入其中的游客也会随着场景客观因素的变化，个人心境的变化而形成不同的场景特征。二是从空间上看，场景观虽然处于相对稳定的状态，而实践却是流变的（Gregory，Johnston 和 Pratt 等，2009），生产实践的变化会映射出场所的变化、文化的变化，但这种变化不是激进的、彻底的，而是潜移默化、渗透式的细微变化。三是从时间上来看，这是一个承前启后的场所，来到这里，让年长者回味过去的光荣盛事，赋予青年感受创新的使命，让年少者轻松体验地方的人文脉络，变成未来发展的基因与文化底蕴。在这里老中青的思想进行交流与激荡，是一种超越时空的聚合。

5.2.3 在场性

工业旅游最显著之处是让游客亲临生产现场、真实体验。以生产线为现场，从原材料到成品，创造一种情境的体验，身临其境学习实际知识，了解品牌等。五官带来的感知，经过大脑处理所形成的更高级的综合信息，往往能产生一种更为深刻的体验，近距离接触工业生产、工业历史所产生的情感其实是一种心理上的暗示与启发，旅游者能沉醉其中，从而获得独特而美妙的体验。因此，工业旅游场景让人产生特定的空间感和在场感。

5.2.4 依附性

工业旅游发生在工业场所，这就要求在空间上不可变动，与工厂的作业空间及作业设施形成依附关系。另外工业本身就带有其特有的功能性，在其空间格局上都承担一定的功能，工业旅游场景要依附于工业生产作业现场。生产作业现场的核心功能是生产产品，这是工业旅游体验的内容，这一非旅游的功能性恰是工业旅游的本质和魅力所在。工业旅游场景是与工业生产作业环境相互连带在一起的，是相伴相生的，没有生产作业现场，也就无所谓工业旅游场景，这也隐含着工业旅游的进入是有障碍的。工业本身一直是吸引许多人的中心，这些人对机械设备、工业建筑、生产技术（例如，在钢铁行业）或某种特殊的最终产品感兴趣，如出于审美兴趣的玻璃、陶瓷等，出于实用性的鞋子等，或出于简单地品尝（例如，啤酒或牛奶……）。这种特定类型的空间流动具有独特的不同于其他类型旅游的教育或娱乐特性（Soyez，1986）。

综上所述，本研究将工业旅游场景定义为：工业旅游场景是人们通过感觉、知觉、情感、理解和想象，与工业旅游场所中的空间单体及其元素所构成景观相互融合互动而形成的意义世界。

5.3 工业旅游场景的内容构成

形态是场景的外在表现形式，场景要借助"形态"表达其主旨和创意。根据现代汉语的解释，"形态"的含义是"事物的形状或表现"，侧重于说明事物的形体及其态势。在艺术领域，形态的含义是指事物在一定的时空背景下所表现出来的形式及其所构成的关系，包括形状和情态两部分内容（吴向阳，2003）。"形"和"态"相互依存，不可分离。

如上所述，本研究所研究的工业旅游场景形态也包括两个方面，工业旅游场景的外在形式，即物质形态的识别性，和主体对外在形式的心理感受。所以要认识场景形态，必须保证客观与主观的统一。

5.3.1 工业旅游场景的主观建构

基于工业旅游场景的定义，感知、情感、理解、联想与想象是旅游者追求场景体验不可或缺的元素，是场景体验的实现手段。本部分针对工业旅游者场景体验的实现手段作进一步地阐释。

（1）感知。

感知，即游客在旅游的过程中对旅游对象所形成的感知觉过程，包括感觉和知觉两部分。在这样的过程中，人的感官首先接触的是对象物的外部形状，进而产生一系列感觉，并在此基础上形成知觉。感觉是运用五官感受了解事物的个别属性，知觉则是在之前经验的基础上，对经由感觉所得到的多种个别属性加以整合的形成一个整体的过程。视觉反映的是事物的形状、颜色、光感等，如昏暗的灯光，听觉反映的是声音，如机器的轰鸣声，触觉反映的是冷、暖、干和湿，如地下酒窖的潮湿阴冷。知觉则是对这些视觉、听觉、触觉、味觉、嗅觉所反映的内容的整合，最终形成一个完整的现象并从中获得一定的意义。

①感觉。视觉、听觉、触觉、味觉、嗅觉是人类的五种感觉方式，人们对事物的感知首先要通过感觉器官，感觉是人们体验景观的基础和起点。

通感。通感是指人们的不同的感觉交错相通所形成的心理感受。如色彩是有冷暖的，红色、橙色、黄色等是暖色调，而黑色、蓝色、青色、灰色则是冷色调。材质也有不一样的反映，人们会认为钢铁是坚硬的、冰冷的、不易接近的，棉花是软的、温暖的，容易接近的。

调动情感。营造富有活力和情趣的景观可以充分地调动游客的感觉器官，激起人们内心的情感和想象。例如，看到青岛啤酒厂现代化、干净卫生的生产车间，会让游客不由得生出亲近感；看到过去矿工们的艰苦工作环境，游客会心生悲悯之情。

触发联想和想象。通过感觉来触发人们联想和想象的功能非常强大。如一名游客在看到青岛啤酒博物馆墙上的老转盘，在点评中写道："看着墙上的老转盘，遥想在当年，拧动转盘后，便有轰隆隆的机器声"。（QDPJ-MFW-2016-04-07）

②知觉。布局、形状、色彩、声音构成了整个空间的静态关系，而空间的对比和过渡的一些动态的关系都是由知觉来组织。

知觉封闭性。根据格式塔原理，一个完整的客体具有某种封闭的形式，而当客体本身不封闭和不完整时，人们会倾向调动已往的知识和经验把不完整的客体知觉为完整的。因此，利用知觉的这一特点，在进行场景组织的时候，只需点出景观一两个特征，游客一定就会心领神会，达到满意的效果。如一些传统工艺生产的工业旅游景区，将一些易操作的环节让游客进行亲身的体验，而无需游客体验全部的生产制作过程；现代化的生产线也只展示包装这一部分的生产过程，这种方式就是利用游客的知觉封闭性特征，以小窥大，通过参与调动知觉，既满足了游客的参与体验欲望，又不会影响到企业的正常运营。

知觉连续性。人们通常会将具有连续性和共同运动方向的客体知觉为同一类。这就意味着，人们在观赏景观时，首先会对其突出的特征进行关注，然后会根据这个突出特征，把它归入预定模式。而人们会认为这种模式会一直发展下去，因此，可以利用这一原理来影响人们的知觉过程，以实现景观意境体验。利用知觉的这一特性，就可以通过巧妙的场景组织来调动人们的情感，引导人们的联想和想象等。工业企业的特殊性，不允许自由随意地走动，因此企业会在空间与空间之间的过渡场景点缀一些景观小品、形象化的导引系统，目的就是以巧妙的方式把游客从一个空间过渡到另一个空间，就是对知觉连续性的具体应用。

错觉。错觉是一种知觉特征，是主体错误的知觉客体，抑或是主体知觉到的与客体的假象相一致。利用错觉可以有效地组织场景的主题、气氛和意境。如现在酿酒类工业旅游区普遍采用的娱乐互动项目"醉酒小屋"，就是利用地面倾斜给游客视觉上带来的错觉，以产生眩晕的体验效果。

直觉。直觉是一种高级的非智力操作的逻辑过程，是一种非理性、无意识的意识活动，它是一种无需经过大脑的判断而直接把握事物本质的思维活动。这里的直觉不是那种低级的、原始的直觉，而是在一定的经验积累基础上形成的直觉知觉。只有生动具体、意义深远的景观，才能引起人们的直觉能力；另外，游客无需运用理性分析而是调动经验积累。所以，充分调动人们的直觉，是触发意境体验非常有用的手段。具体到场景组织时，要努力营造自然、和谐、生动而又有感染力的景观，目的是直接调动人的经验。景区内设置一些与产品、包装和文化等相关的雕塑景观就是利用直觉体现企业的特色。

（2）情感。

情感，即喜、怒、哀、乐（或欲）、爱、恶和惧（《礼记》）。情感是主体根据自己的需要，对客体所做的一种反应。旅游者在游览的过程中，是以积极主动的情感渗透来体验客观对象，在此过程中，旅游者要充分发挥自己的想象力。旅游者积极的情感体验是游览活动的一部分。情感与感知、理解、联想和想象等各个环节是相互配合的，并参与其中。

①情感与感知。场景只有充分的唤起旅游者内心的情感，才有可能充分地引发游客大脑中积累，进而作用于人们的感知。丰富的情感是主体进行想象的重要前提。人们在游览的过程中，其情感主要有两方面的作用：一是旅游者可以通过情感来感受环境氛围并参与其中。二是旅游者本身的心境和情感（如愉悦的、厌恶的）也会影响其对环境的感受效果。对于工业场所，工业建筑，工业设施，一些人产生的是美的体验，一些人是乡愁的体验，一些人萌生的是敬畏，还有些人生出的是悲悯。

②情感唤起。情感唤起是指相互关联着的某种情感能够表现或唤起另一种情感。它属于"形"的层面，是人们的感知客体对象，具有某种整体性或连续性。情感唤起可以是静态的，也可以是动态的。某些观赏对象能够起到唤起和满足主体某种情感的作用。如青岛啤酒博物馆用筐子装啤酒的场景，会触动人们内心深处熟悉、亲切的情感。人们之所以如此组织而非别样组织一处场景，就在于这种组织方式可以唤起人们已有的某种情感。

③移情。指主体在观赏客体对象时，经由物我两忘，达到物我同一的境界，物我交融的状态。如本来无生命的啤酒，融入了游客的情感，变得欢腾仿佛富有了生命一般：

"……啤酒直接从管道流进扎壶，色彩金黄诱人，泡沫白皙丰富，啤酒是液体面包啊，尤其在夏夜，三五好友喝上几扎冰啤，简直就是人生享受啊！"（QDPJ-WYBK-2013-11-22）

（3）理解。

理解即主体在感知的基础上，迅速调动自己意识中已有的知识、价值观、能力和生活经历等对客体进行认识的过程。理解既有其自身的功能，也可以与感知、联想、想象和情感等心理因素沟通交融。想象是创造性的，情感是主观和奔放的，但它们受到理解的约束和规范。

（4）联想和想象。

在旅游的过程中人们常常会有见景生情的心理状态，实际上是因为观赏主体如果曾经被某一对象引起过某种情感反应，此后如果在类似的或相关的条件刺激下，同样会引起同样的情感反应。因此，联想就是指由当前所感知的事物而回忆起以前有关的另一事物，或由联想起的一件事物进而又连带地想起另一件事物的心理活动过程。

想象，是观赏主体在联想的基础上，超越现有时空框架下的客观对象物，重新组合成另外一种新的意象的过程。这种新合成的意象与感知阶段中的知觉是不同的，它是观赏主体将自己的知识、观念和经验等同知觉相融合之后生成的意象。

5.3.2 工业旅游场景的空间结构

对工业旅游场景的"型"与"类"的进一步认识和挖掘，有助于更深刻地利用旅游的本质规定性及特征。这里的"型"是指对工业旅游场景的深层价值和文化的体现，而"类"则是具有某些共同特征的工业旅游场景形态类别（王建国，2001）。"型"是在根本意义上的一种，不考虑其局部的、暂时的次要意义；而对"类"的研究则主要是从形态特征和一些具体的可比指标出发，进而分析同型工业旅游场景形态的共性和规律，这种划分方式能够助于我们从特殊到一般地认识其形态。在"类"以下还可以进行更加微观层面的划分，即"式"。根据工业旅游的定义，把工业旅游场景分为三种"型"，即制造企业型，采掘企业型，电力、热力、燃气及水生产和供应企业型，每一型的工业旅游的场景分为两大类：生产实景类和附属展演类。生产实景类即是产品生产的作业现场及其相关景观。附属展演类则是在空间、所有制、时间上附属于生产实景的景观形态。在实践中，绝大多数是将生产实景与附属展演相结合来开展的，也可能单独开展生产实景类或附属展演类工业旅游（见图5-1）。

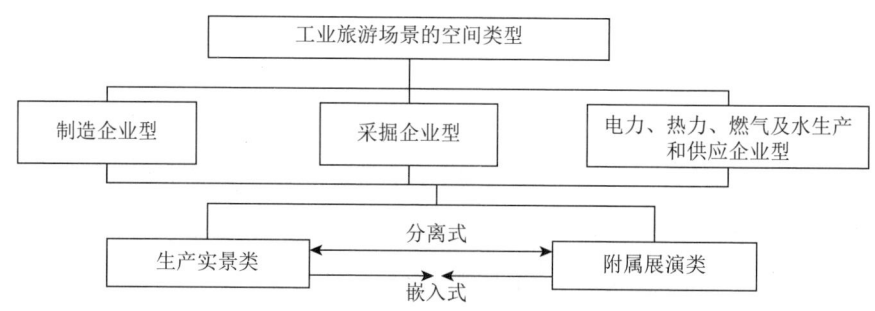

图 5-1　工业旅游场景空间类型

在工业旅游场景的空间下,将工业旅游场景中的型、类、式进行拆分重组之后,按照游览的时间与空间秩序,将整个工业旅游的场景空间分为厂外区域、厂内区域、附属博览区域、生产作业区域以及多功能休闲娱乐区域等多个区域,这些区域之间由路径进行连接,每个区域由若干板块构成(见图 5-2)。

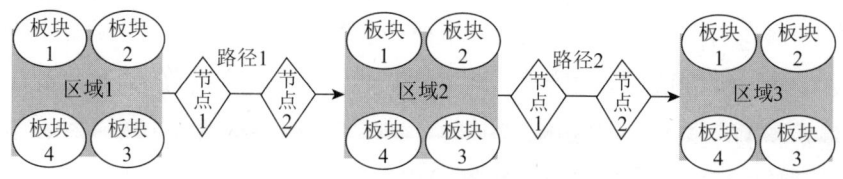

图 5-2　工业场景的空间形态

(1) 厂外区域。

厂外区域,主要是指整个景区所依托的地理空间,周边的景区景点的空间分布,周边旅游基础配套设施的规范性以及景区所在区域的景色和景致,重点包括景区所在区域的、通往景区的道路及其两侧以及景区周边的景色板块。

(2) 厂内区域。

①建、构筑物板块。工业企业的建、构筑物构成了工业旅游景区独特的氛围,既包括生产性建筑、构筑物,如生产厂房、管道、烟囱、仓库等,也包括生活性建筑物,如提供生活、休息、能量补给的生活场所如宿舍、食堂和多功能厅等,还包括办公行政管理性建筑,如办公楼、

化验室、集中控制室等。除此之外，工业企业中的外露管道也是一大特色。

②户外休憩板块。工业旅游景区不仅是工业生产的中心，也是游客进行参观游览的场所，企业都会利用比较开敞的空间来开辟户外休憩区板块。一般在一进厂区的大门，办公楼前会有一块较大的景观空间布局，可以营造供游客进行游览休息的小游园或者广场，布置景观小品、配套设施、喷泉、标志性景观等。如有更大的地块可建主题园，在其中布置水域、绿地以人工造景构成。如青啤就在这办公楼前设置了喷泉、百年标志性景观等，作为游客留影处。

③入口板块。工厂大门不仅是企业员工的出入口，也是游客的出入口，也是城市街道上的一个景观点，又是企业文明对外展示的窗口，含有多种功能因素，富有时代气息和企业文化内涵。它的风格应与整体风格相协调，与整个空间构成有机的景观组合，还要兼顾可识别性和装饰性，与工业元素有机融合，在色彩、材质、造型与企业特点达成统一。

（3）博览区域。

博览区域是游客集中了解工业和企业历史文化以及生产工艺的区域，是工业旅游不可或缺的一块区域，在游览时间上一般位于厂内区域之后。一些历史悠久的老工业企业设置博物馆，而一些现代企业会设立企业展厅类的场馆。在景观形态上，博物馆一般分为常规室内博览场馆和露天博览场馆两类，一些可移动的文物、设备、文档资料逐渐走出橱窗，开始裸露在场馆内，甚至保留在它们原来的岗位上。如青啤的生产工艺展示。露天开放博览主要是针对一些大型的设施设备，如采掘企业型，因有大量的大型工程设备，丰富的自然景观，不再采用固定的常规室内场馆形式，而更趋向于露天式，即在原址上，这种形态既保留了传统博物馆的展示方式，又融入了动态的参观游览方式，特别适用于大型的采掘企业型工业旅游项目。

博览区域一般包括生产工艺展示、历史文化展示以及产品/工艺品展示三个板块。生产工艺展示板块主要是以动态或静态的方式展示生产工艺流程和生产设备设施；历史文化展示板块主要是反映企业的历史、文化等；产品/工艺品展示板块主要是企业历来的产品品种、种类等。

（4）生产作业区域。

无论是哪种"型"的工业旅游景区，生产作业区域都是工业旅游的核心游览区域，主要是对生产制作流程的参观游览，板块主要是按照生产制作的步骤进行划分。不同"型"的工业旅游景区，其生产作业区域会有很大的区别。而主要的区别在于游客与生产场景的接触程度，如自动化生产的制造企业型、采掘企业型和水力发电型的操作过程，游客只能在一定的距离范围内进行观看；相反以传统手工制作为主的企业，游客不仅可以近距离地进行观看，甚至可以接触。

（5）多功能休闲娱乐区域。

从空间布局来看，多功能休闲娱乐区域一般位于整个工业游览的最后一个区域，从时间上也是安排在行程的最后。这区域一般会由休息板块、餐饮板块、娱乐板块、购物板块构成，中间穿插着一些互动、参与和知识性的项目。

（6）路径。

路径可以看作过渡空间，是工业旅游场景的骨架，对于连接不同的空间区域有着特别重要的意义。这些路径是工业旅游的重要组成部分，是厂区景观不可或缺的重要构成，也是贯穿各景观空间的脉络和各景观要素的组织手段，同时这些游览路径也会与企业道路重合。

通过路径的连接，可以使不同的区域、板块和节点浑然一体，成为游客游览的通道。在游览路径上设置一些节点，如在端点和交会点，一切有吸引力的视觉形象都可作为景物，如建筑小品、绿化、灯柱、绘画、小型花园、小型的休憩区、座椅、宣传栏等，以符合游客的心理活动节奏，使其充分满足节奏和韵律感。青岛啤酒博物馆在其 B 馆传统工艺展示区与现代生产流水线的参观区中间设置了一个微型花园，种植啤酒花等植物，既强化了游客对于啤酒原材料的认识，又在枯燥的过道中加入了点缀，游客每每经过都会停留片刻。

5.4 工业旅游场景与旅游体验

综上所述，工业旅游的场景包含主客观两个层面的内涵：空间客体和感知主体（周永博，沙润等，2009），图 5-3 是工业旅游场景形态概念化的综合模型。从中可见，旅游场景是一个非常复杂的心理过程，需要经过人的大脑这个中介环节，即场景的信息被人的感觉所获得，经过知觉的组织成为一种知觉意象，这是一种感性的形象，在此基础上经由情感的渗透，理解的调动，想象和联想生发开来，形成独特的场景体验。这个模型奠定了本研究接下来实证研究的基础。

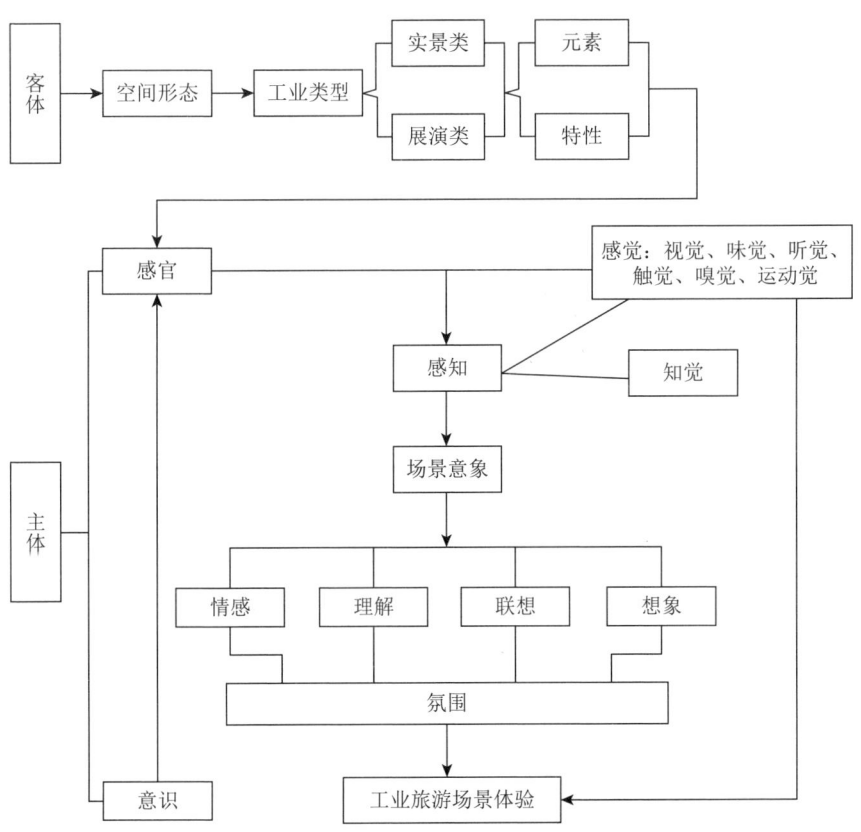

图 5-3　工业旅游场景形态概念化综合模型

接下来笔者会使用定量的研究方法，探讨针对不同类型的工业旅游场景，游客有怎样的偏好和体验。

5.5 工业旅游场景与体验偏好

本部分根据《工业旅游体验调查问卷》所得的结果来对工业旅游者的体验偏好进行分析，以进一步明确工业旅游场景类型及其与体验的关系，为后续的研究打下基础。

5.5.1 工业旅游体验偏好的"型"差异

本研究的调查问卷设计了一道游客对工业旅游企业类型喜好程度的五级李克特量表题，将喜好程度区分为五级，分别为"非常不喜欢""不喜欢""一般""喜欢""非常喜欢"，并按喜好程度从低到高分别赋值1、2、3、4、5。变量的数值越高，意味着喜好程度越高。

使用spss25统计软件分析发现，从被调查者对工业旅游企业类型喜好程度的平均值分布图来看（见图5-4），酿造类和陶瓷类的平均值超过了4，分别是4.03和4.07，介于喜欢和非常喜欢之间，是最受被调查者喜欢的工业旅游企业类型。影视制作类为3.99，手工艺品类为3.93，港口类为3.87，是工业旅游者比较喜欢的类型。而相对来说，钢铁制造类（3.1）、烟草类（平均喜好程度为2.96）、矿物开采类（平均喜好程度为2.83）的平均值较低，属于被调查者不喜欢的类型。整体而言，平均值的范围介于3~4，因此，仅从工业旅游企业的类型来判断，游客没有形成显著的偏好水平，或者说被调查者对工业旅游企业的类型没有明显的喜欢与不喜欢，而且总体上还处于都较为喜欢的水平。

进一步研究这些平均值可以发现，一些被调查者对不同类型工业旅游场景的喜好存在着不同强弱的相关性，如酿造业、手工艺品和食品饮料业都属于游客可以较多参与的工业旅游景区，趣味性相对较多，可能单独分析个体类型无法分析被调查者对这些类型的认知结构。因此，为了进一步探究被调查者对不同工业旅游企业类型喜好程度之间存在的关系，本研究考虑采用因子分析，将这 15 个工业旅游企业类型综合为少数几个因子，通过这些公因子来反映被调查者对其不同类型的喜好程度。

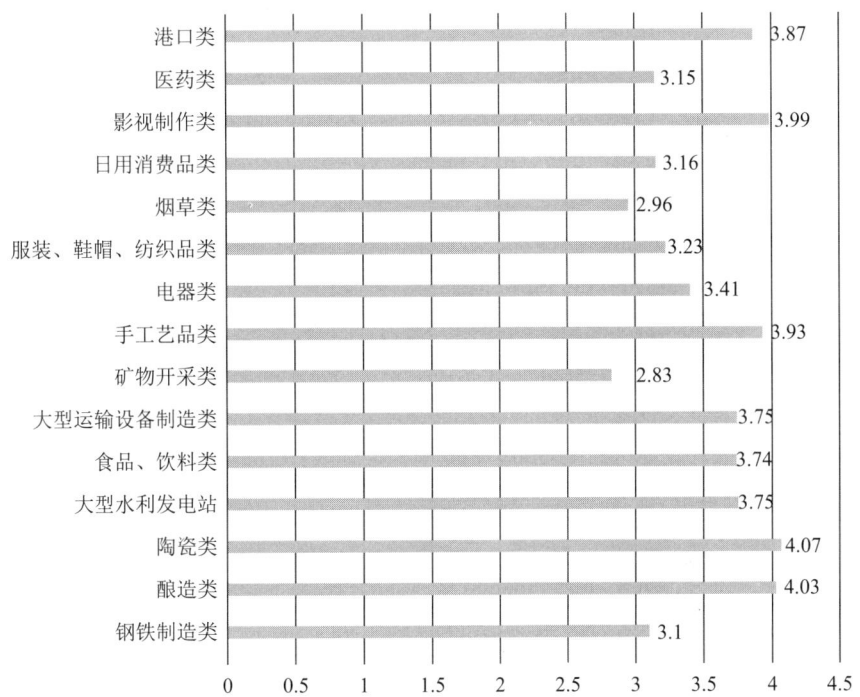

图 5-4 被调查者对不同型工业旅游场景偏好程度平均值分布

基于因子分析的结果，可以将 15 个因素提取出 3 个公因子，表 5-1 是因子分析的总方差解释，三个因子的累计方差贡献率为 62.113%，超过 60%，且只有它们的取值大于 1，这说明了前三个公因子能够基本包含全部变量的主要信息，因此最终选择前三个公因子为主因子。

表 5-1　工业旅游场景形态因子分析的总方差解释

成分	初始特征值			提取载荷平方和			旋转载荷平方和		
	总计	方差百分比	累积 %	总计	方差百分比	累积 %	总计	方差百分比	累积 %
1	6.116	40.771	40.771	6.116	40.771	40.771	3.532	23.545	23.545
2	1.912	12.744	53.515	1.912	12.744	53.515	3.504	23.359	46.904
3	1.290	8.598	62.113	1.290	8.598	62.113	2.281	15.209	62.113
4	.853	5.685	67.798						
5	.703	4.685	72.482						
6	.674	4.494	76.976						
7	.549	3.657	80.633						
8	.537	3.581	84.214						
9	.464	3.096	87.310						
10	.446	2.976	90.286						
11	.380	2.536	92.822						
12	.363	2.417	95.239						
13	.276	1.840	97.080						
14	.249	1.658	98.738						
15	.189	1.262	100.000						

提取方法：主成分分析法

表 5-2 显示了实施因子旋转后的载荷矩阵。选取公因子时，将旋转因子载荷值小于 0.4 的删除（阳翼，2007）。因此第一主因子在"酿造类""陶瓷类""食品、饮料类""手工艺品类""影视制作类""港口类"六个变量上具有较大的载荷系数，第二主因子在"电器类""服装、鞋帽、纺织品类""烟草类""日用消费品类""医药类"五个变量上的系数较大。而第三个主因子在"钢铁制造类""大型水利发电站""大型运输设备制造类""矿物开采类"四个变量上的系数最大。此时各个因子的含义更加突出。

表 5-2　工业旅游场景形态因子分析结果

旋转后的成分矩阵 a			
	成分		
	因子 1	因子 2	因子 3
钢铁制造类，如鞍钢，宝钢等			.783
酿造类，如青岛啤酒，张裕葡萄酒等	.675		
陶瓷类，如景德镇	.763		
大型水力发电站，如三峡发电站			.697
食品、饮料类，如蒙牛乳业	.767		
大型运输设备制造类，如沈阳飞机制造厂			.620
矿物开采类，如晋华宫煤矿，平朔煤炭			.613
手工艺品类，如北京珐琅厂	.722		
电器类，如海尔，海信		.661	
服装、鞋帽、纺织品类，如波司登		.810	
烟草类，如红塔山卷烟厂		.723	
日用消费品类，如隆力奇		.826	
影视制作类，如长影旧址，车墩影视城	.707		
医药类，如三精制药		.726	
港口类，如大连港，青岛港	.575		
提取方法：主成分分析法 旋转方法：凯撒正态化最大方差法			
a. 旋转在 7 次迭代后已收敛			

通过对因子与变量间的关系进行逻辑审读，综合考虑各观测变量之间的关系及对各因子的解释强度，结合本研究前文中工业旅游场景形态的划分和实践中工业旅游的运营方式，将三个公因子分别命名为"参与类工业旅游类型""日常类工业旅游类型""情感类工业旅游类型"（见表 5-3），具体解释如下：

表 5-3 工业旅游场景形态因子命名与描述性分析

工业旅游类型	因子命名	平均数	众数
酿造类，如青岛啤酒，张裕葡萄酒等 陶瓷类，如景德镇 食品、饮料类，如蒙牛乳业 手工艺品类，如北京珐琅厂 影视制作类，如长影旧址，车墩影视城 港口类，如大连港，青岛港	参与类	3.94	4
电器类，如海尔，海信 服装、鞋帽、纺织品类，如波司登 烟草类，如红塔山卷烟厂 日用消费品类，如隆力奇 医药类，如三精制药	日常类	3.18	3
大型水力发电站，如三峡发电站 大型运输设备制造类，如沈阳飞机制造厂 矿物开采类，如晋华宫煤矿，平朔煤炭 钢铁制造类，如鞍钢，宝钢等	情感类	3.46	4

因子 1，参与类，即为可具身，可参与的工业旅游类型，在这一类的旅游景区，游客可参与的内容较多，如酿造类，饮料食品类，一般都会有一些品尝试吃活动；古法的生产制作工艺可以近距离的参观，如陶瓷、手工艺品类采用传统的手工制作方式，游客不仅可以在生产作业车间行走，甚至可以亲手操作某一个制作环节，影视制作和港口类，游客可以融入其中，可娱乐、可游玩的项目较多，也就是说这类企业的本体功能较弱，异化功能即旅游化功能强，工业与旅游的结合度较高。

因子 2，日常类，从这一因子所包含的变量来看，最终产品都属于贴近人们的日常生活，与人们生产紧密相关的一些日常消费品，一般都是自动化程度较高的企业，通常会提供生产制作过程的参观，可参与的项目有限，而且这些企业的经营方式对于开展工业旅游限制较多，这类企业的经济效益一般较好，其主体功能在企业中扮演主体的作用。这类工业旅游景区属于本体功能强，异化功能弱，工业与旅游业的结合度较低的类型。

因子 3，情感类，之所以如此命名，主要是这个公因子所包含的变量都是场面比较巨大，能够给人带来壮观、震撼、敬畏、乡愁等情感的工业旅游类型，如大型水利拥有壮观的大坝工程，广阔的湖水，壮美的山峰；露天采掘业的巨大矿坑和大型采矿机械；和钢铁及机械生产车间的空旷、壮观、生产瞬间等。

进一步对三个公因子进行平均值分析可以发现，参与类的工业旅游企业类型得分最高，而日常类工业旅游企业类型的得分最低。从众数来看，参与类和情感类的工业旅游景区的众数都为"4"，属于喜欢范围，而日常类仅为"3"，属于一般范围。这直接说明人们更偏爱能够参与或是能给人带来情感共鸣的工业旅游景区。

分析至此，一系列新的问题也浮现出来：不同类型的工业旅游景区与不同类型的人群之间是什么样的一种关系，什么样的被调查者更热衷于参与式的，什么样的被调查者更热衷于情感类或日常类的工业旅游景区？到底是喜好的问题，还是认知程度的问题。为了探究这一问题，本研究接下来对这三个公因子进一步实施了聚类分析，以建立其与不同人口统计学特征的被调查者之间的相关性。

聚类分析遵循的基本准则是：所分的类群，应努力达到类内（组内）同质（Homogeneity），类间（组间）异质（Heterogeneity）。通过观察因子与各个被调查者的人口统计学特征之间的关系，有助于进一步明确细分市场，聚类分析也以此为目标。本研究中聚类分析的原始结论为5组，但因为其中一组只有两个人，缺乏代表性，故略去，还有一组在最终的聚类中心值显示都为负数，表明这一组群在所有的人口统计学特征上都不显著，这也进一步说明，相当一部分旅游者对工业旅游尚没有明确的认知，因此在选择的时候没有明确的倾向性，本研究也不作考虑。

表5-4显示了被调查者与公因子交叉关系所形成的组群类型，如组群A为偏好因子1（参与类工业旅游企业类型）的被调查者构成，这一组群有着明显区别于其他组群的特征。

组群A，偏好参与类工业旅游景区类型的旅游者。从性别来看，女性相对于男性更喜欢参与类的工业旅游景区类型；从年龄来看，随着年龄的升高，对参与类工业旅游景区类型的偏好逐渐下降，30岁以下的年轻人表现出十分显著的偏好；受教育程度这一特征没有明显的差异性；从职业类型来看，相对于其他组群，这一组的比率相对较高，其中家庭主妇是这一类型的主要群体，分析其原因，一是其为女性，与性别分类相符合，二是一般家庭主妇主要承担带孩子的责任，带孩子参与这一类型的旅游比较普遍，这与前文样本特征描述所得出的结论：家庭人口数、婚姻状况与出游方式的交叉关系相一致；从旅游经历来看，3~4次工业旅游经历的旅游者中有更多的人选择这一类型的工业旅游，这与这类工业旅游景区类型具有重游吸引力有关。

组群B，偏好贴近生活的日常类工业旅游景区的旅游者。女性较男性更偏爱于这一类型，这与女性更关注日常生活的特点相符合；年龄越大越偏爱这一类型的工业旅游；学历越低越偏爱这一类型，初中学历为最高，深入分析发现，小学及小学以下的被调查者为3人，属于这一类型的有两人，一位为66岁，没有退休金，生活在农村的男性，一位为48岁生活在农村，没有收入的家庭主妇；从职业分布来看，在校学生和其他工作者对这一类型尤其偏爱，职业为其他的受访者中，绝大多数为退休人员，这与前面年龄越大越喜欢这一类型相符合。

表5-4 工业旅游者偏好工业旅游场景形态统计

	人口统计学特征	组群A	组群B	组群C
性别	男	.26	.24	.27
	女	.36	.27	.19
年龄	25岁以下	.53	.19	.17
	26~30岁	.41	.22	.24
	31~40岁	.35	.23	.23
	41~50岁	.18	.33	.27
	51岁及以上	.32	.32	.05

续表

	人口统计学特征	组群 A	组群 B	组群 C
受教育程度	小学及以下		.67	
	初中			1.00
	高中		.50	.33
	高职或专科	.36	.36	.21
	大学本科	.24	.32	.19
	硕士研究生	.23	.35	.27
	博士研究生	.20	.22	.37
职业	专业技术人员	.35	.26	.18
	政府官员（科级以上）或企业高管		.20	.45
	政府公务员（科级以下）或企业一般职员	.35	.20	.28
	在校学生	.36	.28	.17
	家庭主妇	.50	.17	.17
	其他	.24	.32	.26
旅游经历	0 次	.37	.16	.23
	1~2 次	.30	.30	.21
	3~4 次	.43	.34	.09
	5 次及以上	.31	.28	.25
公因子	参与类	1.11920		
	日常类		1.01051	
	情感类			.79165

组群 C，偏好情感类工业旅游类型的旅游者。这一类型工业旅游的主要特点是发生在大型重工企业和采掘业。男性明显高于女性；年龄越大越喜欢；学历越高越喜欢，其中需要特别注意的是，初中学历为 4 人，其中两位分别为 64 岁和 63 岁的退休人员，一位 25 岁的军人，一

位33岁的科级以下职员，从这4人的人口统计学特征就可以看出，年龄较大，即使是低学历的人群，其对大型重工业也是感兴趣的。而军人本身的气质也与这种类型相符。

综上所述，年龄小、有孩子的家庭主妇、女性、缺少工业旅游经历的旅游者更偏爱可参与的工业旅游类型；女性、年龄大、学历低、退休人员更偏爱贴近日常生活类的工业旅游类型，这可能是与这类人群的社交圈，旅游活动经历有关，而工业旅游经历越多，对于不同的工业旅游类型会越多的涉猎；男性、年龄大、受教育程度高、政府工作人员更偏爱大型重工型或采掘型工业旅游项目。

5.5.2 工业旅游体验偏好的"类"差异

问卷除了对游客工业旅游企业类型偏好程度进行考察之外，还考察了游客对于工业旅游景区内所开展的工业旅游的具体方式，即工业旅游场景形态的"类"的偏好。

实践中，我国开展工业旅游的方式主要是两大类：工厂式企业，主要是开展实景参观+附属展演类或实景参观；大型采掘企业型，开展主题公园或主题公园+附属展演类。实景参观主要包括参观现代化自动化的生产线，参观古法生产线以及参观厂区或基地；主题公园主要是指矿山、油田、盐地、废弃工厂等遗产地开展的主题公园。

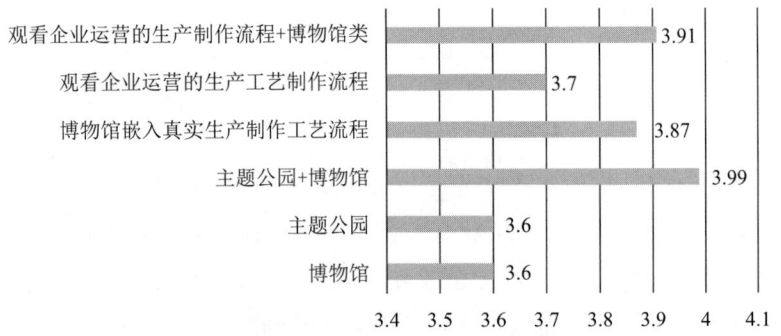

图 5-5 被调查者对具体类工业旅游场景偏好程度平均值分布

从图 5-5 可以看出，实景参观＋博物馆、主题公园＋博物馆是最受欢迎的工业旅游场景形态，单纯的参观，单纯的博物馆，单纯的主题公园都不能满足游客的需求。

综合定量分析的结果，可以发现，现实中工业旅游者所偏爱的工业旅游景区类型与前文所分析工业旅游场景的类型是一致的，这说明概念化的工业旅游场景形态符合实践中旅游者偏好的工业旅游的场景形态，这进一步奠定了本研究接下来工业旅游场景体验质量的分析和场景组织的基础。

第六章 工业旅游场景体验的质量

旅游体验不是一种可选的附加价值，而是任何旅游产品的强制性收益（Larsen，2007）。李（Yiping Li，2000）和杰克逊（Jackson，1996）使用正感体验和负感体验来描绘旅游者的体验质量。就个体而言，旅游体验质量可以衡量旅游者的满意程度；就群体而言，衡量旅游体验质量可以了解旅游者整体对旅游供给的满意情况。对于旅游体验这种发生在旅游世界某一情境中，受旅游者主观判断和主观价值认知影响的心理学概念，只有恰当地使用一些主观变量才能确立。因此，本章在第五章提出的工业旅游场景形态构成的基础上，通过分析网络点评资料和问卷调查资料（量表题和主观题），对工业旅游者的场景体验质量进行实证研究，以明确工业旅游场景的体验质量问题，到底什么因素影响工业旅游者的体验质量？什么样的场景是游客持肯定积极评价的？什么样的场景是游客持否定消极评价的？

6.1 基于网络点评的工业旅游场景评价

网络点评，字数一般都很有限，内容主要是对游览做评价，即效益评估，会突出对他游览的过程中印象最深刻的地方做评价，既包含积极的正面评价，也包含消极的负面评价，点评会集中的反映旅游者的体验质量，旅游体验质量是旅游者对其在场旅游阶段的体验作评价，不涉及比较的问题（马天，2017），只是客观的陈述好与不好，喜欢与不喜欢。同样的场景，有的人喜欢有的人不喜欢，因人而异，但多数人的意见会呈现出一个现象，这一场景都有些什么，人们由于什么产生积极的评价，和消极的评价。具体分析的步骤是，逐条阅读每一条点评信息，进行筛选，清洗掉只发感慨的点评信息，如"太有意义了""值得来"等没有任何来源的评价，字数过少的评价。依据点评的内容、撰写者语言的运用，原因的表达来判断游客对于不同场景或项目的感受。QSR NVivo. Plus 允许针对每一条点评的不同方面作分别的主题编码，可以不作为一个整体来评价是积极的还是消极的，这样可以很细致地分出积极的评价来自哪些方面，消极的评价来自哪些方面。在编码的过程中，首先进行积极评价和消极评价的编码，然后再根据不同的场景、活动和体验进行二次编码。编码过程由两名研究人员一起进行，直到就编码程序达成一致，最终的编码结果通过 QSR NVivo. Plus 软件进行比较，整体一致率为90%，讨论编码差异达成共识。

基于行文的需要，本部分依据不同"型""类""式""区域"等工业旅游场景形态对体验质量分别进行主题编码分析，在此基础上得出总体的体验质量评价情况。

6.1.1 制造型工业旅游场景体验的质量

在携程网上可以搜索到点评信息的制造业企业共有 68 家，根据本研究界定的工业旅游的概念及其在实践中的执行情况，从网络评价内容来看，长春第一汽车制造厂，不提供进厂参观，游客只能在大门拍些照片；还有张裕葡萄酒博物馆，由于只开放了博物馆不提供生产实景的参观，本部分也不予考虑。把筛选之后评论不足 10 条且评论时间比较久的景区剔除掉，如三精工业园和牵手果蔬饮品工业园，有效评论只有 4 条。青岛啤酒博物馆，携程网络点评数为 5540 条，与其他的工业旅游区之间的点评数差距巨大，第二位的泸州老窖旅游区网络点评数共计 356 条，故无论从其网络点评数量，还是从其知名度来看都有其特殊性和优越性，本研究不把其与其他的景区放在一起比较。

最终，本研究选定 17 家制造型工业旅游景区，这 17 家既包括生产作业实景类，也包括附属展演类场所（见表 6-1）。进一步对这 17 家制造型工业旅游景区进行划分，可以得出，北京珐琅厂、富平陶艺村、华富玻璃艺术馆、龙泉宝剑厂、南京云锦博物馆、宣纸文化园和中国刺绣艺术馆都属于传统工艺生产场景的类型。而东湖醋园、汾酒文化区、古井贡酒文化博览园、泸州老窖旅游区、茅台中国酒文化城、千岛湖农夫山泉生产基地、洋河酒厂文化旅游区、伊利工业园和蒙牛工业景区等侧重自动化生产的工业旅游场景，都属于与人们日常生活紧密相关的消费品领域，烟、酒、食品饮料等，这直接体现了制造企业型工业旅游的发展现状。

17家景区的有效评价信息为751条，其中传统工艺生产工业旅游场景有效评价信息为303条；自动化生产工业旅游场景为448条。

表6-1 制造企业型工业旅游景区网络点评数量统计

序号	工业旅游区	点评数量	序号	工业旅游区	点评数量
1	东湖醋园	101	11	南京云锦博物馆	50
2	汾酒文化景区	56	12	北京珐琅厂	21
3	千岛湖农夫山泉生产基地	32	13	富平陶艺村	47
4	古井酒文化博览园	29	14	华富玻璃艺术馆	43
5	洋河酒厂文化旅游区	34	15	龙泉宝剑厂	9
6	泸州老窖旅游区	121	16	宣纸文化园	112
7	茅台中国酒文化城	35	17	中国刺绣艺术馆	21
8	伊利工业园	12	总点评数量		751
9	蒙牛工业旅游景区	28			

（1）自动化生产工业旅游场景。

10家景区的有效评价信息的编码结果为1005个参考点（reference），其中消极评价包含139个参考点，积极评价包含859个参考点。

1）积极评价。积极评价的参考点数共有859个，属于30个节点，涵盖的场景和项目主要是：生产作业区、附属博览区、休闲娱乐、购物、厂区、解说系统和门票价格七个方面（见表6-2）。

表 6-2 积极评价参考点分布（自动化生产工业旅游场景）

场景 / 项目	参考点频数（N=858）	频率
生产作业区	199	23.19%
参观复古生产线	77	
正在工作的工人	5	
瞬间时刻	1	
特殊生产作业区	67	
参观现代生产线	49	
博览区	80	9.32%
展品丰富	69	
展示方式	9	
展厅设计	2	
厂区	120	13.99%
厂区的环境	30	
厂区	24	
景点布局	13	
建筑	7	
特有景观	35	
标志性或大型景观雕塑	4	
景观小品	3	
周边景色	4	
休闲娱乐	146	17.02%
产品（品尝/试吃/试用/赠品活动）	137	
娱乐项目和设施	8	
餐饮服务	1	
购物	44	5.13%

续表

场景/项目	参考点频数（N=858）	频率
解说系统	80	9.32%
门票价格	21	2.45%
认知体验	147	17.13%
了解生产制作工艺	52	
了解产业、企业、产品的历史、文化和知识	95	
小朋友体验（认知和娱乐）	21	2.45%

①生产作业区。共有199个参考点，占总参考点的23.19%，主要是参观复古生产线及其作坊，参观自动化的生产线及其车间。参观复古的生产线（77/199个参考点），历史悠久的企业，有遗址遗迹，有保留传统的手工古法制作工艺，在开展工业旅游的过程中作为展演部分，游客可以按照从原材料到成品的步骤一步步参观了解，这样的生产线参观会给游客带来更多的乐趣，游客会觉得更加有趣味性，也会为古法生产工艺感到惊奇和震撼，体会以前生产条件的艰苦，珍惜当下的生活，也会为前人的聪明才智所折服和钦佩；有5个参考点提到生产作业车间忙忙碌碌的工人，充满现场感和真实感；古法生产工艺的参观过程中，有67个参考点关注了特殊生产作业区的参观，特殊生产作业区主要是指在古法生产制作工艺中扮演着独特或关键角色的工艺制作区，一般历史悠久且至今仍在使用，名气很大，神秘感强，如古窖池、酒窖、醋窖、古柴窑等；参观正在运营生产的自动化生产线（49/119个参考点），让游客了解到现代的高科技，现代产品的生产制作过程，自动化的生产车间相比传统的古法制作所需要的工人数量更少，卫生要求更高，游客只能在一定范围进行观看，相对来说乐趣少了很多；还有一个参考点提到出酒的瞬间，工业生产作业场景的某些瞬间能够给游客带来极大的美好体验，但是由于这一瞬间的难得也不是轻易能够看见的，成为游客终生难忘的记忆刺点，可以作为企业场景组织时重点宣传和打造的刺点。

"窖池观赏区,可以看到整个老窖酿酒的过程,工人师傅们正在生产,还足够幸运地见到老窖原浆从'牛尾'喷涌而出。"(泸州老窖旅游区 -E45****517-2016-11-12)

对生产作业区的参观,游客主要获取认知、教育和娱乐性体验,重在认知体验。通过参观生产作业场景,能够了解生产制作工艺(52个参考点),游客也会体验到不同的情感如工人工作的辛苦,现代化科技的伟大等。这一过程对于小朋友的教育意义和趣味性也是非常大的,通过参观使小朋友了解到产品是如何生产出来了,长了见识,很有意义(21个参考点)。

②博览区。共有80个参考点,占总参考点的9.32%。博览区主要包括历史悠久的企业博物馆或现代化企业展厅,69/80个参考点提到企业的博物馆和展厅在工业旅游的过程中扮演着非常重要的作用,馆内丰富、高品质的展品,主要包括企业产品(平时看不到的,丰富多样的品种,历史悠久的古董文物)、企业文化、制作工具、相关产品、衍生产品、工艺品、获奖称号、荣誉等也是游客关注的内容;9个参考点关注了展示方式的运用,如视频、图文、实物、高科技、动态、互动和体验式的展示方式能够更好地为游客所接受;展厅的设计装饰也是游客所关注的。借助博览区域,进行解说展示能够帮助游客集中的获取有关产业、企业、产品的历史、文化和知识(95个参考点)。

③厂区。共有120个参考点,30/120个参考点关注到园区环境整洁、卫生、优美适合游览。24/120个参考点关注到园区即厂区,厂区具有浓厚的气氛(6个参考点)。35/120个参考点提到工业旅游区特有的景观,厂区所特有的味道,即嗅景观,如酒厂的酒糟味,醋厂的醋味;特殊的生产作业声音,即声景观,如厂区机器运行的噪声;厂区内的运输活动,"尤其仓库,车来车往,井然。伊利工业园 - 盼海 - 2016-01-09";露天的展品(特有的生产设施设备等),如东湖醋园的大醋缸"……两排大缸,都是正在晒的醋……东湖醋园 -M18****032-2015-06-17"。这些既让游客感到真实,成为魅力所在,也可能成为一些游客的障

碍；标志性或大型景观雕塑（4个参考点）和景观小品（2个参考点）也是提升游客体验质量的所在。13/130个参考点指出景区内布局合理、精致，而且能够有多个小景区，可以丰富游客在景区内的体验内容。建筑风格也是游客积极评价所在（7个参考点）。4个参考点指出周边的其他景点能够丰富游客的体验。园区拥有丰富且有特色的景观雕塑，风景好，有其他的景点、水域、绿地、休息设施可以极大地提高游客的体验质量，如汾酒文化景区因有杏花，有花园，使游客的游览内容非常丰富。

"酒香景美，桃花香，正是桃花盛开季节，隔着桃花看到高高的喷泉，眼前粉色加白色，模糊看到玩耍的游客，阳光透过，拍照的好地方。"（汾酒文化景区 - _WeCh****28750-2017-04-17）

④休闲娱乐。共有146个参考点，其中137/146个来自品尝/试用/赠品活动，特别是生产食品饮料的企业给游客提供一些价格特别昂贵的、限量的、新鲜、正宗的、不同种类的产品的品尝试吃活动，也会给游客赠送小份的礼品，这样的环节有知识性和互动性，提供有互动参与体验性质的娱乐活动和项目会极大地增强游客的体验质量（8个参考点）。

"山西老陈醋集团的老厂房，现在是博物馆，展示传统与现代老陈醋生产工艺流程和老陈醋历史文化。免费参观，还可以免费品尝各种老陈醋，工作人员讲解制醋的过程，还可以品尝5年和8年的老陈醋。很有特色的一个地方，一个半小时就能逛完。"（东湖醋园 -Smalmonkey-2017-09-01）

⑤购物。共有44个参考点。对于生产日常消费品型的工业旅游景区，游客出行的动机中就包含着购物，能够买到价低、货真、独特、稀有的产品。不仅可以购买企业的产品，还可以购买一些可作为纪念品的工艺品和衍生品，且购物区的工作人员对产品也有讲解，使游客增长知识。

⑥解说系统。共有80个参考点。工业旅游景区一般会提供免费讲

解人员，有些景区强制收费讲解，解说系统可以帮助游客更好地理解工业。讲解人员的素质也反映出景区的管理现状，是否把工业旅游作为企业的重要组成部分，从讲解人员和工作人员的工作态度上能够很好地体现出来。

"接待人员素质很高、服务周到、热情讲解、有求必应。说明基地领导确实是在实实在在做接待游客这件事……一楼大厅产品服务台的帅小伙，很好地与游客互动、热情地提供产品试喝。"（千岛湖农夫山泉生产基地 -288****000-2016-07-10）

⑦门票价格。共有 21 个参考点，主要是指景区不收取门票或收取低价门票，门票的价格与评价呈负相关的关系，低价门票或是不收门票，游客会认为稍微差一些是可以接受的。

"不花钱还是值得去看看的哦，看下以前的工艺，确实惊艳。不过感觉上没有很好地维护……"（南京云锦博物馆 -menmen 大人 -3-2016-08-03）

综上所述，游客的积极评价主要来自娱乐活动区的品尝/试用/赠品活动，第二位是生产作业区的参观复古生产线和特殊生产作业场景。认知体验为主，无论是参观生产线还是品尝/试吃/试用/赠品活动都是获取认知体验的一个来源，对于孩子的教育意义是工业旅游重要的一项内容。

2）消极评价。消极评价的参考点数为 139 个，涵盖的场景和项目主要是：生产作业区、博览区、休闲娱乐、厂区、解说系统和服务管理六个方面（见表 6-3）。

①生产作业区。共有 20 个参考点，占总参考点的 14.39%，主要由于三个方面所引起，一是游客普遍反映只是隔着玻璃或栏杆远距离的观看生产制作过程，不能近距离地观看，更没有办法参与生产制作过程，整个参观过程没有任何的趣味性（11/20 个参考点）；二是由于生产固有的周期性，如检修、工人放假等原因使游客没有游览到生产制作过程（7/20 个参考点）；三是由于生产作业特殊环境，如酒厂、醋厂的刺鼻

味道、机械化生产的噪声，还有一些高冷、高热和潮湿的环境给游客身体带来的不适（2/20 个参考点）。

②博览区。共有 6 个参考点，消极评价主要来自展馆内展品的丰富程度、精致程度、展示方式以及展厅的陈列。如：

"整体感觉有点空，照片太多实物少。"（泸州老窖旅游区 -159****6111-2018-03-24）

③休闲娱乐。共有 55 个参考点，占总参考点的 39.57%，是消极评价参考点数最多的场景，主要是娱乐项目、活动及设施的缺乏，在景区内除了生产线和博览馆，没有什么可看可玩的，游览的时间一般在两个小时以内（53/55 个参考点），也有游客提到配套的旅游基础设施缺乏。

"没什么内容，1 小时肯定逛完。电瓶车及导游必须买，费用不低。主要是景点可看内容太少。"（汾酒文化景区－大堡礁樵夫 -2016-10-05）

④厂区。5 个参考点，主要是指整个厂区没有为开展工业旅游做任何的改变和完善，厂区破败不堪、卫生条件差，不利于观赏。如：

"厂区卫生差，车间应按医院卫生要求，全白色工作服，口罩帽子等，入口的东西太不卫生了。"（洋河酒厂文化旅游区 -shij1112-2018-01-01）

⑤解说系统。共有 14 个参考点，主要指景区内解说和介绍不明，致使游客根本看不懂，缺少配套文字图片解说牌，面对一个场景游客不知何为，博物馆的解说方式也只是停留在文字、图片+实物的方式，单一无趣（13/14 个参考点）；有些景区强制或免费配有讲解人员，但是讲解内容只限于知识的传递，缺少故事性和趣味性，缺乏讲解技巧。

⑥服务管理。消极评价参考点数为 39 个，仅次于景区娱乐项目缺乏所带来的消极评价，排在第二位。主要包括：景区的整体氛围不像一个景区，就像企业的一个售卖场，商业化严重（4/39 个参考点）；景区的工作人员和导游人员服务态度差，强制摊派收费导游服务（5/39 个参考点）；管理混乱；外卖产品价格高于市场价等。最多的否定性评价来

自工业旅游景区的可进入性问题：一是66.67%（26/39个参考点）的参考点提到工业旅游景区不应该收取门票，首先国家规定博物馆性质的场所不收门票，其次是企业开展工业旅游本身就是广告宣传的意义，再有就是即使收取门票，门票价格也应该适中，有些景区门票过高，造成性价比低下；二是工业旅游景区的游览需要提前预约，主要是针对参观正在运营的生产线。

综上所述，游客的消极评价主要来自景区娱乐项目缺乏，缺少娱乐性，排在第二位是企业没有重视旅游服务工作，服务管理跟不上，其中主要是门票收费过高。

表6-3 消极评价参考点分布（自动化生产工业旅游场景）

场景/项目	参考点频数（N=139）	频率
生产作业区	20	14.39%
生产制作过程无法深入、不能参与、缺少趣味性	11	
固有生产周期，不开工	7	
作业现场特殊环境引起的不适感（味道、噪声、高冷、高热等）	2	
博览区（展示内容少、展示方式单一）	6	4.32%
休闲娱乐	55	39.57%
没有什么可玩的可看的	53	
旅游设施缺乏（如餐饮、住宿等）	2	
园区环境（破败、不卫生）	5	3.60%
解说系统	14	10.07%
方式单一、缺少相关内容的讲解与介绍	10	
标识不明	3	
导游讲解缺乏趣味性	1	
服务管理	39	28.06%

续表

场景/项目	参考点频数（N=139）	频率
景区像个售卖场	4	
导游工作人员服务态度差、强制收费导游	5	
管理混乱	2	
产品售价高	2	
收门票，且门票价格高；游览需要预约	26	

（2）传统工艺生产工业旅游场景体验。

7家工业旅游景区，303条有效网络评价信息，编码结果为595个参考点，其中积极评价包含508个参考点，消极评价包含87个参考点。

1）积极评价。积极评价的参考点数共有508个，涵盖的场景和项目主要是：生产作业区、博览区、休闲娱乐、购物、厂区、解说系统和服务管理七个方面（见表6-4）。

①生产作业区。共有139个参考点，占积极评价总参考点数的27.36%，处于第一位，说明游客积极评价主要来源于生产作业区。传统工艺制作，游客可以近距离的参观手工制品流程，甚至可以体验其中的某一制作环节，与现场工作的师傅进行交流，而且这一场景不仅给游客带来认知体验（75个参考点），还会给游客带来娱乐体验（11个参考点），小朋友在这一过程中同样会得到教育和娱乐方面的体验（43个参考点）。

"……有趣的是制作车间，可以看到全部造纸流程，还可以自己做张纸试试，挺好玩的。师傅们都很和善，可以聊聊天啥的。"（宣纸文化园 -117****322-2017-10-10）

②博览区。106个参考点，这一场景最大的特点是，展品主要是工艺品（96个参考点），许多游客是被这些手工作品和工艺品所吸引前来的。

"非常值得来参观，精美绝伦的云锦，让人惊叹。能工巧匠就是用一双巧手造就了这么多美妙绝伦的作品。一场视觉盛宴，美不胜收。"（南京云锦博物馆 -138****5210-2018-01-29）

③厂区。44个参考点。传统工艺生产的工业旅游景区，都具有悠久的历史，厂区内古老的作坊，参天古树，使整个厂区笼罩着浓郁的历史文化氛围（19个参考点）；古老的作坊，建筑也给游客留下了深刻的印象（12个参考点）。

④购物。37个参考点。手工艺品区别与其他产品的最大特点是其精美的成品深受游客的喜欢，一些游客就是为了购买手工艺品而来的。

"如果你喜欢陶艺，值得一去，你可以看看陶艺作坊，还能买到很有意思的陶艺作品。"（富平陶艺村 -138****2612-2018-01-12）

⑤解说系统。29个参考点，讲解人员认真专业（22个参考点），多样的解说展示方式（7个参考点）能够弥补游客的知识空白。复杂的工艺只有伴随详细的讲解过程才能更好地传递给游客。

"讲解到位，让游客很全面了解了宣纸的前世今生。"（宣纸文化园 -M99****76-2017-11-19）

⑥娱乐项目。10个参考点，传统工艺制作，游客有更多的机会来参与其中，景区将其中的某一环节作为游客体验参与的项目，极大地丰富游客的体验，如陶瓷、造纸等。

"这里有丰富的陶土资源，游人可以在这里率性而为地玩泥巴，尽可能充分地发挥自己的想象力进行创作，然后将作品放到陶窑里烧制，使精彩的创意永远留驻。"（富平陶艺村 卡利亚诺李春 2017 07 16）

⑦服务管理。14个参考点针对景区不收取门票，免预约给予积极评价。游客普遍认为工业旅游景区就不应该收取门票。

"不花钱还是值得去看看的哦……"（南京云锦博物馆 -menmen大人 -3-2016-08-03）

表 6-4 积极评价参考点分布（传统工艺生产工业旅游场景）

场景 / 项目	参考点频数（N=508）	频率
生产作业区	139	27.36%
参观制作作坊及（近距离）生产制作过程	94	
体验生产制作程序	41	
与工人师傅进行交流	4	
博览区	106	20.87%
展品内容（作品、工艺品）	96	
展示方式	3	
展厅设计	7	
厂区	44	8.66%
标志性景观	3	
景观小品	3	
建筑	12	
规模	4	
其他景点	3	
气氛	19	
购物	37	7.28%
休闲娱乐	10	1.97%
娱乐项目	8	
赠品	1	
旅游配套设施	1	
解说系统	29	5.71%
讲解员和工作人员	22	
多样的解说展示	7	
服务管理（门票与预约）	14	2.76%
认知体验	75	14.76%
小朋友认知、教育、娱乐	43	8.46%
趣味性	11	2.17%

综上所述，积极评价主要来自可以近距离的参观生产制作过程，可以欣赏甚至购买到喜欢的工艺品，主要获取的是认知体验和娱乐性趣味体验。而趣味性主要来源于对生产制作过程的参与，购买产品既是一种认知体验来源也是娱乐性体验的来源，从购买的过程获取愉悦。厂区的历史文化氛围和古老有特色的建筑也是审美、认知及娱乐的重要来源。

2）消极评价。共有 87 个参考点，19 个节点，涵盖厂区、生产实景区、博览区、休闲娱乐区、购物区、解说系统和服务管理七个方面（见表 6-5）。

表 6-5 消极评价参考点分布（传统工艺生产工业旅游场景）

场景/项目	参考点频数 N=87	频率
生产实景区	2	3.30%
展示具有表演性真实性差	1	
参与体验环节简单敷衍	1	
博览区	10	11.49%
展品少、无特色、不精细	6	
展厅设计装饰	2	
展示方式及内容无趣	2	
休闲娱乐区	19	21.84%
项目少，没什么可玩可看的，趣味性低	17	
配套设施不足、收费项目差	2	
厂区	11	12.64%
规模	6	
景色	5	
购物区（价格高）	10	11.49%
解说系统	6	6.90%
服务管理	29	33.33%

续表

场景/项目	参考点频数 N=87	频率
管理混乱，配套设施缺乏	1	
整体像个售卖场，性价比低	14	
门票	14	

①项目少，没什么可玩可看的，趣味性低是消极评价中参考点数最多的项目类型，17个参考点，这一现象与工业旅游景区整体的状况是一致的，园区除了参观生产作业之外，没有任何可供游客游览的其他项目。传统工艺生产工业旅游场景非常适合进行游客参与式的体验，但是景区在这一环节，过于简化环节，有敷衍走形式之嫌，致使游客体验质量不高。

②厂区的规模、布局、景点及游览项目的设计不足（11个参考点），虽然整体厂区的气氛和建筑等固有的元素深受游客的喜欢，但是不为旅游的开展做任何的改变也引起游客的不满和消极评价，这与项目少没什么可看可玩的直接相联系。

③博览区。10个参考点，主要反映展品少、无特色、不精细（6个参考点）、展厅设计装饰无特色（2个参考点）以及展示方式和内容无趣（2个参考点）。

④购物。10个参考点，主要的关注问题是手工艺品的价格高昂，游客喜欢但是都因为价格的原因而留有遗憾。这给景区的提示就是在购物品开发这一块要做些文章。

"……只想说，宣纸真的好贵哦……"（宣纸文化园-E17****321-2017-06-24）

⑤解说系统。6个参考点提到景区的解说系统做得不到位，致使游客根本看不出个所以然来，看不明白。

"真是坑，那些所谓的艺术品，对于门外汉来说，真是看不懂！……"（富平陶艺村-TONGCHENG_USER-2015-06-21）

⑥服务管理。共有 29 个参考点，是参考点来源最多的项目，其中有 14 个参考点提到景区商业化气息太重，整个景区缺少文化氛围，就像一个商品的售卖场一样，出售的衍生品的质量和特色都一般，价格很贵。同样，门票价格也是游客普遍持否定态度的一项内容（14 个参考点）。

综合分析来看，景区可玩可看的项目少，趣味性低是消极评价参考点最多的，其次是服务管理，除了工业旅游景区普遍存在的管理混乱、配套设施缺乏之外，与这类型工业旅游区的特殊性有关，传统工艺生产，产品多是一些工艺品，因此，企业开展工业旅游的初衷有开设卖场的考虑，而这种卖场形式的景区如果再收门票，则会给游客带来极大的不满意。

6.1.2 电力供应型工业旅游场景体验的质量

在携程网上可以搜索到点评信息的电力、热力、燃气及水生产和供应型工业旅游区共有9家，综合比较这9家工业旅游区实际运营的项目，最终选取安吉天荒坪抽水蓄能电站、白山发电厂、万家寨水利枢纽、新安江水电站 4 家水力发电站和 1 家秦山核电站，共计 5 家。通过对 282 条原始评价信息进行逐条阅读，进一步剔除无效和无意义的信息，最终保留有效评价信息 190 条，编码结果为 225 参考点。积极评价包含 183 参考点，消极评价包含 42 个参考点。

（1）积极体验。对积极评价参考点主要包括景色、生产作业区、附属博览区、导游讲解以及娱乐项目五个方面（见表 6-6）。

①景色，包含 90 个参考点。参考点数最多，占总比 49.18%。景色迷人、环境优美、湖水清澈、山峰险峻、空气清新、天气凉爽等都是这一类工业旅游景区游客评价时频频使用的词语。水库是水利型工业旅游区最易开展游览活动的区域，可以不受生产运营与安全的影响，一般是作为免费开放区域，玩水亲水活动成为游客参与较多的项目。

②生产作业区，包含 71 个参考点（占积极评价的 38.80%）。包括

生产作业区的游览活动，主要包括近距离地观看水电站的外观，进入到水电站的内部观看水轮机和电机正在运营的状态，可以到大坝的坝顶近距离感受大坝的雄伟壮观。还可以看到开闸泄洪的瞬间，开闸泄洪的这一瞬间，让在场的游客感到震惊，让游后的游客难以忘怀。

"大型水力发电站气势磅礴。要是能遇上开闸泄洪的话，那真是美不胜收，不过去的那天遇到了难得一见的色彩水，因刚好前一晚上下过暴雨，发电机组开启一开始流出的是黄泥土水，过一会儿就流出绿茵茵的水了，两色相间的水在江面上你推我，我挤你的，挺不错的。"（新安江水电站-小新2-2014-04-10）

水利工程的外部建筑和大坝工程给游客普遍带来壮观、自豪、佩服、震撼之情感，这种种情感只有亲临现场才能够感受得到。

③附属博览区，6个参考点涉及博览馆这一场景，通过博览馆游客可以更集中的了解水力发电的知识以及水电站的历史。

"建议修个小型展馆，更详细地讲解水力发电的知识和电站的历史与现今。"（新安江水电站-e74****08-2014-04-11）

从点评中也发现水利枢纽工程的观光游览只是停留在自然风景和水利大坝工程的壮观，正如一位游客写道：

"坝下有纪念馆一定要去看看，很多人都走过路过但是错过。纪念馆保留了建坝的工地遗址。"（新安江水电站-E66****66-2016-08-06）

对于博览馆的设施设备也是游客积极评价的对象，现代化的设施会给游客更好的体验。

"秦山核电科技馆开馆了，设施一流，值得一来。"（秦山核电站-寒江雪-2017-10-10）

④导游讲解。12个参考点涉及导游的讲解对于更好地理解水力发电的原理以及知识起到非常大的作用，导游的工作态度、知识储备也会影响游客的体验。

"我们只有三位游客，导游也很耐心与我们讲解而且态度很好！"（新安江水电站-M58****853-2018-02-27）

⑤娱乐项目，有3个参考点提到娱乐项目，如万家寨水电站的横跨黄河吊桥，和安吉天荒坪电站的滑雪场，游客都冠以好玩的词汇。可游览可娱乐的项目的多少，直接决定了游客的体验质量和停留时间，电站的特殊性在景区内没有多余的空间来开展娱乐活动，却可以依托优美的自然环境，给游客提供更多的体验。

表6-6 积极评价参考点分布（电力供应型工业旅游场景）

场景/活动	体验	参考点频数（N=183）	频率
山水景色（水库）	审美体验；娱乐体验；情感体验（壮观、震撼、自豪、佩服、怀旧、难以忘怀）；认知体验（好奇、长知识、长见识、教育小朋友）；意志体验（艰苦的历史、奋斗的历史）	90	49.18%
生产作业区		71	38.8%
电站外观			
电站内部（发电机组、水轮机）			
大坝/坝顶			
开闸泄洪场面			
附属博览区	认知体验（长知识）	7	3.83%
工程遗址			
图片资料			
场馆设施设备			
导游和讲解人员	认知体验（长知识）	12	6.56%
娱乐项目	娱乐体验	3	1.64%

从以上的分析中可以得出，积极评价中，自然景色是游客的主要关注点，其次是生产作业区。进一步分析可以发现，对自然山水景观、工程建筑本身观赏所带来的审美愉悦是水力发电型工业旅游景区最重的一块内容，包括90个参考点。

情感体验。包括57参考点，情感体验主要体现对大坝及水电站的雄伟壮观的感慨，人们能够建造这样一项工程的佩服以及对过去的怀念。

认知体验也是游客在评价的过程中较多提到的体验类型，包括32个参考点，认知主要表现在：工程修筑历史和地位，如"既看到千岛湖美景，又了解了水电站建设史，非常有意义的一个景点。"（新安江水电站-孤独漫步者-2015-09-14）发电原理，如"很好的景点，去的时候能让你学到很多东西，知道水力发电是怎么回事。"（新安江水电站-HFHR2013-2016-01-30）参观水电机运营实景，如"新中国自建的水力发电站，尽管大坝远不如现在的三峡大坝壮观，但也是当年艰苦条件下的劳动成果。发电机现在还在工作。值得一提的是，这里的自来水都是农夫山泉，打开来就能喝，味道有点甜。"（新安江水电站-菜刀婆-2015-10-30）国家发展变化，如"第一次进水电站，很壮观。不错。适合老人和孩子玩。了解一下我们国家的发展。"（新安江水电站-爱旅游的雨水-2015-12-24）

对小朋友的教育，满足孩子的好奇心，28个参考点认为通过工业旅游使小朋友们学习到了知识，长了见识。如：

"让小孩带着两个问题去玩的：1.千岛湖怎么来的？ 2.电怎么发的？看完能回答就没白来一趟。自己也搞清楚了，原来泄洪是不能发电的，出水水道不一样。"（赛巴斯酱-2014-11-29）

意志方面的体验，包括7个参考点。通过工业旅游，了解历史的伟大、修筑的艰辛和奋斗的精神，可以教育人们为国家、为事业、为人生而努力的意义。

娱乐性的体验只是在亲水项目上有体现，是完全自然的状态。

（2）消极评价。消极评价参考点如表6-7所示，有20个参考点（占总参考点的47.62%），对生产作业现场持消极评价，主要是对于正在运营的电厂房和机组运营的参观持否定的态度，具体包括禁止进入机房，如：

"……机房里面不给进去看看。"（小小大大的爱情-2015-01-12）

不能近距离地观看，"水库很大，气势恢宏，周边都是用护栏围起

来的。"（万家寨水利枢纽 -Christopher Lim-2016-12-08）

参观时间短暂，如：

"这是个很小的景点，说景点都不合适，厂区更合适点。有导游的，十五分钟一批带人进去。走个三分钟到电厂房，看一下机组。有电瓶车的，来回十块，不建议坐，真的很近，走两步就到了。然后坐电梯上大坝，坝顶看一圈就完了……"（新安江水电站 - 寒江孤影 1965-2015-09-12）

禁止拍照和携带随身物品；错过开闸放水的瞬间精彩；对于秦山核电站有游客提到核辐射的问题，而不敢靠近的问题，如：

"不要命的人才会去，就是为了核电站的辐射问题。"（秦山核电站 - 上海姚傻瓜 -2008-06-05）

其他消极评价还包括：游客会有意地将门票价格与提供的项目进行比较，认为性价比太低，也有游客认为这是爱国主义教育基地，不应该收取费用（8 个参考点）；地理位置偏僻所造成的交通不便（4 个参考点）；服务设备匮乏，服务质量低下（4 个参考点）；尤其是收费服务项目（7 个参考点），如：

"……没旅游设施。连吃饭地方都没有。最好别去！"（万家寨水利枢纽 -203****283-2014-06-05）

"风景好，电站很壮观。只是交通不方便，打车来是方便，回去就麻烦了，需提前预约出租车。电站内收费的电瓶车体验很差，我们选择不坐电瓶车的还要被电瓶车跟着一边催着快点走一边强制听讲解，超不爽。"（新安江水电站 -320****219-2017-07-09）

景区的整体环境和景色问题（2 个参考点）；还有游客提到讲解和介绍的内容不够丰富，了解的知识有限，如：

"有更详细地介绍给小孩子就更好了。"（新安江水电站 -chaos-2016-10-07）

可游览的项目少的问题（4 个参考点），如：

"中国第一个自己建成的水电站，历史很久远，参观完后有一种自

豪感，能看的东西不多。"（新安江水电站-M10****628-2014-08-04）

从以上分析可以得出，生产作业区内的限制过多阻碍工业旅游者体验。

表6-7 消极评价参考点分布（电力供应型工业旅游场景）

场景/活动	参考点频数（N=42）	频率
生产作业现场参观	20	47.62%
可游览项目少	5	
门票价格	8	19.04
解说内容丰富度	1	2.39
外部交通	4	9.52
旅游设施与服务	7	16.67
收费服务项目	4	
设施项目	3	
周边景色	2	4.76

综合积极评价与消极评价的分析，可以发现，水利型工业旅游，游客的积极评价主要来自风景观光游的审美体验，生产作业的认知和情感体验，这是由水利工程的特殊性所决定的。水利工程的选址及其修筑使其具有非常壮观和壮美的自然山水景观，使游客能够感受到空间跳跃的磅礴气势。而消极评价主要是来自对生产作业区的深度体验，而这才是工业旅游的核心吸引力，不仅被景区忽略了，也使游客在不知不觉中忽略了。正如一位游客写道：

"来这里不是看风景的，新中国第一座自行设计建造的水电站，到处透着国人的骄傲。"（新安江水电站-203****738-2017-05-21）

从游客的体验来看，主要是认知、情感以及审美体验，这些都是水利工程本身的特性所决定的。

6.1.3 采掘型工业旅游场景体验的质量

在携程网上可以搜索到点评信息的采掘型工业旅游区：首云铁矿公园、中国煤炭馆、抚顺煤矿博物馆、大庆石油科技馆、大庆油田历史陈列馆、大庆石油博物馆、首钢工业遗址公园、世界石油文化公园、唐山开滦国家矿山公园、丹朱岭工业旅游景区、黄石国家矿山公园、晋华宫国家矿山公园、克拉玛依油田，根据工业旅游的定义，综合比较这13个工业旅游区实际运营的项目，最终选取丹朱岭工业旅游景区、黄石国家矿山公园和晋华宫国家矿山公园3个矿山类及1个克拉玛依油田，共计4家工业旅游景区。通过对原始评价信息进行逐条阅读，进一步剔除无效和无意义的信息，最终保留有效评价信息202条，编码结果为306个参考点，其中积极评价包含216参考点，消极评价包含90个参考点。

（1）积极评价。对216个积极评价参考点分析发现，积极评价主要针对生产作业区、附属博览区、厂区（包括其他项目和设施）、解说系统和购物五个方面（见表6-8）。

①生产作业区。有141个参考点，占积极评价总参考点数的65.28%，这一头独大的数据现状，一方面说明采掘业的独特景观深受游客喜欢，另一方面也说明景区在其他方面的薄弱。采掘业的生产作业区最突出的特点就是独特的景观，如巨大的矿坑、幽深的地下矿井，成排的磕头抽油机，巨大的油田油泡，雪白的盐碱地等这些静态的和相对动态的人文与自然相结合的景观，游客从中获得情感、认知方面的体验，这样的独特的景观具有的宏大的场面、悠久的历史。如：

"这里值得去玩玩，这里不仅有山峦美景，更有我国开采最早最久（目前还在开采中）的铁矿，能学到很多矿藏资源知识，看几百年前的矿井和设施，了解我国乃至世界矿业发展历史，有亚洲第一世界第二大的人造天坑蔚为壮观！"（黄石国家矿山公园-牧杨人-2017-12-20）

其次是工人和机器正在工作的迹象，工人忙碌的身影，这些都会使游客有一种真实感，真真切切地看到如何挖矿，机器如何运转，这都是在生活中难得一见的场景。

"虽然暑假刚去了东营的胜利油田，但克拉玛依油田的景色还是很震撼，在沙漠里遍布星罗棋布的采油机，远远望去很壮观。在这里穿石油工装的工人随处可见，从着装可以看得出，采油工作很辛苦，敬佩。"（克拉玛依油田-186****9926-2016-08-17）

②厂区景观（包括其他场景和项目）。有22个参考点，大型机械设备的展示，对于普通人，这些大型机械设备在日常生活中是难得一见的。创意雕塑小品等这些都给游客带来不一样的视觉体验，还有一些娱乐设施，这些可以丰富整个园区的游览项目和内容，使游客有更多的停留时间和游玩内容，游客从中获取的更多是一种娱乐体验。

③附属博览区。有5个参考点，从游客的评价中可以推断出，博览区主要向游客提供的是知识和历史方面的内容，给游客更多的是认知方面的体验。

"下午去对面的矿山公园逛逛觉得不错，进入博物馆需要门票32块，增长了不少煤矿的知识。"（晋华宫国家矿山公园-ylchina-2016-06-24）

④解说系统，3个参考点讲到了解说系统的意义，采掘业对于普遍的大众来说是一个陌生的领域，人们对它的了解甚少，平时接触得也少，有效的解说系统会帮助游客更好地理解。

"解说透彻，完全令你清楚煤炭的挖掘和生产。"（丹朱岭工业旅游景区-YanLeeC腌鱼-2013-12-22）

多样有效地利用其他解说系统，不仅可以带来认知体验，还会给游客带来其他不一样的体验，如与环境相结合的讲解内容，讲解方式都会给游客带来独特的体验。如："带着园区讲解器，听了一路咱们工人有力量，真真切切有力量，汗都走出来了。缺点就一点，路标不明显，小心迷路。"（黄石国家矿山公园-加菲尔德阮籍-2016-12-27 典型地运用了声景观）

⑤购物活动。有3个参考点，购物是旅游的六要素之一，更是工业

旅游必不可少的内容。有些工业企业本身就是生产最终产品和/或服务的企业，设立购物区，满足人们的购买需求，不仅可以丰富游客的体验，还可以给游客留下实体的记忆，也是寓教于乐的一种方式。

"有个卖矿石的点，孩子们不仅能认识各种矿石，也可以买几块回家当纪念品，非常不错。"（黄石国家矿山公园 -203****217-2017-08-11）

表6-8 积极评价参考点分布（采掘型工业旅游场景）

场景/项目	参考点频数（N=216）	频率
生产作业场景	141	65.28%
壮观、宏大、惊奇的场面	116	
附属博览区	5	2.31%
购物	3	1.39%
厂区景观（独特的大型机械的展示）	22	10.19%
解说系统	3	1.39%
认知体验	31	14.35%
小朋友教育及娱乐	21	9.72%

从以上的分析中可以得出，积极评价中，游客主要获取情感体验。采掘业独特的景观特点、悠久的历史、宏大的场面都会给游客带来更多的情感体验，如震撼、壮观、惊奇等情感。游客也能感受到国家的富强，人民的伟大，从而由衷地生出一种民族的自豪感，以及骄傲和钦佩之情，也可以满足游客的好奇心理。还有一些有过经历的游客会对这一场景感到熟悉，亲切。真实的作业现场，让游客产生一种真实感。工人们的工作就是这个样子的，感受工人的辛苦，景区即工作区的状态正是工业旅游的灵魂所在。

"景区没什么人，其实也不太像个景区，天坑底下还在施工，偶尔还能看到穿着工装的人。"（黄石国家矿山公园 - 唯美的飘零 -2017-07-07）

在141个有关生产作业实景的参考点中，有116个参考点提到壮观、宏大或震撼的场面。

认知和教育是主要的体验，31个积极评价的参考点谈到的从生产作业区、博览区、厂区景观、购物等不同区域所获得的认知体验，这既包含对知识的认知，也包含都未知领域的认知；教育体验主要指的是对孩子的教育，有20个参考点提到孩子们获得了教育，家长把工业旅游作为孩子的科普教育之旅，希望孩子们通过工业旅游可以获得对生产作业景观、机械设备的认知，对正在运营的机器的兴趣。当然这其中也包含寓教于乐的成分，孩子们玩的过程中学到了知识。这种教育体验不仅仅来自对生产作业区的观看，同样来自对博览区的观赏、对其他娱乐项目的参与以及购买商品。

"很奇特的地貌，还有很多陈列，让小朋友的行程不会无聊。"（黄石国家矿山公园－唯唯－2017-07-05）

（2）消极评价。90个参考点（见图6-1），集中体现在：43个参考点涉及景区没有其他可玩可看的，最基本的旅游服务设施都没有；27个参考点关于景区缺乏管理；20个参考点是与生产作业区游览相关，即矿坑、矿井、油田等。

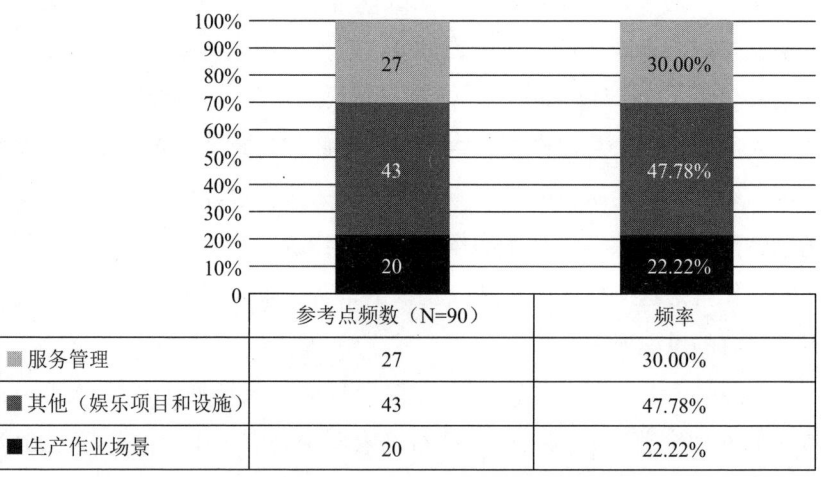

图6-1 消极评价参考点分布（采掘型工业旅游场景）

①可看可玩的项目少，消极评价中，参考点最多的是除了生产作业区参观外没有任何其他可玩可看的，共包含 43 个参考点。

作为一个旅游景区，应该能够为前来的游客提供足够的可玩可看的游玩项目，满足游客最基本的要求，可是从目前的网络点评来看，游客普遍认为很多的采掘型工业旅游景区根本不像景区，只是允许游客进入的厂区，可游览的设施、项目和景点缺乏，没有娱乐性和趣味性。

"带宝贝去玩的，真心没什么景点，买套票不划算，门票 40 元，井下探幽 20 元，什么也没有，没有火车，就只有台阶，设施陈旧，广场上天坑不能下去，原来有路被封了，下雨啦。"（黄石国家矿山公园 -191****936-2015-10-06）

采掘型工业旅游景区的主要问题，就是以景区独有的矿坑、矿井、油田作为吸引物，也是唯一的吸引物。

"最大的亮点是人工天坑，很壮观，很震撼！"（黄石国家矿山公园 -cf555-2016-10-31）

作为景区开发，也只是原始的呈现，没有做任何修饰和改善，尽管本身具有独特性，但生产场景的游览仅仅是停留在观赏，没有任何的参与。致使游客的总体体验也受到影响。

"就是一个废旧的矿坑，没有什么可看的！"（黄石国家矿山公园 -爱旅行 -2016-06-13）

②生产作业区，包含 20 个参考点，有 15 个涉及由于生产作业周期，或是生产安全限制而造成游客不能游览的情况，景区也会设定一些制度，如限制年龄，限制随身携带物品、团体共同进入等。

"一是必须凑够 8 人才安排参观，建议参观博物馆前把电话留给售票处，自己参观时多拉些人。二是下井人员要求 60 岁以下，12 岁以上，不让带手机和相机。"（晋华宫国家矿山公园 -M93****40-2016-06-26）

有 3 个参考点涉及由于存在安全隐患，游客由于担心安全问题拒绝进入。

"这个最好还是别去了，花钱去深井心里总感觉不安全。"（晋华宫

国家矿山公园-M11****456-2017-07-15）

企业出于安全问题考虑，而致使核心吸引物——生产作业区长期处于不接待游客状态，使得游客留下遗憾，即使游客进入生产作业区，由于处于原始状态，没有任何的安全及辅助设施，没有任何可观赏可参与的项目，环境黑暗潮湿等原因也影响体验效果（2个参考点），如：

"去之前最期待的井下探幽，确实有点坑啊，700多级台阶下去，什么都没，然后又爬上来，没有讲解，一路上还有不少灯是坏的。"（黄石国家矿山公园-U3****9619-2016-10-06）

采掘型生产作业场景一般尺度较大，游客没有办法近距离的接触，只是远距离观看。

"遗憾的是444米天坑没有很直观的感觉，观景台能看的感觉不到震撼。"（晋华宫国家矿山公园-juniezhu-2014-12-05）

"广场上天坑不能下去。"（黄石国家矿山公园-191****936-2015-10-06）

③没有任何解说系统。知识性是工业旅游的一个重要特征，绝大多数游客都没有工业相关知识背景，景区如果不做解说系统，游客就会觉得没有任何的收获，也只是走马观花走一圈，什么也没看到，什么也看不懂，直接影响体验效果。

"来玩一定要请导游讲解，否则无法感受历史文化，就像一些网友说的，那就一个大坑！请了讲解，感受完全不一样，了解历史，天坑怎么用了一百多年形成，当年日本人如何掠夺等。心灵受震撼了，受教育了！里面还有些钢雕什么的。"（黄石国家矿山公园-qllbshan-2017-08-29）

④由于采掘业的空间范围都比较大，很多游客反映没任何的导引标识系统，致使游客经常迷路，而且因为工作人员和游人稀少，也会使游客有害怕的心理。

"……景区路牌标识不明，炸药库和井下探幽灯光不齐备，我是开手机电筒下去看的，也没人值班，万一遇到危险手机还没有信号……"

(黄石国家矿山公园-John-2017-04-29)

⑤对于现有的设施和项目管理不善,设施缺乏维护,景区无人管理,处于荒芜状态,一些设施只是由于人少就随意无故不开放(27个参考点)。其中有10个参考点提到博览馆,都处于半营业状态,游客反馈要么不开放、要么关门等。

"可能由于天气雾蒙蒙的吧,天坑虽然壮观,但是其他地方因为年久失修看起来破破烂烂的,山上也是杂草丛生,草坪上的草也都枯死了的样子,感觉很破败,可能是我没有来对季节吧。"(黄石国家矿山公园-118****965-2014-02-14)

采掘型企业开展工业旅游,因其独特性具有吸引力,但也由于尺度的问题、安全性的问题使前来的游客不能获得非常满意的体验。除此之外,景区提供的游玩项目和设施缺乏,景区管理不善也是游客反映最突出的问题,参考点数量最多。从消极评价就可以看出,采掘业的工业旅游还没有真正开展起来。

综合积极评价与消极评价的分析,采掘型工业旅游,游客的积极评价主要是对生产作业的认知和情感体验,这种体验主要来自独特的地形地貌,特有的大型机器设施的展示。消极评价主要是没有能够参与其中的环节和其他游玩项目的缺乏。

6.1.4 工业旅游场景体验的质量

综合分析以上三种不同"型""类"的工业旅游场景,可以发现,所谓的积极评价主要来源于生产作业区,而消极评价主要来源于除了生产作业区之外,工业旅游景区没有其他可游览的场景,工业旅游者被这种独特的旅游类型所吸引,带着好奇带着求知带着愉悦的心理来到工业旅游景区,看到了独特的生产作业现场,参观了生产制作过程,学到了产品制作的知识,了解了企业的历史文化,满足了最基本的要求。细分析消极的评价,会发现游客不满足于仅是知道这些,同样希望获取一个旅游景区应该有的其他的愉悦,停留在参观层次的生产作业流程不能给游客带来满意的体验，游客希望更近距离地观看，甚至希望参与制作过程。游客也希望景区能够提供更多的娱乐方面的项目和活动，使其在景区内的游览内容丰富。

Pine 和 Gilmore（1998，1999）的体验经济模型一直受到旅游研究者（Quadri-Felitti 和 Fiore，2012，2013）的关注。4Es 模型在解释旅游产品（Gilmore 和 Pine，2002）、特别活动（Pullman 和 Gross，2003）和遗产路线（Hayes 和 MacLeod，2007）等方面是非常合适的。这个体验经济模型有四个维度，即 4Es（即认知、审美、娱乐和遁世），概念化了消费者体验的多维性，并将产生的 4Es 定位在由两个连续的体验相交形成的象限中：沿横轴是消费者参与程度（主动和被动），沿着纵轴是消费者与环境联系程度（吸收和浸入）。尤其指出的是，最丰富的体验涵盖四个领域，形成了一个平衡主动和被动消费者参与的高峰点，并且消费者吸收和浸入其中（Pine 和 Gilmore，1998）。事实上，根据 Oh, H., Fiore, A. M., 和 Jeoung, M.（2007）的说法，每一个领域本身都是独一无二的，并且对广泛的目的地体验做出了巨大的贡献，将四个领域的各个方面完美结合，形成了最佳的旅游体验。

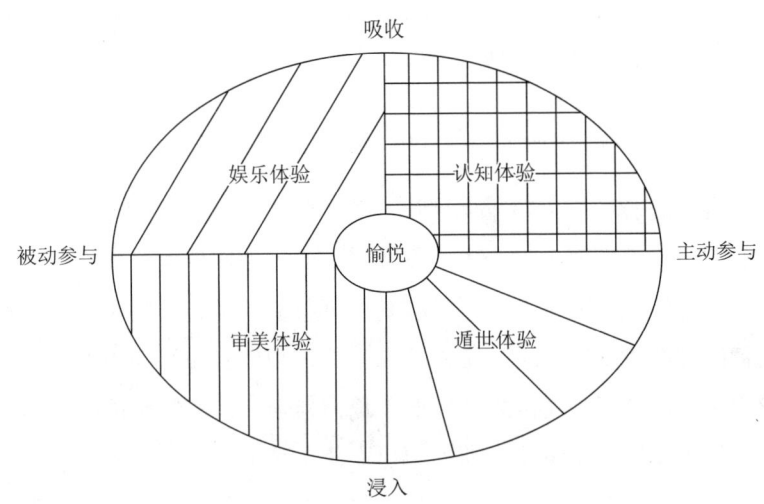

图 6-2　工业旅游场景体验质量现状

使用图 6-2 的 4Es 模型评估和诊断目前工业旅游体验的现状。图中，内部线条的疏密度代表此类体验在工业旅游中的显著程度，线条越密代表这种体验在工业旅游场景中越显著。可以发现，认知方面的分量是最重的，求知和教育是反复出现在工业旅游研究文献中的主要动机之一（Getz 和 Carlsen，2008）。个人发展被确定为工业旅游者期望的一个关键属性（Sparks，2007）。工业旅游区使用解说系统、开展生产制作流程展示、博览馆参观活动和品尝活动等可以丰富和增加游客的知识。也是非常有教育意义的，教育孩子、培养孩子的认知是游客参与工业旅游的主要动机，甚至可能是前往工业旅游景区的唯一动机。

审美体验是指浸入感性环境中，游客在审美体验中是被动的，浸入的 Quadri-Felitti 和 Fiore，2012）。美丽的厂区风光，悠久的历史建筑，风景如画自然山水为游客提供了极好的审美体验（Urry，1995）。从目前的资料来看，审美体验主要体现在水利型和采掘型的工业旅游场景中，这是由这类企业所处的独特的地理位置决定的。历史悠久的厂容厂貌、典型的厂房建筑、大型重工制造业的工业风、厂区的装点与美化都会给游客带来不一样的审美享受。

娱乐方面是欠缺的，工业旅游目的地的文化景点和活动对游客来说是有相当大的吸引力的（Carmichael，2005），可以加强游客的娱乐体验（Quadri-Felitti 和 Fiore，2013）。工业旅游区的节事活动是招待来宾的核心元素（Axelsen 和 Swan，2010），如青岛啤酒节。根据 Getz 和 Brown（2006）的说法，工业旅游目的地中的许多购物店也是一个很好的娱乐元素。

遁世维度是指寻求不同于游客日常体验的体验。换句话说，在旅游目的地的假期，游客试图逃避日常生活的现实。在工业旅游文献中，与遁世结构有关的发现证实，游客想要做的不仅仅是参观工厂和品尝产品（Beames，2003；Cohen 和 Ben-Nun，2009），他们希望有更多的沉浸其中忘却自我的活动内容，如体验陶瓷的制作等。与 Bosangit（2011）

旅游博客话语分析一样，遁世的故事非常有限。具体而言，本研究样本中的遁世维度包含的推荐是不明显的，但都是积极的，并与参观体验有关。一方面，这个结果可能受限于用于分析的评论的深度。另一方面，这提供了证据，证明尽管游客们在参观期间获得了价值，但在目前的条件下，遁世体验并没有得到充分的重视。一个合乎逻辑的解释是遁世维度还没有被明确的定义和衡量，以实现有效的目的地管理（Oh，Fiore 和 Jeoung，2007）。Oh，Fiore 和 Jeoung（2007）指出，遁世经验可能是旅游研究中最常被列为消费者动机之一。旅行通常是人们逃避日常生活和体验非同寻常的一种方式。

这一结论指出，工业旅游没有足够多样化。仅能满足游客的好奇和认知的需求，游客认为到了工业旅游景点，对工业产品的生产制作流程有了些认识，了解了一些历史和文化，也是有收获的，学到了东西，来一趟也就值得了。但不能满足游客对于浸入式的趣味性及享受性的需求，关于最丰富体验的评论匮乏也证实了这一观点。工业旅游区应该调整他们的供给，更多地重视游客的浸入和积极参与，凭借浸入和参与性强的特点，供给者以努力为参观者提供绝佳的体验。

6.2 工业旅游者体验需求分析

6.2.1 工业旅游动机的重要性分析

本研究的调查问卷中设计了一道有关"旅游者参与工业旅游的动机和原因的重要性程度"的五级李克特量表，将重要性程度区分为五级，分别为"非常不重要""不重要""一般""重要""非常重要"，并按重要性程度从低到高分别赋值1、2、3、4、5。变量的数值越高，意味着重要性程度越高。

根据问卷调查的结果，使用spss25统计软件分析发现，从平均值来看（见图6-3），影响工业旅游者出行的动机和原因中，排在第一位的是满足求知欲，学到知识，第二位是体验真实的生产作业过程，接下来是满足好奇心、游览生产特殊感兴趣产品的企业和以传统的方式生产的企业。

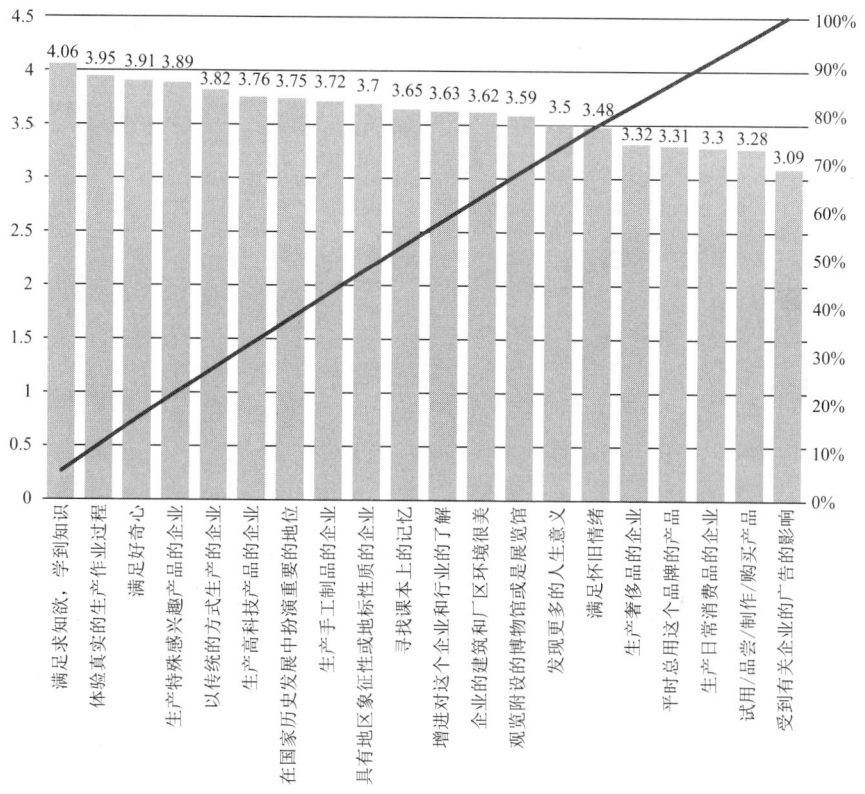

图 6-3 工业旅游动机平均值分布

实现认知体验是保证工业旅游体验质量的根本。问卷调查结果显示，只有满足求知欲，学到知识这一动机的平均值超过 4，满足好奇心的平均值为 3.91，这意味着，在工业旅游者出游动机中满足求知需求，满足好奇心是重要的，但是形成这种结果的另一个原因，也可能是游客对于工业旅游不了解，认为也就只能提供这一类的需求，没有更多的奢望有关。体验真实的生产作业过程平均值为 3.95，是唯一的一项活动内容。可以看出，对于工业旅游景区，游客对于参观、参与生产作业实景的活动和项目表现出明显的好奇心和求知欲。而其他动机和需求都是在一般到重要之间,因此在工业旅游的设计中,一定要满足工业旅游者求知的需求,这是工业旅游者最基本的需求。赫兹伯格的双因素理论(Two factor theory),也称作"激励保健因素理论(Motivator-Hygiene Theory)",区别于传统的满意的反义词是不满意的观点,指出满意的反面是没有满意,同样不满意的反面是没有不满意,并指出激发动机的因素有两类:一类是保健因子(Hygiene factors),另一类是激励因子(Motivation factors)。所谓激励因素是那些使员工感到满意的因素,保健因素则是防止职工产生不满意的因素。真正能使职工产生满意的是激励因素,保健因素不能带来职工的满意却能够防止职工的不满意。李志勇(2014)使用"双因素理论"对影响博物馆游客的满意度的因素进行分析。贾英,孙根年(2008)同样应用双因素理论提出更好地为旅游者提供高质量的旅游体验的相应管理原则和策略。依据双因素理论,可以发现满足工业旅游者的求知欲,学到知识,参与生产制作过程属于保健因子,也就是说工业旅游景区满足了游客求知的需求能够防止游客不满意,但是却不会带来游客的满意。这样的调查结果与前面所做的分析进行比较,可以得出,目前工业旅游体验的现状是游客普遍承认得到了认知体验,参观了生产制作过程,这与目前工业旅游的现状一致,没有不满,但也没有满意,而知识的获取一般不会带来游客的重游。

  体验真实的生产作业过程,既是对满足好奇心的一个补充,也能够说明为什么游客喜欢生产传统手工制品的企业,这样的企业能够提供更多的可体验、可参与的机会,更有趣味。这与前面分析的游客对于采掘业、电力、热力企业以及一些重工业或自动化企业不能近距离的参观或亲手体验生产制作过程感到遗憾,而对传统的手工业感到满意和有趣的结果是相符合的,工业旅游的开展要通过让游客体验真实的生产制作过程来获取知识,这样会大大地提高游客的满意度,即体验真实的生产作业过程是提供游客体验质量的激励因素。

前往生产特殊感兴趣的产品的企业这一点也说明了，工业旅游者出游动机中兴趣占主要因素，还属于小众市场。企业自身的本体功能、产品特点、企业特点是开展工业旅游的前提和基础。

6.2.2 工业旅游动机的因子分析

遵循第五章同样的因子分析操作步骤，使用 spss25 统计分析软件对工业旅游者前往工业旅游景区游览的原因实施因子分析，可以将工业旅游动机划分为四个因子（见表6-9）。

情结导向型，第一个公因子包含：在国家历史发展中扮演重要地位、企业的建筑和厂区环境很美、发现更多的人生意义、观览附设的博物馆或是展览馆、满足怀旧情结、具有地区象征性或地标性质的企业、寻找课本上的记忆和体验真实的生产作业过程8个变量。之所以如此命名，是根据这一因子所包含的变量的特性。无论是企业在历史发展中的意义，人生意义，地区象征性或地标企业，课本上的记忆还是欣赏企业的建筑和厂区环境，观览博览馆都体现出被调查者对企业的特有的情结特征，有一种探究工业历史，了解工业发展的情怀。

兴趣导向型，第二个公因子包含生产奢侈品的企业、生产高科技产品的企业、生产特殊感兴趣产品的企业、生产手工制品的企业、以传统的方式生产的企业和体验真实的生产作业过程6个变量。之所以命名为兴趣导向型，从其所包含的变量可以看出，每一个都是指向企业的特质，特有的生产方式和特定的产品。说明游客对于采用什么样的生产方式生产的企业以及产品的类型比较感兴趣，体现出兴趣驱动力，尤其看出对平时接触不到和比较传统的生产方式感兴趣。

娱乐导向型，第三个公因子包含试用/品尝/制作/购买产品、受到有关企业的广告的影响、平时总用这个品牌的产品和生产日常消费品的企业4个变量。之所以命名为娱乐导向型，这一类变量都是企业的一系列活动带来的结果，广告宣传，试吃活动，品牌效应等，说明企业的宣传，声誉和知名度起到很大的作用。

新奇导向型，第四个公因子包含增进对这个企业和行业的了解，满足好奇心、满足求知欲，学到知识，体验真实的生产作业过程4个变量。这一因子所包含的变量很明显是出于好奇，为了满足自己的好奇心和求知欲而出行。

表6-9 工业旅游动机因子分析结果

	因子			
	情结导向	兴趣导向	娱乐导向	新奇导向
试用/品尝/制作/购买产品			.580	
增进对这个企业和行业的了解				.721
受到有关企业的广告的影响			.806	
平时总用这个品牌的产品			.812	
在国家历史发展中扮演重要的地位	.466			
企业的建筑和厂区环境很美	.543			
满足好奇心				.526
满足求知欲，学到知识				.781
发现更多的人生意义	.740			
观览附设的博物馆或是展览馆	.748			
满足怀旧情结	.676			
具有地区象征性或地标性质的企业	.523			
生产日常消费品的企业			.532	
生产奢侈品的企业		.667		
生产高科技产品的企业		.751		
生产特殊感兴趣产品的企业		.717		
生产手工制品的企业		.761		
以传统的方式生产的企业		.678		
寻找课本上的记忆	.612			

续表

	因子			
	情结导向	兴趣导向	娱乐导向	新奇导向
体验真实的生产作业过程	.459	.422		.470
提取方法：主成分分析法 旋转方法：凯撒正态化最大方差法				
a. 旋转在 7 次迭代后已收敛				

其中，体验真实的生产作业过程，在情结、兴趣和新奇三个因子中都显著，这进一步地说明，无论是出于什么样动机的工业旅游者都希望在工业旅游的过程中有机会亲身来体验生产制作过程，而这却是目前工业旅游景区存在的最大问题，从前面的分析也可以看出，这也是旅游者消极评价的来源。

6.2.3 细分工业旅游客源市场：聚类分析结果

表 6-10 基于动机的工业旅游者细分市场基本特征

	人口统计学特征	组群 A	组群 B	组群 C	组群 E
性别	男	0.17	0.17	0.45	0.13
	女	0.20	0.15	0.48	0.15
年龄	18 岁以下	0.00	1.00	0.00	0.00
	18~25 岁	0.29	0.06	0.49	0.14
	26~30 岁	0.19	0.14	0.54	0.11
	31~35 岁	0.20	0.23	0.40	0.15
	36~40 岁	0.21	0.17	0.41	0.16
	41~50 岁	0.17	0.16	0.54	0.13
	51 岁及以上	0.05	0.24	0.52	0.19

续表

人口统计学特征		组群 A	组群 B	组群 C	组群 E
教育程度	初中及以下	0.00	0.33	1.33	0.33
	高中	0.17	0.17	0.67	0.00
	高职高专	0.36	0.21	0.36	0.07
	大学本科	0.20	0.17	0.44	0.15
	研究生以上	0.18	0.16	0.50	0.15
职业	专业技术人员	0.15	0.16	0.51	0.15
	政府官员（科级以上）或企业高管	0.25	0.15	0.35	0.15
	政府公务员（科级以下）或企业一般职员	0.23	0.20	0.33	0.15
	在校学生	0.26	0.12	0.47	0.12
	农林牧副渔劳动者或企业工人	0.00	0.17	0.67	0.17
	家庭主妇	0.17	0.17	0.50	0.17
月收入	2000 元及以下	0.21	0.07	0.52	0.14
	2001~3000 元	0.23	0.18	0.41	0.18
	3001~5000 元	0.21	0.17	0.43	0.13
	5001~8000 元	0.16	0.12	0.55	0.15
	8001~15000 元	0.19	0.21	0.40	0.15
	15001 元及以上	0.19	0.33	0.30	0.07
家庭结构	单身	0.18	0.15	0.49	0.13
	2 人	0.11	0.21	0.53	0.11
	3 人	0.18	0.12	0.48	0.18
	4 人	0.22	0.26	0.40	0.10
	5 人及以上	0.24	0.21	0.48	0.03

续表

人口统计学特征		组群 A	组群 B	组群 C	组群 E
婚姻状况	已婚	0.20	0.17	0.46	0.13
	未婚	0.19	0.16	0.46	0.16
	其他	0.00	0.11	0.67	0.22
公因子	情结导向型	1.11437			
	兴趣导向型		.93030		
	娱乐导向型			.52202	
	新奇导向型				.92885

遵循第 5 章同样的聚类分析方法,探究不同动机需求的工业旅游者特征。聚类分析的原始结论为 5 组,但因为其中一组在所有的人口统计学特征上都不显著,而且人数是所有五组中最少的,与其他四组游客数量差异较大,缺乏代表性,故略去。

从表 6-10 聚类分析的结果可以看出,总体来说,我国尚未形成鲜明多样化的工业旅游细分市场。相对来说,组群 C 是一个典型的旅游细分市场,代表着我国工业旅游市场的典型特征。这一组群内所有的人口统计学特征都显著。这也说明我国的工业旅游者出游的动机主要受日常生活中的影视剧、广告、日常生活用品的影响,企业的知名度,开展的活动是人们选择工业旅游景区的典型动机。组群 A,B,D 的人口统计学特征不明显。这样的分析结果也间接说明,工业旅游者场景体验不清晰,体验质量不高。

6.3 影响工业旅游者体验质量的条件分析

本部分针对问卷中"请列出在工业旅游景区您可能感觉不满意的因素或条件(3~5 项)"进行分类统计分析,此题项一共收到 478 条回复,经过逐个阅读处理,删除无效回复,最终得到有效回复 472 条,这是一道开放性问题，因此不会像客观题那样缺少弹性，并且此题要求游客回答至少3项，这样得到的答案更全面地反映出游客对于工业旅游景区感到不满意的因素。本题的回答者都是有过工业旅游经历的，所以答案都是来自工业旅游者真实的感受，最终得到403项不满意的因素和条件。

具体的分析步骤为：逐条阅读不满意的因素或条件，并在前文分析的基础上进行归类总结，按照不满意的因素和条件，将其划分为现场吸引物、可进入性、便利设施、辅助服务四大类，其中总体评价、生产过程观察、博览空间、自己动手体验、纪念品商店和解说系统是引起游客不满意的现场吸引物因素；外部交通、承载能力和门票价格是引起不满意的可进入因素；旅游基础设施和餐饮是引起不满意的便利设施；辅助服务包括游客服务与管理，园区的清洁和美化以及游客的人身和财产安全。

表6-11 游客对工业旅游景区不满意因素和条件统计

现场吸引物	总体评价（56）	深入不进去、枯燥乏味、无趣、趣味性<2>、可看的少、枯燥<3>、项目单一<2>、项目、走马观花<2>、无新意<2>、无意义、无特色、不形象、缺少灵魂、没特色、死板、非常传统、形式主义、套路、缺乏特色、粗糙、乏味、大同小异、活动无聊、重点不突出、历史挖掘浅、历史感、历史性、人工设计气息重、教育性、美学性、企业文化不足、人文不好、缺乏文化因素、浮夸、没有发展主题、单调、单一、乐趣、不深入、特色少、走形式、娱乐性差、无主题、环节松散、没主题、知识性、文化假、文化<2>
	生产过程观察（32）	不能近距离<2>、纯参观、不能触摸<2>、了解不到实际、看不到真实、工艺流程、不完整、时间不随意、时间短<2>、时间<3>、停留时间、路线、限制时间、无法靠近、路线固定不能随意走、开放程度、旅游路线、线路固定、生产作业环境、流程设计不合理、没看到核心、没有震撼、看不到真正的东西、只能远观、规定路线、线路行程安排、开放度
	博览空间（9）	展现水平低、技术先进、科技感、技术不先进、展览形式单一、展示粗糙、没有展示区、产品包装、产品陈列

续表

现场吸引物	自己动手体验（31）	体验 <4>、缺少互动 <2>、没有互动 <2>、无体验项目、缺少实践动手、亲身体验不足、体验性不足、不能亲手参与、参与性差 <2>、参与性、参与度 <2>、没有参与活动、没有体验、互动效果差、没有亲身体验、没有体验区、游客互动不够、缺少互动环节、互动体验差、不能操作、体验差、不能体验生产实际、不能参与、体验感差
	纪念品商店（6）	产品优惠少、纪念品价格高、纪念品不是本厂出品、卖无关纪念品、物价高、物价
	解说系统（41）	（28）导游素质低、讲解 <6>、没有讲解 <4>、讲解差 <2>、无讲解、讲解不详细 <2>、没人讲解、无专业讲解、讲解员态度、解说不清晰、解说不透彻、解说不生动、导游不专业、讲解环节少、讲解员、人工讲解员知识面有限、讲解不够、讲解过程； （9）简介不足、没有介绍 <2>、说明无趣、讲解内容枯燥、介绍不详、文字资料过多、简单图片文字堆砌、介绍不全面； （4）指引不清晰、线路不清、标识、标识不清
可进入性	外部交通（28）	地理位置、地点 <2>、偏僻 <2>、便捷、交通 <7>、交通不便 <4>、距离 <4>、便利 <2>、交通不方便、偏远、出行方式、位置偏远、路途远
	承载能力（15）	人多 <7>、地方小、地小、人太多、布局狭窄、规模、同时参观人多、人员嘈杂、人员流量
	门票价格（5）	收费、价格高、太贵、门票太贵、门票价格偏高
便利设施	旅游基础设施（15）	设施 <3>、旅游设施 <2>、配套设施、配套差、设施不完善、缺少休息设施、旅游配套设施不好、服务设施差、洗手间少、休闲、设施陈旧、设施破烂
	餐饮设施（9）	饮食 <3>、饮食不好、餐食不好、餐饮、食品、吃的、用餐不卫生
辅助服务	游客服务/接待（51）	（12）不重视、管理服务、应付、管理不到位、只重视宣传、宣传力差、敷衍、过度营销、接待条件 <2>、名不符实、夸大宣传； （22）服务 <7>、服务差 <2>、服务不好 <2>、欢迎态度、服务不够贴心、指导人员态度恶劣、工作人员、低素质、没有专业服务、服务不规范、服务态度不佳、服务太差、接待态度、工人积极性差； （17）为了卖东西、推销产品 <3>、推销、卖产品、引诱购物、卖东西、售卖多、商业气息重、商业气息浓、过度的消费项目、推销产品占用太多时间、推荐购物、商业性太浓、购物、强制消费

续表

辅助服务	环境清洁和美化（62）	（60）脏乱、卫生不好、环境<29>、环境差<9>、卫生<8>、不卫生、卫生差、环境不好<3>、脏乱差、陈旧破烂、环境脏、景区环境不好、环境粗放、环境不卫生、环境卫生； （2）没有绿化、没有植物
	人身和财产安全（43）	（19）安全<7>、安全隐患<2>、不安全<2>、保护程度低、危险、人身安全、环境不安全、环境不卫生、安全状况、安全、安全性； （23）有辐射、噪声<6>、污染<3>、空气不好<2>、空气<2>、空气质量不好、不污染、空气污染、化学味道、特殊气味、温度太高、光线昏暗、灯光暗、灯光太暗； （1）雨天措施

从表6-11可以看出，工业旅游者对景区不满意的因素和条件与前面点评的分析结果是一致的，目前游客对于现场吸引物的总体评价都是没有意义、无法深入、项目单一等，缺少能够亲身参与的互动体验活动项目；对于参观生产制作过程的不满意也主要是无法近距离观看、无法动手参与、只是参观；展览空间的展品和展示方式单一落后；对于工业旅游景区最重要的解说系统，游客尤其关注的是讲解员。讲解员的态度，专业知识，讲解方式直接影响到游客的满意程度；纪念品商店也是工业旅游现场吸引物的组成部分，价格、品质、相关性都会影响游客的满意程度。

一个以旅游为导向的企业应该不仅是作为一个纯粹的制造场所，而是一个制造体验的整体环境。产品和生产过程都应该被体验，让游客得到教育、娱乐和惊喜（Montonen和Tanski，2003）。一个产品制作最清晰地描述不能代替在实践中看到事情的发生。消费者不再对纯粹的有形商品感兴趣，他们寻找记忆和体验的无形产品（Pine和Gilmore，1999）。这一概念特别适用于工业旅游的环境，工业游客们认为更有吸引力的地方是，他们可以在那里看到、闻到、听到、接触和品尝产品的生产过程的地方，而不是那些生产过程很难被观察到的地方。

景区的可进入性在引起游客不满意方面扮演着重要的角色，许多的工业旅游景区都位于偏远的农村和偏远的工业区，最明显的一些采掘业和大型的发电厂等，在那里公共交通不便，乘汽车出行需要时间和精力。可进入性是工业旅游的一个重要条件。不管现场旅游有多吸引人，如果一个以旅游为导向的工厂不能从外部和内部进入，需求将降至零（Otgaar 等，2008）。这对于现有的工业旅游景区只能通过改善交通来实现，而这也给待建的工业旅游区一个提示，选址要为开设工业旅游考虑；门票价格再一次提出，工业旅游区一定要根据自身的定位，在门票价格的收取上做合理决策；景区的承载力也是游客关注的内容，游客过多，超过了景区的承载力，造成互相的干扰，嘈杂，进而影响到游客的体验，游客互动是旅游者追求愉悦的一条途径，处理不好就会阻碍游客获取愉悦体验。

便利设施主要是指景区所提供的一些旅游基础设施，这些服务和设施使一个工业场所被确认为旅游景点。除休息处，洗手间、便利店等必要的开展旅游活动所需要的设施服务之外，餐饮设施的提供也是必要的，尤其是一些地理位置较偏僻的景区应该设立餐饮服务，通常有限的餐饮服务是主要的服务和设施，如一些景区会开放员工食堂，既可以满足游客餐饮的需求也可以丰富游客体验。

辅助服务是由各种各样的商业服务和设施组成的，目的是满足游客的基本需求。辅助服务是所有利益相关者履行的职能，以确保工业旅游的成功运营，包括管理服务、环境和安全系统。国内的工业旅游企业，尤其是一些大型的国有企业，迫于国家政府压力，走形式的开展工业旅游，管理层和直接工作人员对待工业旅游的管理和服务不重视和敷衍，直接影响游客的体验质量；环境问题，一些工业企业，尤其是钢铁、电力、冶金、煤炭、机械等大型重工业企业，厂区往往空气污染较重，生产垃圾较多，生产生活环境较差，噪声、气味、辐射的存在，而旅游对环境卫生的要求又很高，这种巨大的反差严重阻碍了工业旅游的开展，也给游客的安全带来影响。另外应急措施也是游客关注的问题。

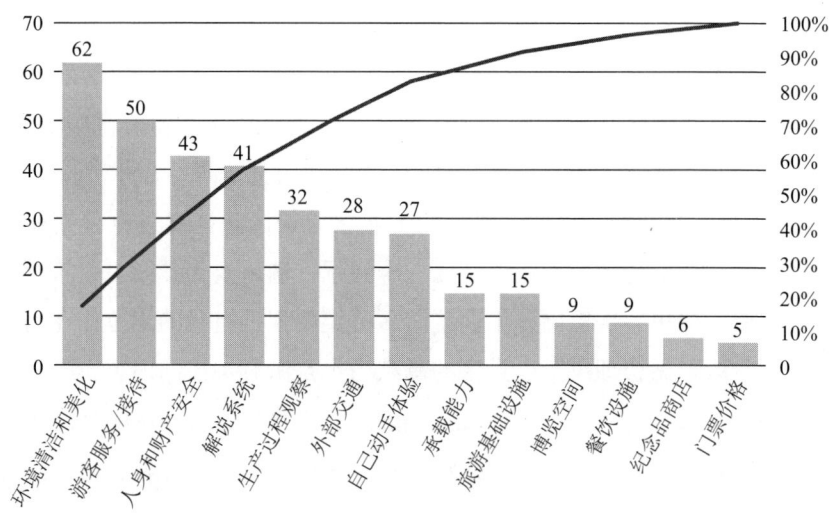

图 6-4　工业旅游者对景区不满意因素和条件类别排序

图 6-4 显示，造成工业旅游者不满意的条件和因素的类别中，排在前五位的是环境的清洁和美化，游客服务与接待，人身和财产安全，解说系统和生产过程的观察。环境的清洁和美化，游客服务与接待、人身和财产安全、解说系统这些是开展工业旅游的必要条件，究其原因是对工业企业的认识不足，对工业旅游没有做任何改善所造成的，是目前工业旅游景区普遍存在的现象，不把工业旅游景区当景区来经营，只是打开大门的生产场所，只是简单的开放部分生产过程的观察，这一核心吸引物也因为过于敷衍简单而造成游客的不满。那么为什么会这样，为什么不能像正常的旅游景区一样，进行改变，进行美化，最大限度地满足游客的旅游需求呢，工业旅游到底问题出在哪儿呢？本章并没有进一步地对其进行说明，然而只有解释了为什么会有上述的体验结果，才有助于进一步理解工业旅游者的体验，从而有效地进行工业旅游体验管理与体验设计。因此，第七章将对此问题进行分析。

第七章 工业旅游体验的具身障碍及其移除

本章试图对我国工业旅游发展中多种多样的实践问题以及本研究在第六章所进行的实证研究基础上所得出的工业旅游场景体验质量加以解释。结合前面文献回顾的结果可知,以往的研究总是聚焦工业旅游企业本身的特性(生产方式和产品)产品,即该产品对于旅游者的体验可能性问题。而影响游客工业旅游体验的因素,是否还有更为重要的机制和因素,值得予以深入的探讨,如是否是旅游者体验的可能性决定了工业旅游产品的价值呢?这样的认识,构成了本章研究的逻辑和问题起点。换言之,工业旅游景点的旅游价值,与一般的旅游吸引物在体验的身心一体化程度方面,存在着很大的不同:工业旅游可能因其依托于工业生产作业的真实情境而使得工业旅游体验面临着巨大的障碍。那么,这些障碍到底是工业旅游的内在缺陷,还是工业旅游品质提升的潜力所在?回顾国内外相关领域的文献,本研究发现国内现有的学术研究对此尚未涉及。将这一问题移至更大的理论范畴去审视的时候,则进一步发现,其恰好可以利用最近几十年来发展起来的具身理论加以探讨。本章就是在具身理论的指导下,对影响工业旅游场景体验进行系统的研究。

7.1 具身障碍与障碍移除:理论概念的生成

7.1.1 具身障碍概念的生成

基于工业旅游场景体验质量的研究以及对工业旅游游记和访谈文本进行多次的回返性阅读之后,一个基本的观念逐渐从文本资料中浮现出来：工业旅游体验的具身障碍问题。为此，研究工作便从这一主题性的开放式编码开始，渐次展开了一个二阶段编码过程，即开放式编码和轴心式编码。开放式编码的操作，由两名研究者分别进行，先将与上述主题相关的符码全部抽取出来，并组织讨论，在讨论中不断明确各符码的含义，将重复性符码进行合并，对无关符码予以删除，再加以总结。随后，重新审视现有资料，为增进编码的效度进行二次开放式编码。这两次编码就完成了初步的概念化过程，并得到了124个自然概念。由于在阅读相关符码的过程中，与"可进入性"相关的符码构成了全部符码的主体，因此，在轴心式编码阶段，结合概念化结果，本研究的范畴化成果便体现在基于具身体验的可能性和充分性两个指标的基础上而形成的新的范畴，这就是根据符码之间的相关关系（语义和逻辑）所生成的16个新的范畴。它们分别是：功能性障碍、物理障碍、安全障碍、制度障碍、时空障碍、移除困难、障碍克服、障碍遮蔽、参与能力、参与态度、游客间交往、场景、刺点、感官体验、移情性浸入以及具身模拟。以上范畴的生成过程遵循了严格的扎根理论编码程序。

为了压缩篇幅，本章只以示例的形式，分别展示部分开放性编码和轴心式编码的工作过程，如表7-1和表7-2所示。

表7-1 开放性与轴心式编码示例（基本）

原始语句及开放式符码	概念化	范畴化
这里面所有的东西都是酿醋的设施，不能随便触摸的。（THCY-MFW-2015-07-15） 纯阳洞是一个存放、发酵白酒的地方，进入里面需要穿消毒的白大褂，不能开手机相机，手还要进行去静电处理，防止引爆，所以里面无法拍照。（LZLJ-MFW-2014-07-07）	产品安全	安全障碍
从矿井出来，是一个"中国古代壁画"的展览，讲解员说虽然这些壁画不是原版，却是工作人员照着原图100%临摹的，有些壁画的原版都不在中国了。这些壁画有些来自佛窟，有些来自墓葬，有些来自寺院，每个面积都很大，上面的图画精美绝伦，让人惊叹不已。而且把各个朝代的壁画陈列在一起，让人可以更容易看出不同朝代的风格差异及技艺变迁，使人获益良多。可惜的是，这里不允许拍照，只能把这些精美的文物留藏在脑海里了。（TYMT-2013-05-10） 黑毛驴养殖，只接受团队考察参观，涉及工艺保密问题。（DEEJ-XC-2015-12-20）	产品隐私	

续表

原始语句及开放式符码	概念化	范畴化
即便是客户定制储存的，也会贴着禁止拍照的标识。（FT-YTZYJZ）	客户隐私	
之所以不用真实的矿井，是因为矿井开采完后，地层中间被挖过，随时都有塌方的危险，因此绝对不能再进入的。（TYMT-MFW-2013-05-10） 深入地下看起来是很恐怖的一件事。但景区的安全措施做得很到位，首先要戴好安全帽以防碰头，前面会有导游带路，工作人员也会押后避免矿洞内遗漏人。（KL-XC-2017-12-30）	游客安全	安全障碍
珐琅厂比较有特色的是，你在不打扰工作人员工作的情况下，是可以到工作人员工作台前近距离观察的，但是不可以触摸产品，因为很多是半成品。（FLC-MFW-2014-09-12）	生产运营	

7.1.2 与具身障碍相关联的其他概念的生成

运用同样的编码程序，笔者将编码的主题视野扩展至更广泛的范围，十分幸运的是，一系列新的概念、范畴乃至主范畴从符码中浮现出来。总体上，除了对应于丰富的概念而产生的多个新范畴之外，本阶段共得出 5 个主范畴，分别为具身障碍、障碍移除、移情参与、场景组织、具身实现。事实上，这些主范畴所涵盖的现象历来是工业旅游研究领域所未曾涉猎的，它们所拥有的理论阐释力也可能是前所未有的。表 7-2 仍以部分举例的形式，展示本阶段编码过程所形成的各主范畴与其下位范畴及统领概念间的关系。

表 7-2 轴心式编码形成的主范畴（扩展）

主范畴	对应范畴	包含概念
具身障碍	功能性障碍	生产线（生产车间、操作工人、流水线、传送带、冷却设备、发酵池、糖化锅、包装生产线）、酿造过程（酿酒现场、酒桶、酒缸）、高温高热氛围（倒钢水、钢花四溅、热火朝天）、精彩瞬间（发射塔、火箭点火升空瞬间）、化学变化（核反应堆、酒精发酵）、制作工艺（碾碎、清洗、捞纸、制药、烧陶、缫丝、织造、印染）、开采作业（矿坑、油田、煤炭开采）、参与制作（影视拍摄）

续表

主范畴	对应范畴	包含概念
具身障碍	物理障碍	隔离（铁链、高空廊道、玻璃隔离、栅栏）、灯光（昏暗、刺眼、黑漆漆的、光线暗、明亮点的、暧昧的灯光、和煦的灯光）、厂房那么破旧/破败、气味（辣眼睛）、噪声、设施、卫生、触感（高温、高热、寒冷、潮湿）
	时空障碍	空间（只能在边上、位置很不好的地方）、角度（俯视、远处模糊、最贴近的观景点、换个角度看）、规模（空间很小、地方不大）、时机（没有开放、没能看到、不是啤酒节、杨树开花）、时间（维护、休息日）、尺度
	制度障碍	提前预约、年龄限制、既定线路、强制陪同、差别定价、生产线（部分开放）
	安全障碍	产品安全、产品隐私（配方、工艺）、客户隐私、游客安全、生产运营
障碍移除	移除困难	高危环境/瞬间（规定好的游览线路、遵守企业的规章制度、无菌的环境、坍塌可能、钢花四溅）、干扰生产（卫星发射）、无法参与（酵母扩大培养、酒精发酵、核反应堆、挤奶、牲畜屠宰）、生产线分布广（后发酵的经历时间一般在20天左右、只看到包装车间、只看到1780生产线、发酵车间不开放）、失传技艺（设备淘汰、工艺落后）、保质期是非常非常短的、成本高（品尝茅台美酒，不过要收费）、保密工艺、工艺复杂
	障碍克服	观光廊道（铁链、高空廊道、玻璃隔离、栅栏）、参观装备（安全帽、鞋套、工作服、护目镜、头灯）、参观线路（固定、部分、不能随意走动）、组合线路（结合周边景点）、观景点、最佳拍摄位置、景区交通工具
	障碍遮蔽	解说展示（人员解说、拟化展示、AR、4D电影、模型、动态模型、场景复原、缩微模型、蜡像、实物、视频、图片、文字、不可移动老设施、老场景、老物件、产品、工艺品、仿真、微型、实景模拟、5D、借助工具）、视觉景观（装饰物、雕塑小品、灯光、自然景观、人文景观、绿化、清洁卫生）、气味景观（产品气味弥漫）、味道景观（品尝）、音乐景观（旋律、意境和表现的内容）、触摸景观（产品、设施、设备）、节奏景观（游览线路中穿插）、体感景观（高温、高热、潮湿、冰冷）、叙事景观、记忆景观、建筑（博物馆的几何外形更加分明）、游憩项目（娱乐项目、节事活动、舞台表演、DIY活动、娱乐设施、定制产品）、服务管理（景区规划、景区维护、游客管理、服务设施、电子支付、网络信息、网络购票、即时信息更新、营销宣传、区域交通）、交往互动（企业员工、工作人员、导游人员）

续表

主范畴	对应范畴	包含概念
移情参与	参与能力	工作经历、旅游经历、家庭生命周期、个人兴趣、个人技能（体力、知识储备、欣赏能力、理解能力）、经济状况、闲暇时间、"多中心型"个性特征
	参与意愿	积极参与（刺激）、被动参与（刺鼻、没什么可看的）
	游客间交往	游人非常的少、冲突（注意秩序、喧噪不止、闪光灯依旧不断）、互助（一起听讲解）、模仿、方便、安全、竞争
场景组织	场景	园区（大门就很有特色、室外景观）、生产线（远距离观看、定制路线观看、自由观看、参与制作、可触摸）、功能区（品尝区、购物区、娱乐区、休息区）、遗址遗迹、展览区（实物展示区、产品、工艺品、衍生品、实物）
	刺点	最值得一看、小高潮、印象最为深刻的、今生难忘、最吸引的、瞬间被打动、独特瞬间（卫星发射、油井出油、钢花四溅、啤酒流出、大坝放水）
具身实现	感官体验	感觉（视觉、听觉、触觉、嗅觉、味觉）、身体感觉、运动觉
	移情性浸入	珍惜、理解、尊重、亲情、触景生情、喜欢、厌恶、感叹、害怕、震撼、愧惜、窃喜、满足、失望、怀旧、反思、遗憾、庆幸、移情、联想、惊艳、努力、同化、国家意识、敬畏历史、认同、自强
	具身模拟	回忆、情景再现

7.1.3 选择性编码

（1）发展故事线。

根据主范畴的基本含义，可以识别出其间存在的典型关系结构，如图7-1所示。以此为基础，发展出能够串联、描述整个旅游现象的故事线。即影响工业旅游体验质量的重要因素是具身障碍的存在，它影响了旅游者对工业旅游的感官享受、知情意体验和具身模拟。而想要打造出成功的工业旅游体验，需要通过企业供给方的障碍移除、突出场景的打造、工业旅游者的移情参与、游客与场景的积极互动来实现。

具体来说，工业旅游产品的特殊性决定了开展工业旅游的过程中，存在固有的影响具身体验的产品特性，最突出的表现是安全障碍，这一障碍会进一步折射出与之相符的制度障碍、时空障碍和物理障碍。凭借供给方积极主动地采取措施以移除障碍，所有的具身障碍都分布在工业旅游场中各个具体的场景，这些场景串联在游览线路上，在移除这些障碍的基础上打造突出的旅游吸引物，即突出的场景，从而抓住游客眼球的刺点。在这样的场景中工业旅游者的移情参与互动是获取满意的具身体验不可缺失的干涉变量。

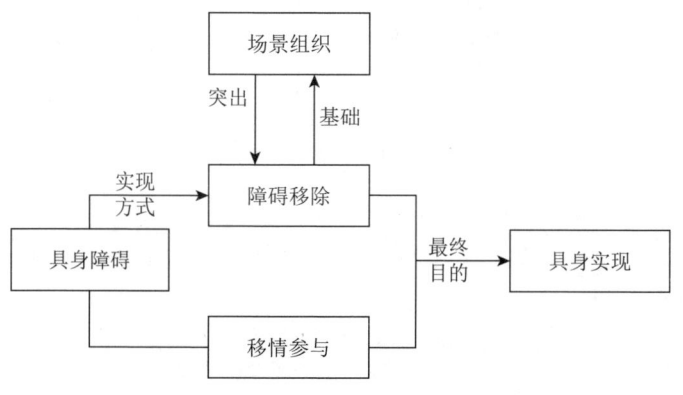

图7-1 主范畴的典型关系结构

（2）抽取核心范畴。

根据以上故事线所描述的内容，将工业旅游体验理论化为"具身实现"。尽管工业旅游的发展过程中存在着大量影响游客体验的具身障碍，但通过障碍移除，以及在此基础上突出的场景组织，配合以游客的移情参与，最终都能获得具有感官享受、知情意体验和具身拟化体验的具身实现，进而实现满意的具身体验。

7.1.4 理论模型的构建

经过对留存的文本做饱和度检验，得出没有产生新的范畴的结论，由此说明已经达到理论饱和。然后围绕核心范畴和故事线，构建工业旅游具身体验模型，如图7-2所示。

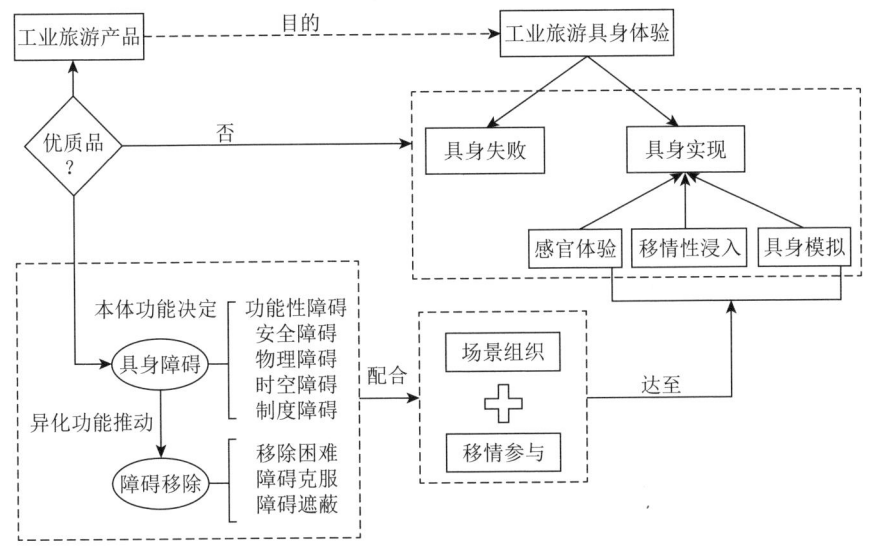

图 7-2 具身体验的实现：工业旅游具身体验模型

7.2 具身障碍是工业旅游的显著特征

当把旅游者的旅游需求转变为现实有效的旅游需求时，我们需要假设旅游供给方会尽力把旅游产品设计成可以让旅游者得到更好的旅游体验的产品，但是对于工业旅游来说，由于其本体功能限定，其活动设计仍要以保证生产运行为前提，因此可能无法做到让旅游者获得全身心的体验。如：

"国窖 1573 酿酒现场，由于现场极高的环境要求，游客只能隔着玻璃观看。走马观花，也可以感受到酿造现场的要求之高。"（LZLJ-XC-2015-10-14）

由此，我们也可以判断，存在具身障碍是工业旅游的一个显著特征。

7.2.1 功能性具身障碍

"游"的思想，就其本质而言，是人类克服身体障碍、实现身心自由的一种精神诉求，从卧游、神游甚至到梦游，体现的都是人类利用自由意志对身心羁绊寻求突破的努力（龚鹏程，2001）。谢彦君将旅游需求实现的客观障碍归纳为空间隔障、时间约束、文化差异、社会责任与身心障碍（谢彦君，2015）。不过，即使在讨论这些障碍时，作者也已经注意到，这些障碍事实上也构成了旅游的魅力之源。就一般的旅游产品而言，人们总是会努力将这些障碍最小化。这意味着，旅游必然要面对种种障碍，旅游即为克服存在性障碍而生。

但是，正如第四章所提到的，对于工业旅游来说，由于其本体功能的限定，旅游活动的设计必须以保证工业生产的正常运行作为前提，因此，作为一种并非纯粹为旅游而存在的工业生产现象而言，依附于它而开展的旅游活动，也就不可能做到让旅游者自由地体验工业作业场景的各种活动。所以，具身障碍是工业旅游的显著特征。这也是工业生产与旅游活动二者因其本体功能之间的差异而自然形成的结果。

功能性障碍指由于工业旅游产品本体功能的需要，工业旅游供给方会有意隔开旅游者与旅游产品，从而导致旅游者不能进行具身体验。具体来说，可以根据不同的产品类型来进行分析。比如，酿造业，由于其安全生产环境的需要，供给方会有意将旅游者隔离在运作范围（即生产线）之外，采用的方法如设置玻璃墙等；采掘业，其开采过程极具高危性，供给方不会对旅游者开放这一部分作业过程，采用的方法如模拟过程或视频展示等；航空航天业，其精彩之处在于发射的那一刹那，而这对时间、对安全又会有很高的要求；工艺品制造，其工艺的隐私性，原料、核心技巧有时是需要对大众保密的，在这一环节，供给方会有意隔开旅游者；化工产业，出于对游客人身安全的需要，以及对化学反应环境的需要，旅游者更是被远远地隔离在远距离之外。而这些被隔离的生产线、开采作业过程、精彩瞬间、核心制作工艺、化学反应过程又是工业旅游者的核心诉求，所以功能性的障碍一方面是形成旅游者具身障碍的根本性因素，同时又是对旅游者形成吸引力、形成魅力的重要因素。

7.2.2 连带性具身障碍

在表 7-2 中，通过轴心式编码所获得的具身障碍诸范畴中，除了功能性障碍之外，还有安全障碍、时空障碍、物理障碍和制度障碍。显然，这些障碍表现为工业旅游产品供需间的矛盾状态。从供给方的角度来说，这些被需求方视为障碍的因素，其实是工业运营的一种内在要求和理性设置，取决于其本体功能的独特性。但从游客具身体验的角度出发，这些设置则构成了具身体验无法完美实现的多余设置（在此暂且不在更深的层面探讨这种障碍本身具有双刃剑性质的"赋魅"功能）。这一点，在对游记材料的分析中，能够清晰地看出来，游客总是依据是否影响其具身体验来衡量这些因素，同时就此做出价值判断。图 7-3 从游客具身认知的角度对可能的障碍因素加以概括，系统地呈现于一个综合框架之下。

不难想象，由于其本体功能的限定，有的工业旅游景区在向游客开放的同时还在运行生产。在这种情况下，不管是出于产品生产制作的安全保证，还是对进入一个具有安全隐患的场所的游客人身安全的保证，或是考虑到产品的商业秘密，都必须在游客观光区域与工业生产作业区域之间建立安全隔离屏障。这些屏障，有的是某种物理存在，如在真实生产线外设置玻璃廊道、铁链等隔离设施；有时，这些屏障是制度性的，如进入生产线必须要由工作人员陪同，只能走某些规定线路，需穿消毒服；还有一些屏障则来自生产与游览在时间节奏上不可避免的不协调等。此外，一些影响游客旅游体验的气味，如"可能就是在参观那个生产空间有个流水线，有一个观看啤酒包装的，塑胶味比较大，经过那一块的时候就想快点走，不是很想停留时间。XC-QP-FT10"环境等因素，尽管可能会增加游客体验的情境真实性，但是却也可能成为他们具身体验的实质性障碍。这些因功能障碍而引致的物理障碍、制度障碍、时空障碍和安全障碍，与功能障碍一起，构成了工业旅游具身体验的消极影响因素。因此，提升工业旅游体验的质量也需要解决这些问题。

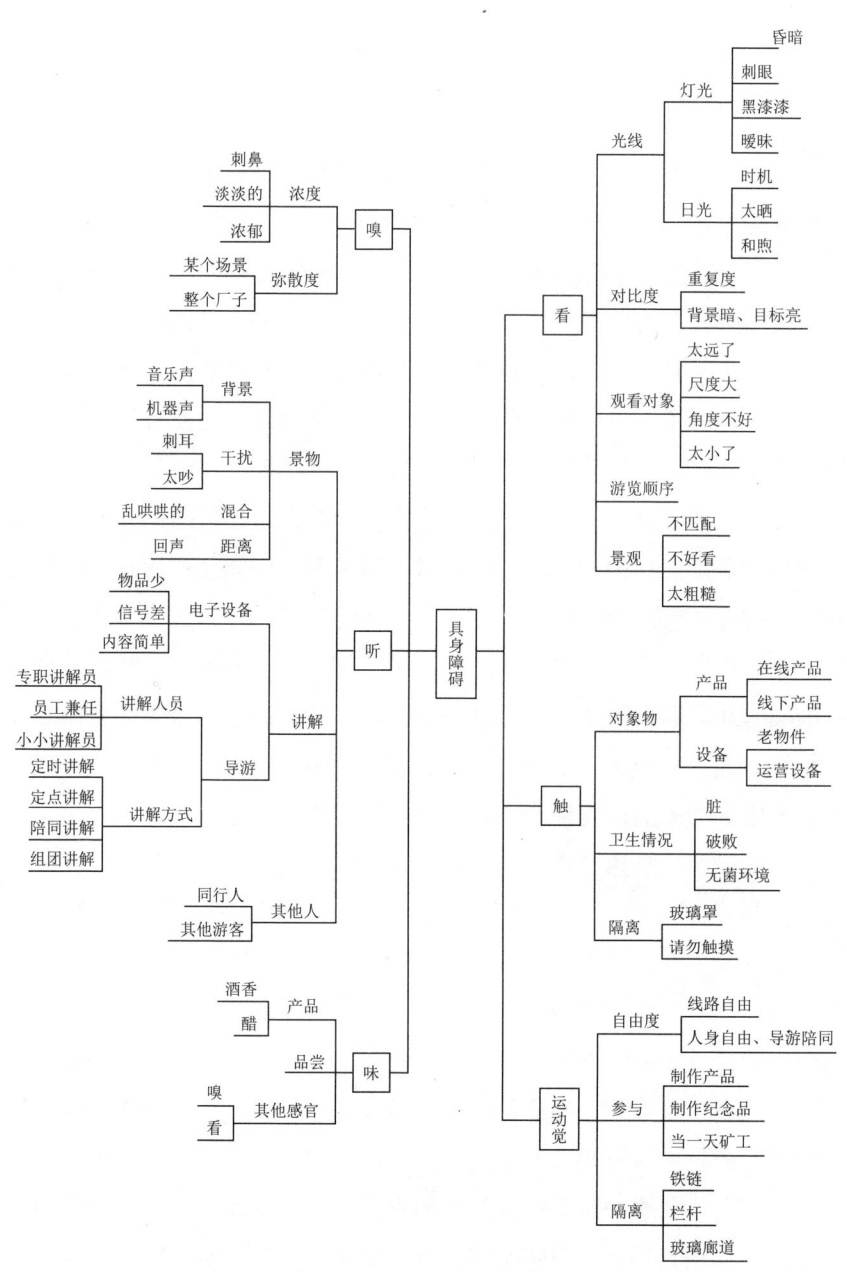

图 7-3　影响工业旅游具身体验的障碍因素示例

7.3 障碍移除

如前所述,工业旅游是工业+旅游的产物,是在工业场所照常发挥其运营的本体功能的同时,借助于本体功能的异化而实现旅游过程的。在开展工业旅游的不同工业企业中,由于其本体功能的不同,其可供具身体验的可能性就会有很大差别,原因在于其本体性的功能障碍及连带性的具身障碍都会有所不同。越是功能性障碍大的工业企业,其连带性障碍也会更多、更难以逾越,想要移除这些障碍的难度也就越大。如核电站、卫星发射基地在开展工业旅游时的具身障碍就比一般的企业更大、更多,移除这种障碍的难度也相对较大。因此,针对不同类型的工业旅游活动,具身障碍的移除需要设定不同的目标、采取不同的方式。我们应该明白,有些障碍是不可移除的,因为它们是工业旅游的本体论性质所决定的;而有一些障碍是可以通过移除、克服、遮蔽等手段来消除并进而实现具身体验的。但不管如何,具身障碍并不能彻底消除,否则就不能称为工业旅游了(见图7-4)。具体的情形可以包括以下几种。

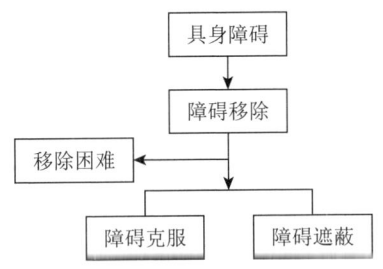

图7-4 障碍移除过程解析

7.3.1 移除困难

在工业旅游中,某些具身障碍尤其是本体性功能障碍是移除不了的,这是由工业旅游的本体功能决定的;换言之,工业旅游如果没有此类障碍,本质上就不再是真正的工业旅游了。从这一点来看,本体性功能障碍甚至一些连带性的具身障碍的存在,可能正是工业旅游的魅力所在。例如,核电站的反应堆就是不能近距离观看的,它需要在周围加上一层一层的铁丝网、栅栏,而这些铁丝网和栅栏是不能移除的,这种情况就是所谓的移除困难。

7.3.2 障碍克服

障碍克服是指通过增加设施、设备和服务,或者通过制定一些制度规定来降低或转移由于工业旅游产品的特性所决定的本体性功能障碍以及相应引致的连带性具身障碍。这些障碍通过巧妙的转换,丰富体验内容,在保证工业场景的真实性的同时不仅会转移固有障碍对游客体验的影响,反而会促进游客体验质量的改善,例如:

(1)设置观光廊道。设置专用的观光廊道是工业旅游克服具身障碍的通常手法。借助于此类设施,游客可以从一个适当的、安全的角度来观看整个作业过程。玻璃墙可以让参观者站在离这一过程非常近的地方,但同时也能保护他们不受伤害。而且,创意观光廊道也会丰富游客的旅游体验。

(2)配备参观装备。在参观期间,给游客们配备一些保护装备,如安全帽、工作服、安全眼镜或靴子等,不仅会克服某种具身障碍,而且会提升具身体验的仪式感,增加工厂旅游体验的真实性,也使游客确认他们进入了一个危险的地区(Frew,2008)。这些装备所带有的企业独特的符号化标志,也会丰富游客的体验。

(3)调整参观线路。有很多工业生产环节和场景是不足以唤起旅游者兴趣的。比如,拥有重型机械的工厂需要引导游客前往工厂的一小部分区域,从而避开了过于笨重、乏味的机器(Bregman,2011);厂区范围大的工业旅游企业,整个生产工艺流程可能分布在不同的区域,距离较远,或者工艺流程非常复杂,环节多而且彼此独立,或整个过程中只有某些特殊的"点"才是游客最感兴趣的。在设计此类工业旅游的参观线路时,就可选择这样的高光点来对游客开放。例如,对于卫星发射而言，游客最关注的就是火箭升空的那一刻；鞍钢工业旅游，向游客展示的也是转炉钢花四溅的那一刻；茅台酒厂游客参观的是"茅台酒厂的包装车间"。这些都是为了在保证企业的正常生产运营的同时最大限度地满足游客的需要而对游览线路做特殊地组织，这样不仅可以集中"精华"，而且也可以保证游客的安全。

（4）指定观景点/拍摄点。观赏景物的位置不同会形成不同的观点，从而影响旅游者的观赏效果（谢彦君，2015）。一些工业旅游区存在单体核心景观规模大，占据空间分散。通过设置观赏点和最佳拍摄点，虽然限制了游客观赏的自由，但是却把景观最好的一面呈现给了游客。例如，三峡大坝景区中的坛子岭景区是观赏三峡工程全景的最佳位置，游客在欣赏三峡大坝的雄浑壮伟的同时还可以观看壁立千仞的"长江第四峡"双向五级船闸。

（5）安排景区内交通。为了保证正常的生产运营和出于对游客与企业安全的考虑，有些景区规定进入时必须乘坐企业提供的专用交通工具，游客会觉得这种方式限制了它们的自由，然而变换多样的交通方式是可以转移这种障碍的，也移除了由于厂区过大，游客在里面迷路的情况。

7.3.3 障碍遮蔽

工业旅游的本体性功能障碍以及连带性具身障碍也可以通过放大其异化功能而得以遮蔽，如通过提供丰富而生动的解说系统，增进游客体验和感知产品的心理深度等。

（1）解说展示。通常，获取知识是工业旅游的主要吸引力（Soyez，1993，引自 otgaar，2010），能够提供工业知识和工业文化是成功地将一个工业用地改造成一个旅游工厂的重要因素（Fan，2009），因此，精心设计的解说和展示系统可以帮助游客更好地了解工业知识，发现工业文化的美。借助于现代科技手段，一些工业旅游地能提供十分逼真、形象、生动的展示过程，尤其是，一些动态的展示方式还具有营造空间氛围的效果，使游客、展品与空间之间产生更加良性的互动。图 7-5 是通过对游记文本资料的处理而概括出的工业旅游的展示方式。

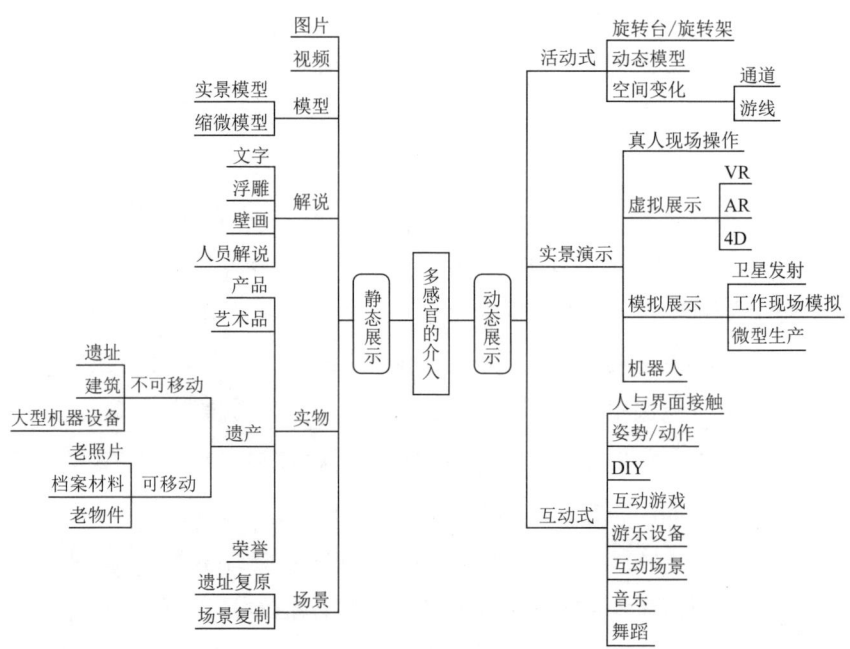

图 7-5　工业旅游的展示方式

（2）园区景观设计。景观设计是一般景区的主体内容，每个景区都是根据主题对单体景观、组合景观进行空间和时间安排。而对于工业旅游点来说，适当配合富有特色的园区景观设计，则可以对克服工业旅游体验中的具身障碍产生补偿性价值，从而增进工业旅游者和景观的互动。在这方面，可以考虑的主要是亲近性景观、相关性景观、叙事性景观和感知景观的设计，其目的均为克服工业旅游的具身障碍。

亲近性景观。游客对很多工业旅游产品的直观感受大多是遥远、僵硬、冰冷，远离世俗生活，既缺乏视觉的冲击力，也不具备情感的感染力，不适合游览，如一些钢铁企业、核电企业，这样的企业开展工业旅游就应该以拉近与人们之间的距离为原则，在园区景观设计方面有意组织一些拉近游客与景观情感联系的景观。例如：

"展柜中陈列有琳琅满目的物品,都是我们生活中常见的日用品,但其实它们都是煤炭的衍生产品。"(TYMT-MFW-2013-10-23)

相关性景观。工业旅游的其中一个重要作用就是对企业进行宣传,可以借此来增加市场占有率,因此企业将产品设计的更景观化,可以给游客留下更深刻的体验。另外,景区设置的装饰物、雕塑小品要与企业的产品和文化相关,不能脱离企业的背景,否则会让游客觉得突兀、做作和不可理解。

叙事性景观。叙事性景观就是通过"讲述故事"的方法进行景观设计,这样可以通过最易被使用者理解和接受的方式实现延续文脉和科普教育的目标,将工业产品的文化、历史和知识更好地传达给游客。例如,山西汾酒文化景区在草地上设置了一头汉白玉雕刻的黄牛,牛背上的牧童拿着横笛,后面的山石上立着石碑,上题杜牧的"借问酒家何处有,牧童遥指杏花村",直观形象地对这段历史小故事进行了诠释。

感知性景观。在游记资料中,除了普遍以视觉景观作为工业旅游的主要对象物之外,人们大量提到一些其他个人感知体验。例如,声音景观的调性、旋律、意境和表现内容也会影响游客的体验效果。触觉景观主要是指游客在游览过程中的动手欲望,游客触摸、接触到产品,动手参与制作的过程,包括触摸设备设施等,都可能令他们难以忘怀:

"在蒙牛挤奶体验台,可以看看你挤一次牛奶需要花多长时间。"(MN-MFW-2016-11-26)

在工业环境中,常常会出现高温、高热、冰冷、潮湿的体感环境,如何有效地将这种环境转化成景观,是工业旅游必须考虑的问题。凡是可以组织、设计和恰当表征的此类环境,都具有成为景观的潜力。

(3)娱乐项目。据过往研究所得到的结论,娱乐质量是成功将工业用地改造成旅游工厂的三个主要因素之一,它主要是通过DIY的项目嵌入,促使游客能够获得具身体验,达到娱乐的目的(Fan, 2009)。丰富多样的娱乐项目、节事和表演活动,都可以丰富游客的游览内容,增加游客的体验。

使用扎根理论对游记文本进行分析的过程中，有关具身障碍移除的材料，还涉及借助于交往互动、移情参与和场景组织等主题。

7.4 游客移情参与

游客的移情参与可以说是工业旅游具身体验实现的干涉变量，工业旅游中固有的具身障碍会影响游客最终的具身体验的实现，但即便工业旅游供给者的障碍移除不够或者不充足而导致其特色不突出，不鲜明，倘若能够帮助游客充分调动自己的主观积极性，也会取得令人满意的体验效果。

旅游期望是对满意的旅游体验的一种心理预期（谢彦君，2015），旅游者为了得到满意的旅游体验，即使当现实的旅游体验没有达到预期时，如果通过积极的态度和行动去捕捉旅游目的地所能提供的其他旅游乐趣的机会，旅游者依然能够获得满意的旅游效果，例如：

"听说要去葡萄酒庄品红酒，心底里就有了些许的兴奋，倒不是馋酒，只是喜欢品酒环节。似乎用浪漫不足以说明问题，但内心深处总是感到一种特殊的享受、一种尽情地回味、一种不可名状的留恋……"（XXW-YJ-XC-2017-06-14）

7.4.1 人口统计学特征

工业旅游者的旅游经历、家庭生命周期（主要指有老人、孩子的家庭）、个人兴趣和技能水平以及个性特征均对工业旅游体验具有较大的影响。而年龄，社会阶层和教育程度等社会人口学特征对体验的理解用途有限（Prentice，1989）。

旅游经历。旅游者都是带着自己的经历上路的，生活在现代社会的他们在出发前往往对旅游地并不陌生。通常，旅游者与景物之间的初次接触一般都来自事先对于这个景物的某种描述，而不是景物本身（马天，谢彦君，2015）。诗词、小说、歌曲、电影、电视剧、广告、新闻、社交媒体等让人们在未抵达旅游地之前就对其有所了解。同类旅游目的地的旅游经历也会使游客通过对比找差异,进而影响到当下的旅游体验,例如:

"说实在的,在我的印象中,作为世界上的最大水电大坝,应该是很大很雄伟的,可是走到跟前一看,和一般的水电站没啥区别,可能是坝体大多淹没在水中,看不着落差吧!"(SX-MFW-2016-08-07)

同样,旅游经历的增多也会使游客对于工业旅游有着特别的期待和不一样的体验,例如:

"随着旅行经历的增多,千篇一律的美景古迹等已经使大家失去了兴趣。这时,另一个旅游方式渐渐吸引了大家的目光,那就是工业文化旅游。'中国梦,梦之蓝'。来到宿迁,不得不提的就是洋河大曲。"(YHJC-XC-2017-05-18)

工作经历。对游客来说,有过工厂工作经历的旅游者会因为这样的经历而对工业环境有着特殊的情感,带着怀旧的心理。但也会有旅游者因为对工厂的熟悉而拒绝再次进入。同时,没有踏过工厂大门的旅游者往往会因为好奇、因为神秘而前往。

家庭生命周期。工业旅游者中孩子和老人是特殊的一部分群体,有孩子的家庭会把工业旅游作为一个家庭共享空闲时间,在体验过程中更注重对孩子的工业知识和文化的教育以及娱乐,老人则更倾向于追忆过去的时代。

个人兴趣和技能。工业旅游者在工业方面会有一种特殊的兴趣(Evenepoe,2006)。兴趣是促使游客出游的根本所在。米哈里·契克森米哈与I.S.契克森米哈等(1988)认为当人们在追求休闲时,其满意程度完全取决于他们面临的挑战的程度和应对挑战的技能之间的关系。如果挑战超越了技能,参与的积极性会降低;如果后者超过了前者,则会产生枯燥厌倦之感。在工业旅游中,由于游客本身专业知识的匮乏、体力的欠缺、动手能力有限,可能会对体验的质量产生影响。

个性特征。美国心理学家斯坦利·普劳格(S.Plog)将人的个性心理特征分为"自我中心型"与"多中心型"两种对立性格。工业旅游者往往属于那些"近多中心型"旅游者，他/她们厌倦了传统的旅游类型，对新的特殊的旅游类型充满期待。

7.4.2 体验态度

态度可以体现在两个对立的方面：一种是积极的态度，一种是消极的态度。面对同样的障碍，不同的旅游者会得到不同的体验效果，有的会觉得特别、特殊、有趣，而有的游客会很讨厌。例如，太原东湖醋园景区，有些游客会认为陈酿的味道刺鼻，无法呼吸，想要逃离；而有的游客会认为这是一个特别的体验，比较刺激。

7.4.3 游客间交往

游客间的交往包括结伴出游的旅游者之间的交往和邂逅于旅游目的地的旅游者之间的交往。由于工业旅游的安全障碍、制度障碍、物理障碍等因素会带来游客之间在资源上的争执，冲突，如人数的限制，导游分配问题等，因此游客之间的相互尊重和涵养往往是必不可少的。同时，游客之间的互助、帮忙、交流也会增加游客的体验。

7.5 场景组织

场景是非常重要的，面对场景的时候我们会产生联想，联想是一种心理现象，他是人在相关条件和特定的环境刺激下，面对客观对象引发出对自己印象和经历中的自然、生活及社会现象的回忆和联想，并由此产生一定的感情，例如：

"在观看了制陶过程和见到很多小朋友在制陶的场景后，一刹那间儿时的记忆一拥而上占据了整个脑海！"（FPTY-2014-05-21）

旅游体验主要是一种在场体验，而旅游场景大体上是指旅游现象正在发生的现场，即旅游实际发生的具体场景（周星，2013）。工业旅游体验就是工业旅游者在工业旅游中"遭遇"的一个个具体场景。工业旅游的特殊性决定了它所展示的东西只是允许给外人看的东西，游客们到工业旅游景区也是要看到一些平常生活中看不到的，独特的，神秘的场景，这也是工业旅游产品的吸引力所在。而游客们在工业旅游区所看到的只是在一定范围内，一定区域内的，由旅游线路连接起来的各个场景，它一般包括园区环境，包括大门的设计、园区内外的设计和景观，生产车间的参观，功能区（包括诸如品尝区、购物区、娱乐区、休息区）、遗址遗迹展示区（不可移动的遗址遗物、建筑）和博览区（实物展示区、产品、工艺品、衍生品、实物）等几个具体场景。每一个具体的场景都是独特的物理情境和游客的心理情境所构成的，游客以具身的方式浸入其中，而场景会给游客提供可以具身的条件，这样的互动以实现情景交融。

场景中有一种可以称作"刺点"的独特的力，它能够发挥攥住游客的作用。在旅游景区的场景打造中，也需要打造出像"刺点"一样能够抓住旅游者内心的东西，这点尤其重要。工业旅游景区完全不同于一般的旅游景点，其不可能实现一般旅游景区对游客的完全开发，在满足开展旅游的前提下，需要根据自己的产品特征，企业特点，塑造其核心吸引物，也就是其核心的旅游场景。这样的一个场景可以起到以一当十，辐射全局的作用，工业旅游者可能就是为这一场景而体验，这一场景体验的满足会代替其整个旅游过程的满足。旅游场景包含不同的类型，可能是生产线，可能是遗址遗迹，或是博物馆类区域，娱乐区，园区环境等，而对这样的场景的组织和打造与人的具身活动的互动就会成为游客整个流程的一个"刺点"。只要这一核心的东西抓住了游客，游客对工业旅游的体验感就是满意的，例如：

"船闸是游客们喜欢驻足观看的地方。"（SX-MFW-一个酒窝的Echo-2014-11-04）

鉴于材料中所反映出来的关于工业旅游场景组织对于具身实现的重要意义，本研究将在第八章对如何进行场景组织展开更为详细的论述，并在最后给出具身实现是一种什么样的体验。

7.6 具身体验实现

具身体验是工业旅游体验的实现形式，那么具身体验到底是一种什么样的状态呢？通过本研究得出，游客们在描述具身体验的状态时往往会包含着这样一些内容：感官体验、移情性浸入和具身模拟等。

7.6.1 具身体验的内容

感官体验。通过视觉、听觉、嗅觉、味觉、触觉几种感官形成的直接感官体验是更高级的情感和想象活动的基础，它既包含着直接的生理快感，也是审美体验的出发点。这种快感有时来自整体氛围所形成的某种统合的感受，但大多时候，这种感觉可能来自个别的色彩、味道、乐音本身的感受，因为大自然本身就足以悦人耳目了（谢彦君，2015）。例如：

"山下冒着白白水蒸气的是烟厂车间，山上上下都是烟草和香料混合后的味道，很淡很香。"（HTSYC-MFW-2015-09-11）

移情性浸入。工业旅游中的情感体验一方面来自面对被参观的对象物所产生的情感，如震撼、恐惧、怀旧、惋惜等，它也是旅游者在当下情境中所产生的联想及移情性的心理活动。通过这种移情活动，旅游者的内心世界与感受对象形成了某种形式的契合，达到了情感的升华。当然，移情也是旅游者体验能力的体现，不同的旅游者对同一场景可能产生不同甚至相反的体验感。

具身模拟主要体现在对于此次旅游经历的回忆当中。当个体初次接触一个对象时，会产生多通道的知觉、运动及内省体验，如形态、颜色、声音、触感的知觉以及某种情绪状态。之后，当旅游者对这个对象进行概念加工或回忆时，个体的生物神经系统就会激活这些通道，从而模拟出类似的知觉、运动和内省体验，此时个体犹如看到、触摸、听到这个对象（殷融等，2012）。在所采集的游记材料中，旅游者在回忆其工业旅游体验时，会模拟出"钢花迸溅""酒窖的香气""生产车间的隆隆声""陶瓷的质感"等场景，这些场景形成了游客体验与回忆的"刺点"，变成记忆中不易消退的经验元素，而实现具身模拟的前提就是旅游者在旅游的过程中进行了优质的具身体验。例如：

"因为有很多噪声和温度是你不到现场去感受不到的，只有到了现场才能够看到这一个流程的震撼……"（AG-FT）

7.6.2 具身体验实现的三个维度

那么，如何能够使旅游者达到具身体验呢？通过对材料进行回返性阅读后发现，具身体验来源于三个方面的协同作用的连续谱系，共同影响具身体验的程度：身体、场景和互动。

在"身体"方面，形成由感官沉睡到感官唤起的谱系，感官可以是多感官通道的唤起，也可以是单一感官的刺激。

在"场景"呈现方面，形成由弱具身性到强具身性的谱系，包含从静态展示场景、虚拟场景、模拟场景体验、被隔离的真实场景和可具身的真实场景几个层面，这里的场景主要是指工业旅游中的核心吸引物的展示，如"生产车间"这个场景，从谱的左端到右端分别为生产车间的照片展示—用视频、虚拟技术展示出来的生产车间—在某个场地模拟出的小型车间（主要功能为参观而非生产）—被隔离的正在生产的车间—未被隔离、可参与的车间。研究发现，越是可感受的、可具身的场景，越会为游客带来"代入感"或移情融入式的体验，引发起其情绪的波动。

在互动层面，形成分离与浸入的谱系。互动主要是指游客与场景的互动，包括游客由具身体验带来的移情性浸入以及场景给自己的反馈。

综上，可以将具身实现做成这样一个三维的谱系（见图7-6）。从中可以整体性地看出，工业旅游当中决定具身体验质量的维度。事实上，结合前文的具身障碍来思考这些维度在改进具身体验质量方面的出路时，具有更为全面的观察视角。

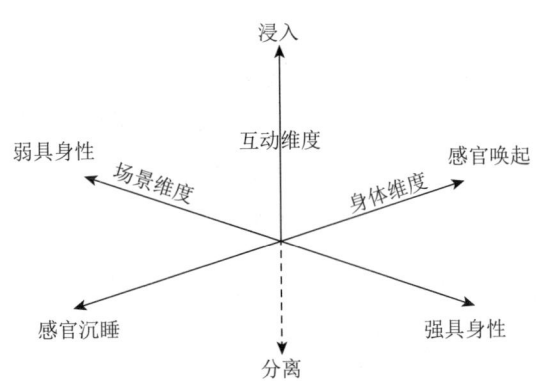

图 7-6 具身体验实现的三个维度

7.7 旅游者对阻碍工业旅游体验因素的认知

根据扎根理论的结果，将阻碍工业旅游具身体验的因素设计成李克特量表形式进行问卷调查，并将阻碍程度区分为四级，分别为"不会阻碍""极小阻碍""较大阻碍""严重阻碍"，并且按阻碍程度从低到高分别赋值1、2、3、4。变量的数值越高，意味着阻碍程度越高，其目的是进一步验证游客对工业旅游具身障碍的认知及其移除的可能。

7.7.1 工业旅游体验阻碍因素描述性统计分析

如表7-3所示，从平均值来看，阻碍工业旅游体验的因素中，现场有特殊的气味和因现场作业光线导致视觉不适两个因素的平均值超过了3，分别为3.1和3.0，说明这两个因素对工业旅游体验质量有较大阻碍，进一步对这两个因素进行分析发现，这两种因素都属于特殊的作业现场环境所决定的，属于工业旅游开展过程中的本体功能所带来的功能性障碍。

从众数来看，现场有特殊的气味的众数显示为4，属于严重阻碍；

现场属于特殊的高热、高冷或潮湿的环境,现场有作业噪声,参观距离太远,参观角度受限,因现场作业光线导致视觉不适和因作业的周期性而限制游览6个因素的众数为3,属于较大阻碍。这里可以将这7个因素划分为两类:一类是功能性障碍,如现场特殊的高热、高冷或潮湿的环境,现场特殊的气味,现场有作业噪声,现场作业光线不适和作业周期而限制游览;另一类是物理性障碍,如参观距离和参观角度受限。根据前文对障碍移除的分析,可知功能性障碍在工业旅游的开展中是有移除困难的,或者说是根本就不能移除的,而这里的参观距离和角度这两个所谓的物理性障碍也是直接受限于功能性障碍的,是工业旅游中固有的障碍。绝大多数人认为这两类因素阻碍了工业旅游体验质量,这也直接解释了为什么工业旅游的客源市场小,大多数人不认可这种旅游类型的原因。其本体功能所固有的功能性障碍使体验受限,间接也说明工业旅游必定属于小众旅游。

另外,设置固定的参观线路;设置玻璃、栅栏和铁链等隔离生产制作现场;强制性安排人员陪同;生产作业场景禁止拍照和无法参与作业过程的众数为2,说明绝大多数被调查者认为这5个因素极小或者不会影响到游客的体验,根据前文的分析,除了无法参与作业过程之外,其他4个因素属于制度性障碍,在调查的过程中,调查者也有与被调查者进行交流,很多的游客反映,像设置固定的参观线路这样的规定他们是能够理解的,那毕竟是工业生产现场,如果没有一些规定和制度会造成现场的混乱,反而会影响到游客的体验。

表7-3　工业旅游体验阻碍因素描述性统计分析

	平均值	众数	标准偏差	方差
设置固定的参观线路	2.04	2	.839	.704
设置玻璃、栅栏和铁链等隔离生产制作现场	2.25	2	.859	.738
现场属于特殊的高热、高冷或潮湿的环境	2.78	3	.874	.764
现场有特殊的气味	3.15	4	.849	.721

续表

	平均值	众数	标准偏差	方差
现场有作业噪声	2.82	3	.841	.707
参观距离太远	2.87	3	.734	.539
参观角度受限	2.89	3	.745	.554
因现场作业光线导致视觉不适	3.03	3	.759	.575
因作业的周期性而限制游览	2.64	3	.784	.615
强制性安排人员陪同	2.35	2	.907	.823
生产作业场景禁止拍照	2.20	2	.899	.808
无法参与作业过程	2.33	2	.909	.826

数据来源：根据样本结果统计分析整理

7.7.2 阻碍工业旅游体验的因子分析

根据上述的描述性分析，可以发现这些阻碍因素之间存在着不同强弱的相关性，如果单独分析这些影响因素，可能无法分析游客对阻碍因素的认知结构特点。因此，本研究考虑采用因子分析，将这12个影响因素综合为少数几个因子，通过这些公共因子来反映游客对阻碍因素的认知情况。

根据因子分析的结果，可以将12个影响因素提取出3个公因子，如表7-4所示，该表是因子分析总方差解释，三个因子的累计方差贡献率为62.715%，超过60%，且只有它们的取值大于1，说明前三个公因子基本包含了全部变量的主要信息，因此选择前三个公因子为主因子。

表 7-4　工业旅游体验阻碍因素因子分析的总方差解释

成分	初始特征值			提取载荷平方和			旋转载荷平方和		
	总计	方差百分比（%）	累积（%）	总计	方差百分比（%）	累积（%）	总计	方差百分比（%）	累积（%）
1	4.612	38.430	38.430	4.612	38.430	38.430	2.817	23.477	23.477
2	1.806	15.053	53.483	1.806	15.053	53.483	2.453	20.438	43.915
3	1.108	9.231	62.715	1.108	9.231	62.715	2.256	18.800	62.715
4	.832	6.937	69.652						
5	.687	5.729	75.380						
6	.597	4.972	80.352						
7	.552	4.602	84.954						
8	.446	3.720	88.674						
9	.402	3.349	92.023						
10	.381	3.174	95.197						
11	.318	2.648	97.845						
12	.259	2.155	100.000						

提取方法：主成分分析法

表 7-5 显示了实施因素旋转后的载荷矩阵。可以看到，第一公因子在"设置固定的参观线路""设置玻璃、栅栏和铁链等隔离生产制作现场""因作业的周期性而限制游览""强制安排人员陪同""生产作业场景禁止拍照""无法参与作业过程"六个因素上具有较大的载荷系数，第二公因子则在"参观距离太远""参观角度受限""因现场作业光线导致视觉不适"三个因素上的系数较大。而第三个公因子在"现场属于特殊的高热、高冷或潮湿的环境""现场有特殊的气味""现场有作业噪声"三个因素上的系数最大。此时各个因子的含义更加的突出。结合前面的扎根理论对于具身障碍的分析，可以把第一个公因子命名为制度

障碍，把第二个公因子命名为物理障碍，把第三个公因子命名为功能障碍。

从表 7-5 中可以看出，第一个公因子是在功能性障碍的基础上制定的制度障碍，为了保证生产现场的安全，开展工业旅游的过程中要设置一些人为的制度障碍，而这些障碍的本质是移除功能障碍的一种手段，即障碍克服的方式和方法。对这一类障碍进行巧妙的设计和安置，不仅不会影响游客的体验，还会丰富游客的体验内容。

第二个公因子是工业现场的物理情况所带来的。这 3 个影响因素所代表的是工业场所的客观环境，这个因子也是可以进行克服和遮蔽的。变量"因作业的周期性而限制游览"在公因子 1 和公因子 2 上的取值相差不多，都较显著。作业周期主要是指工业旅游景区是生产型企业，其生产作业是有周期性的，工人也是有节假日的，在节假日或休息时间，如果游客来参观就会观看不到生产作业的运作场景，会给游客带来遗憾。有的游客会认为这是无法避免的，但有的游客也会认为既然开展工业旅游，这个问题也是要改变的，因为毕竟开展工业旅游，进入的限制就应该减小。因此，这一障碍既属于功能性障碍，又属于物理障碍。

第三个公因子是功能障碍，这些与其说是障碍，不如说是其魅力所在，是不同于其他旅游类型的本体所在，存在移除困难。

表 7-5 工业旅游体验阻碍因素因子分析结果

旋转后的成分矩阵 [a]			
	公因子		
	制度障碍	物理障碍	功能障碍
设置固定的参观线路	.671		
设置玻璃、栅栏和铁链等隔离生产制作现场	.625		
现场属于特殊的高热、高冷或潮湿的环境			.821
现场有特殊的气味			.816

续表

旋转后的成分矩阵 a			
	公因子		
	制度障碍	物理障碍	功能障碍
现场有作业噪声			.690
参观距离太远		.780	
参观角度受限		.826	
因现场作业光线导致视觉不适		.720	
因作业的周期性而限制游览	.491	.461	
强制性安排人员陪同	.696		
生产作业场景禁止拍照	.747		
无法参与作业过程	.692		
提取方法：主成分分析法 旋转方法：凯撒正态化最大方差法			
a. 旋转在 6 次迭代后已收敛			

通过问卷分析所得到的旅游者对阻碍工业旅游体验的因素的认知情况与前面通过扎根理论方法所得到的具身障碍和障碍移除的范畴及命题形成了很好的契合。这进一步验证了具身障碍是制约工业旅游体验质量的重要因素。

第八章 工业旅游体验的场景组织

第七章的研究结果表明，场景组织是实现工业旅游具身体验的有效手段。那么，什么是场景组织，场景由哪些元素所构成，工业旅游场景所传递的是什么样的体验？本章将对这些问题予以说明。

旅游者需要通过一定的感官来体验旅游活动的存在感，这种存在感的寻找往往是通过最直观的视觉来获取的（刘宏芳，明庆忠等，2014），而为了让旅游者感受到不同的、有趣的或精致的异质场景和真正的旅游活动，场景的组织就成了重点，普通的工业场所在唤起旅游者的兴奋感和新鲜感方面远不及精心组织和设计的工业旅游场景，旅游者需要通过旅游场景的感官刺激来确认旅游活动的真实存在，并借助一些元素和符号来获得满足。确定哪些因素对促使游客参与工业旅游活动而非另一种旅游活动具有重要意义。这些与行业相关的目的地属性，结合了工业旅游体验，给游客带来了满足感和收益，是构成工业旅游场景吸引力的关键。

8.1 工业旅游场景元素构成

为了了解游客的行为，有效地应对游客的行为，有必要确定影响游客对旅游景点印象的关键因素（Wu，Xie 等，2015）。利用词频统计软件 ROST. CM6 对调查问卷中的第 18 题（您认为构成工业旅游的核心或其他元素有哪些？）进行统计分析，目的是从游客的角度来获取工业旅游场景构成的核心因素和重要因素。

8.1.1 核心元素构成：生产工艺流程、文化

在统计构成工业旅游的核心元素之前，笔者先将收集到的核心元素

的词汇整理到一个 Word 文档中，原始回答共有 148 个，首先对核心元素词汇进行初级处理。第一步是剔除"不了解""不知道""不明白"等无效答案，得到有效答案 145 个。第二步采取合并同类项的方式，将一些意思表达一致或相近但文字表述不一致的词汇合并成同一表达方式，例如，将"生产过程""生产流程""流程""过程"合并为"生产流程"，将"价值观""价值""企业文化""企业精神"合并为"企业文化"等。第三步将合并后的核心元素和其他元素词汇输入词频统计软件 ROST.CM6 进行分析，得到工业旅游场景核心构成元素 32 个（见表 8-1）。

表 8-1 工业旅游场景的核心元素统计

核心元素	频数	核心元素	频数	核心元素	频数
生产流程/工艺	16	真实	4	意义	2
文化	14	主题	4	引起兴趣	2
特色	12	好奇	4	与时俱进	2
科学技术	11	工业本质	3	喜欢	2
历史	10	人文	3	遗迹	1
传播知识	8	区位	3	现代化	1
企业文化	8	吸引力	3	旅游	1
产品	6	企业实力	3	记忆	1
知名度	5	市场	2	需求	1
参与	4	购物	2	安全	1
生产景观	4	好玩	2	合计	145

从问卷调查得来的工业旅游核心元素分布可以看出，排在前 7 位的是超过 5 频次达成共识的元素，分别是生产流程（16）、文化（14）、特色（12）、科学技术（11）、历史（10）、企业文化（8）、传播知识（8）和产品（6），生产流程/工艺主要是指企业生产的过程及其工艺技

术；文化主要指的是产品文化和工业文化，如悠久的酒文化、钢铁工业文化等；特色主要是指企业类型或者工业的独特性，也包括工业旅游开展方式的创新性、新颖性等，这就关系到开展工业旅游的企业类型，也就是产品特性的问题；科学技术主要指企业在生产过程中体现出来的技术水平，也包括工业旅游开展中所使用的高科技的展示技术；历史主要是指工业和企业发展的历史，包括企业的发展史及产品的历史发展过程；企业文化包括企业精神和企业社会责任等；传播知识主要是指企业通过工业旅游传递给旅客的知识类型和数量；产品主要是指企业生产的产品类型，如日用品、奢侈品、高科技产品等。从这7个核心元素，可以发现除了特色、传播知识这两个虚词以外，游客眼中的工业旅游的核心元素主要是从工业企业本身的角度出发的，是工业旅游的本体功能所决定的，而特色和增长知识也是基于本体功能而得来的，是工业旅游区别于其他旅游类型的本质所在。

把构成工业旅游场景的元素分为两类：第一类是由工业旅游的本体功能而决定的自在性元素，即脱离旅游活动仍然存在的元素和由工业旅游的异化功能而决定的旅游化元素，为旅游活动的开展而异化的元素。综观32个核心元素，其中绝大部分是自在性元素，如文化、历史文化、生产流程、科技、企业文化、企业实力、科学技术、生产景观、安全、现代化、历史、人文、交通便利、知名度、真实、工业本质、与时俱进和遗迹，其中可以细分为物质性元素（如生产流程、科技、生产景观等）和非物质性元素（如文化、企业文化和历史等），但非特质性元素要以特质元素为载体而呈现。而第二类是在第一类本体功能的基础上进行的异化功能的开发而产生的旅游化元素，如购物、好玩、意义、需求、主题突出等，既包括给游客提供的元素，也包括游客从企业提供元素中所得到的体验元素。其中还要特别提到的是安全元素，工业企业因为是生产性环境，正如前面第七章指出的，安全障碍是影响工业旅游的具体体验实现的功能性障碍，虽然频数只有一个，但这样的调查结果再次验证了景区的安全性是影响游客进行工业旅游决策的因素之一。

图 8-1 是核心元素的标签云图，该图清晰地显示出生产流程/工艺、文化、企业特色、科学技术、企业文化等自在性元素是构成工业旅游的核心元素。

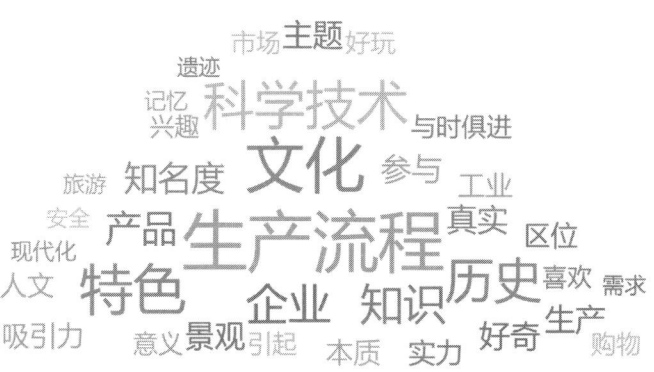

图 8-1 工业旅游场景核心元素构成标签云

8.1.2 重要元素构成：环境、认知

对构成工业旅游场景重要元素的统计分析，遵循核心要素统计分析相同的步骤，得到有效答案 231 个，最终得到工业旅游场景重要构成元素 56 个（见表 8-2）。

表 8-2 工业旅游场景的重要元素统计

重要元素	频数	重要元素	频数	重要元素	频数
环境（卫生、风景、无污染、绿化）	20	服务管理	5	主题性强	1
增长知识/见识	14	真实	4	员工	1
历史	14	游客服务	4	印象	1
参与性	12	展示（生动、仿真、技术）	3	饮食	1
知名度	10	贴近生活	3	艺术	1
文化	9	人文	3	现代	1

第八章 工业旅游体验的场景组织

续表

重要元素	频数	重要元素	频数	重要元素	频数
特色	8	品鉴/试用/赠品	3	无污染	1
趣味性	8	教育意义（对孩子）	3	闻	1
企业（规模、模式、硬件、经济实力、形象）	8	交通方便	3	听	1
线路安排	7	安全	3	时代性	1
企业文化	7	周边环境	2	社会责任	1
吸引力/兴趣	6	意义	2	社会效益	1
怀旧元素	6	时尚元素	2	设计	1
高科技	6	企业广告	2	人际交流	1
产品（种类、品质）	6	开放程度	2	品质	1
生产工艺流程	5	讲解	2	名人	1
企业历史	5	价格	2	民俗	1
配套服务和服务（娱乐）	5	购物	2	旅游者	1
可观赏	5	地理位置	2		

从表 8-2 可以看出，企业的环境、企业的知名度、历史、文化、企业的特色以及企业的规模、模式、实力仍然是企业本体功能直接决定的，是企业能够开展工业旅游的前提条件，如企业的环境看似来自工业旅游的本体功能，即整个企业的厂区环境，具体包括整体的环境，具体的卫生条件和景色这些本体功能所决定的自在性元素，但为了开展工业旅游而美化厂区环境是企业开展工业旅游的前提，也就是说最原始的工业旅游场所并不是旅游者所希望看到的，为了旅游活动的开展，要对最本色的场所进行改造。其他因素也是同样的，产品/展品的丰富性，种类的多样性、产品/展品贴近人们的日常生活性、产品/展品属性是决定工业旅游成功与否的前提条件之一。

除了这些高频词之外，有少量游客提到的因素也是非常有代表性的，如地理位置，交通便利性，距离远近都是影响工业旅游开展的隐性条件，与"周边的景色"一起，成为游客整个旅游线路的一个景点，也有游客会因为离家比较近，交通比较便利而开展一日游。景区的服务管理方式本身是作为游客游览内容的一部分，其体现在景区内的管理秩序，区域内的布局和设计，同时，企业的管理方式也会影响到对游客的服务管理，游客会根据所接收到的服务进而判断企业的管理水平，从而影响其体验质量和游后评价。除此之外，员工作为企业的一部分，既是开展工业旅游的重要元素，也是工业旅游中的自在性元素，因此如果工业旅游中没有对企业员工的工作过程的参观，或者根本看不到任何员工，都会影响游客对于真实性的体验。

而知识性、趣味性以及游客服务、配套设施、可观赏性、购物因素、时尚元素、趣味性、怀旧元素、讲解、品尝/试用/赠品、教育意义、线路安排等都是为了满足异化的旅游功能的实现而存在的，同时它们也是以游客作为对象来加以考虑的。怀旧元素也与核心元素中的"遗迹的保留"相关联，历史悠久是企业开展工业旅游的特质之一，而这样的企业一般拥有遗址遗迹，这些遗址遗迹是一个时代的特征，一段历史的回忆，会使整个游览过程布满时代感和历史感，进而满足游客怀旧体验，是一种乡愁。讲解是保证游客获取认知体验的重要途径，工业旅游相对其他旅游类型而言，有它的独特性，其核心吸引物的专业性强，通过讲解员丰富有趣、言简意赅的讲解会有效地传达这种知识性的乐趣。线路的安排要内容丰富、多元化、注重品质、注重特色，这在第六章工业旅游场景的体验质量也有说明，目前影响工业旅游场景体验质量的最大问题是，景区内可玩可看的项目太少，整个游览单调无聊，内容单一，只限于生产作业场景的参观。价格也是一项重要的要素，第六章同样提到，游客普遍认为这样的游览内容安排，只是作为企业营销的一种手段和方式，性价比太低根本无须收取门票。也有被调查者把旅游者作为重要的构成要素，他们如果没有其他旅游者的存在，那么这些场景也只是一个工业企业而已。

可观赏性、可参与性、可听、可闻、可触摸是实现工业旅游具身体验的要求，这些要素认知体现了游客希望在工业旅游中达到高的体验质量，不同于其他旅游类型的独特的体验，不仅止于停留在对于工业旅游场景和生产流水线的远距离参观上。

除了以上两个方面，重要元素构成中包含了大量游客体验方面的需求，如教育意义、增加知识/见识、满足怀旧情结、趣味性满足、好奇心的满足等。

自在性元素和旅游化元素之间的划分并不是绝对的划分，有些元素是由自在性元素引发的，但是为了满足工业旅游的要求，会进行提升、美化，而且不同的元素也会应用到不同的方面，如高科技，既可能体现在产品生产技术的高科技，也体现在展示解说技术的高科技。管理服务也是如此，既体现企业的管理水平和方式也体现在景区对游客的管理方面，这两类元素都是相互融合相互促进的。

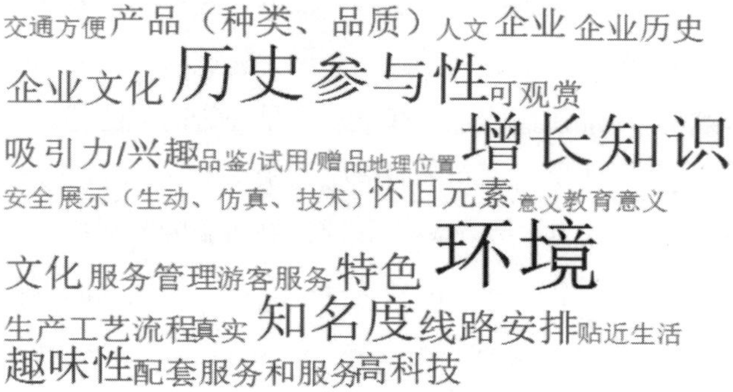

交通方便 产品（种类、品质）人文 企业 企业历史
企业文化 历史 参与性 可观赏
吸引力/兴趣 品鉴/试用/赠品 地理位置 增长知识
安全 展示（生动、仿真、技术）怀旧元素 意义 教育意义
文化 服务管理游客服务 特色 环境
生产工艺流程真实 知名度 线路安排 贴近生活
趣味性 配套服务和服务 高科技

图 8-2　工业旅游场景重要元素构成标签云

图 8-2 是工业旅游场景重要元素构成的标签云图，其直观形象地反映出环境因素、满足人们求知的欲望、历史和文化的存在和展示、企业规模和可参与性是高频元素。

构成工业旅游场景的重要元素题项的设计中，要求被调查者按照顺序填写三个重要元素，收集上来的回复量共有244个答案，第一回答数量为121个，第二回答数量为85个，第三回答数量为38个，回复量依次递减。这直接说明游客的回复是根据自己赋予的重要性程度依次填写的。进一步对这些答案进行细分发现,由本体功能所引发的元素主要处于第一个回答中,而由于异化功能引发的元素主要出现在第二和第三回答中。

8.1.3 工业旅游场景组成元素的分类

根据上述对于工业旅游场景核心元素与重要元素的分析,本研究得出,构成工业旅游场景的元素可以分为自在性元素、旅游化元素和游客体验三大类,来自企业本体功能的自在性元素包括有形的物质元素和无形的非物质元素;而旅游化元素主要是为了开展工业旅游而异化的活动元素;游客体验是指通过工业旅游的开展能够提供给游客的体验类型(见表8-3)。

表8-3 工业旅游场景的元素分类统计

自在性元素	物质元素	生产工艺流程、厂区环境、产品、生产遗迹、生产景观、员工、周边环境、现代化
	非物质元素	文化、历史、企业文化、人文、管理方式、企业发展状况、技术
旅游化元素	活动	购物、安全、展示方式、讲解、时尚、参与、看、听、闻、品尝/试用/赠品、主题、配套服务、餐饮、娱乐设施、游客服务、高科技展示
体验		认知、教育、趣味、好奇、愉悦、真实、怀旧、审美

当工业旅游者到达一个工业旅游场所时,真正实地看到的是老照片、机器设备、工厂建筑、老物什、工人、生产流程、工业精神等。这些"工业旅游"的元素,均是一个象征性的标志,因此都需要其自身的标志。有些旅游者到达一个工业旅游场所时,如果没有看到机器设备、生产流程,就会觉得这次工业之旅不真实、不充分甚至不完美;而有些旅游者会认为机器设备、生产流程本身,它的构造,它的动感就非常值得观看。这种行为就像一个辩证法,两框架彼此交流替换,并彼此加深

促进。可以说游客在游览工业旅游场所时对构成景物和整体都有了真正意义上的体验。也有一些游客对机器设备本身不感兴趣,只是会把它作为工业旅游的一部分,如果没有机器设备的展示,就不算工业之旅,机器设备本身没有什么可看的。就是说机器设备本身已经失去了其自身的标志,作为一个景物已经不完整了。这种情况就是景物没有了标志,变成了麦肯耐尔笔下的"景物体验"(sight involvement)。还有些人对机器设备所提供的信息一点也不感兴趣,却表现出对机器设备本身的关注,如机器设备的高度、长度、重量、功能等。

8.2 工业旅游场景的关系

本部分综合运用隐喻抽取技术、攀梯技术和扎根理论情境分析技术对访谈、游记与点评中所涉及的图像文本资料进行分析,目的是梳理工业旅游场景的构念,建立场景内构念与构念之间的关系,进而获得工业旅游场景与旅游体验之间的联系。依据情境分析,首先对图像及描述进行主题分类,而分类的依据是图像所反映的场景形态,然后运用攀梯技术(Landdering Technique)试图从各个场景的图像描述文本中寻找出受访者或图像资料背后所代表的隐喻,引出构念和构念之间的关系,抽出思考与行为下隐秘的认知和体验。

8.2.1 构念的抽取与整理

"构念"一词英文为 construct,是指心理意象(mental images),即浮现于脑海中的影像或构思(ideas)。它是一些"新"的尚未定型的概念,而且常常是由一些更为明晰的、可测量的旧有概念所组成。在本研究中,构念是研究人员认为旅游者究竟在想什么的表达方式。构念不是真的意念,只是捕捉及表达意念的标签,是透过简单且明确的语句,总结他人想法的捷径(Zaltman, 2003)。本研究采用攀梯技术提取图像文本的构念,对抽取的构念进行合理推测、询问,并建立构念的前因后果及与其他构念的相互关系,穷尽资料的构念,得出资料所要表达的认知和体验,以此来画出各个构念之间的关系地图。本研究由两名研究者共同对资料进行分析,各自提取出相关构念,再通过讨论最终确定构念。如此可以降低资料收集过程中由于单方面观察或者诠释所造成的主观性,进一步提升研究结果的效度和信度。

在具体的分析过程中,首先逐一对图片文本进行阅读,依据第五章所提出的工业旅游场景形态和上文 8.1 得到的工业旅游场景核心和重要元素进行识别和抽取;其次将这些元素以场景、初始构念、关联构念、实现构念(感觉元素、意识元素)及体验构念加以命名,以不再提出新的场景、初始构念、关联构念、实现构念及体验构念作为理论饱和的标准,并建立关系地图;最终得到工业旅游场景与旅游体验的联系。

场景。根据图像呈现的内容来判断其所属的工业旅游场景。如生产线、操作工人、采掘现场、手工作坊、制作车间就是典型的生产作业实景;产品展示、工艺品展示、图文解说等属于附属展演场景;娱乐互动、购物、餐饮属于休闲娱乐区域;而室外景观等属于厂区。

初始构念。指上文 8.1 所总结出的工业旅游场景中的核心和重要元素,具体包括自在性元素和旅游化元素。这些客体元素构成了连接关系的初始构念。初始构念代表着对事件的思考开端,而这个过程会引导出其他的构念,如一位微信受访者说道:

"鞍钢 1780 生产现场。进去前外面很冷,但是一旦到了生产车间的现场,热火朝天的,烧红的钢板所释放出的这种炙热的热能,让我们热血沸腾,我的心灵受到极大的震撼,任何物质都要经过蜕变才会百炼成钢的。现场隆隆的声音,仿佛在向世界宣布钢铁是怎样炼成的。我受到了震撼,为我们人类的智慧和能力所折服,那就是人定胜天哈。"(WX-FT-1)

因此,"1780 生产现场"是起始构念。"听到"隆隆的声音,"看到"烧红的钢板是实现构念,感到"热血沸腾"是连接构念,受到"震撼"则是体验构念。

实现构念。指第五章所提出的实现工业旅游场景体验的主观元素，即感知、情感、理解、联想和想象。感知主要是通过视觉、听觉、触觉、味觉、嗅觉等获取。如一位微信受访者在描述其游览过程时就运用了典型的听觉感官。

"现场隆隆的声音，仿佛在向世界宣布钢铁是怎样炼成的。"（WX-FT-1）

而旅游者在游览过程中所运用的情感、理解、联想和想象元素，也会与感知元素之间进行互动。这些元素是实现体验构念的手段。如游记 QDPJ-MFW-2010-07-18 中描述的场景就是典型的由视觉感观触发的联想和想象。

"墙上的老转盘，遥想在当年，拧动转盘后，便有轰隆隆的机器声。"（QDPJ-MFW-2010-07-18）

关联构念。指影响其他构念同时又被其他构念所影响的过程。如游记 FSLTK-MFW-2017-05-26 所描述的：

"整个雄奇壮丽的西露天矿随着阳光照射的角度不同，景物更是变幻万千，不到西露天矿，是无法想象'亚洲第一大坑'的雄伟奇观的。站在路边向下望去，在苍茫的烟岚之中，一道道矿层在脚下层层展开，蜿蜒曲折，似梯田般宏大绵延，一眼望不到底，真无法令人相信是人力所为。看着一辆辆的火车沿路而下，震撼中带着敬仰。"（FSLTK-MFW-2017-05-26）

因此，"宏大"不仅是影响"震撼""敬仰"这一构念的因素之一，同时也被"雄奇壮丽"这一构念影响着。构念和构念之间的关系代表着资料提供者思考的一种过程，显示一种思考如何产生一种想法、一种体验的过程，而这些思考过程不仅为他们的信念、感觉与情绪赋予结构和意义，同时也为市场区分提供了最佳基础（Zaltman, 2003）。

体验构念。体验构念是所有构念所指向的结果。正如微信受访者 WX-FT-1 所说的"学到知识"，可总结为"认知"，这就是体验构念。

"整个框架体系这么庞大，能生产出这样好的产品，确实令人感到很震惊，尤其那个转炉一出现，我们运气比较不错，正好看见转炉往里面倒钢水，钢花四溅。顺便也学习了一些工业方面的一些知识，比如填料，钢水，确实感慨非常多。"（WX-FT-1）

关系地图。关系地图就是就同一场景，人们对同一主题所表达的构念与构念之间关系所呈现一种想法（Zaltman，2003）。本研究就是要通过绘制关系地图，清晰地呈现构念和构念之间的关系。这也是所有资料提供者心中的感受。个人隶属于群体，一个群体对事物的观念和态度的认识享有共识，这也是舒茨所说的主体间性的意义（谢彦君，2010）。通过关系地图，可以看出各个构念之间的体验结果。

本研究首先依据工业旅游场景的空间形态依次分别建立场景构念关系地图，不同的场景意味着不同的功能。主要包括生产作业场景、附属展演场景、休闲娱乐场景和厂区场景四个部分。这里的场景是借用空间形态上的划分，主要是功能上的划分，目的是保证文章结构的顺畅。

8.2.2 生产作业场景构念构成

生产作业场景，通过攀梯技术进行构念的识别与抽取过程如表8-4所示，共得到72个原始元素，经过对一些元素的合并转译整理之后，得到构念27个。其中包括初始构念7个，实现构念5个，关联构念10个，体验构念5个。传统手工艺流程、现代化生产工艺流程、特殊作业区，如酒窖等、采掘现场、精彩瞬间、讲解人员、工作人员等是初始构念；触觉、视觉、听觉、身体觉、嗅觉等具身方式是实现构念；有趣、羡慕、艰辛、工匠精神、惭愧、神秘、雄奇、壮观、运气是关联构念；而好奇、愉悦、认知、震撼、自强、敬佩则是体验构念。

表 8-4 生产作业场景元素抽取与识别统计表示例

来源	图像	讲故事	攀梯技术
MN-MFW-2016-11-26		透过硕大的落地玻璃，整个生产线一览无余，长短不一、粗细各异的不锈钢管道和大型的罐状设备井然有序的分布在车间内，自动化车间里的生产机械高效有序地运行着，条条传送带像流水般温柔地运载着这串串白色的"珍珠"，让我们不得不震撼于蒙牛所运用的这些现代化科技给我们带来的惊人视觉效果	生产线—自动化车间—机械高效有序—现代化科技—视觉—震撼
WX-FT1-1		鞍钢1780生产现场。进去前外面很冷，但是一旦到了生产车间的现场，热火朝天的，就是烧红的钢板所释放出的这种炙热的热能，让我们热血沸腾，我的心灵受到极大的震撼，任何物质都要经过蜕变才会百炼成钢的。现场隆隆的声音，仿佛在向世界宣布钢铁是怎样炼成的。我受到了震撼，为我们人类的智慧和能力所折服，那就是人定胜天	生产现场—热火朝天—烧红钢板—隆隆声音—震撼—佩服—伟大
MN-MFW-2017-07-31		奔跑的真果粒，左边是绿盒，右边是紫盒。整个生产车间只有两个师傅，所有的操作都是机械化，员工坐在电脑房里即可操控完成	生产车间—两个师傅—机械化—电脑操控—厉害
WX-FT9		印象特别深的地方就是我个人是比较喜欢这种自动化生产的流水线的，我对于这个过程比较好奇，所以说对于我来讲一个步骤接着一个步骤的这个流程我是很感兴趣的	自动化生产线—按步骤—兴趣—好奇
WX-FT10-1		参观蒙牛，他们的立体化仓库，以及生产线上送下来的商品成品，怎么样通过立体化的分配，然后把这个商品存储到对应的舱位上。这就是我感兴趣的，我从中学到了好多东西	立体化仓库—商品运送过程—学到知识

续表

来源	图像	讲故事	攀梯技术
WX-FT10-2	禁止拍照	参观云南的玉溪卷烟厂。这里是不让拍照的。设备是德国进口的,但是这个东西对于我们不是学制造的,我们只能看个热闹,就是知道它每分钟会生产很多东西。我感兴趣的就是最后把商品运输到那个车上的模式,它不是那种通过生产线的方式,而是用一个智能化的小车。车有自己的轨道,不需要人来操控,只需要你告诉它去哪个工位取货,它就沿着轨道自动过去了。科技真是解决了人力的好多问题,智能化为企业节省了大量的成本	先进设备—科技—不懂—看热闹—伟大—佩服
WX-FT1-3		整个框架体系这么庞大,能生产出这样好的产品,确实令人感到震惊,尤其那个转炉一出现,我们运气比较不错,正好看见转炉往里面倒钢水,钢花四溅。顺便也学习了一些工业方面的知识,比如填料、钢水,确实感慨非常多	转炉倾倒钢水—钢花四溅—运气—震惊 导游讲解—转炉工艺—学到知识
FSLTK-MFW-2017-05-26		站在矿坑的边缘望去,是一种惊异的感觉,就像站在山峰上俯瞰巨大而深邃的峡谷,它的另一端隐在云烟之中,它的底部雾气弥漫,深不可测,峡壁上道路层层叠叠,犹如梯田一般,机车电缆密如织网,坑下停放着大小重型车辆,俯视犹如火柴盒大小般的玩具。整个雄奇壮丽的西露天矿随着阳光照射角度不同,景物更是变幻万千,不到西露天矿,是无法想象"亚洲第一大坑"的雄伟奇观的。站在路边向下望去,在苍茫的烟岚之中,一道道矿层在脚下层层展开,蜿蜒曲折,似梯田般宏大绵延,一眼望不到底,真无法令人相信是人力所为。看着一辆辆的火车沿路而下,震撼中带着敬仰	采掘现场—惊异—雄奇、壮丽—震撼—敬仰
KLYJ-XC-2016-04-29		穿过长达200米的斜巷,地面渐渐变得湿滑,光线开始暗淡,一辆拉煤的马车在车夫的牵引下艰难地行进在铁轨上。在曲折的巷道两侧的洞室中依次可以看到各个年代的"掘采现场",在地下深处开采的煤矿工人的艰辛让我震撼	拉煤马车—古代采掘现场—工人艰辛—震撼

第八章 工业旅游体验的场景组织

续表

来源	图像	讲故事	攀梯技术
XC-sm828-2017-12-04		了解宣纸的发展历史和制作过程,有讲解,还有实际操作,如果喜欢还可以在师傅的帮助下亲自操作,之后还可以带走自己做的宣纸,挺有意思的	实际操作—师傅帮助—有意思
势不可挡z-2015-09-17		我是第一次去新安江水电站,看到大坝的宏伟气势后感到无比震撼,无法想象那个时代的人民多么充满智慧与勤劳	大坝—气势—震撼—想象—勤劳智慧

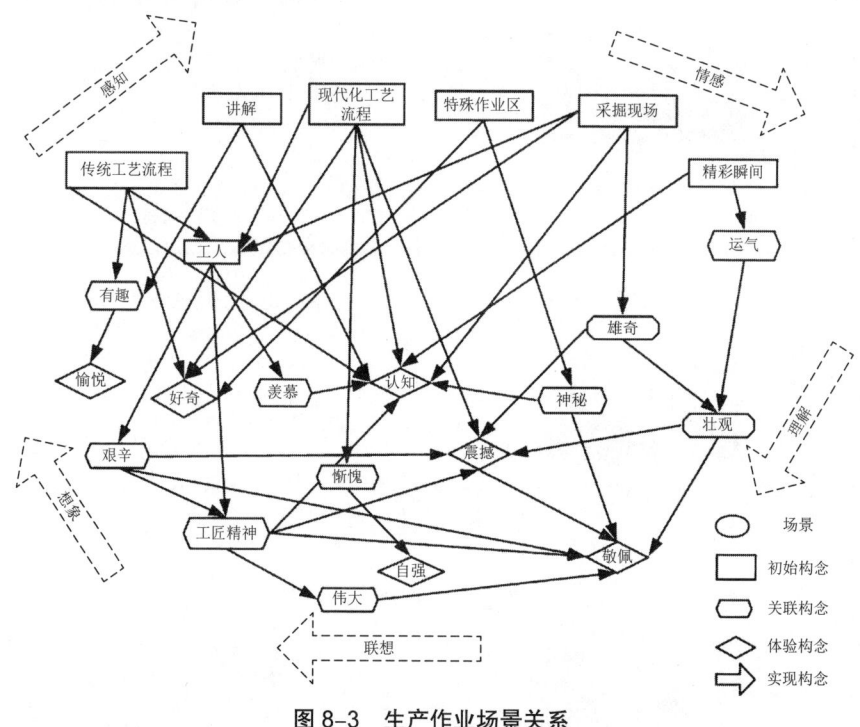

图 8-3　生产作业场景关系

图 8-3 是依据上述图片文本中识别出的构念而构建的生产作业场景关系地图,从这个图中可以清晰地看出各类构念之间的关系,如传统

的工艺流程，采用手工制作的方式，故操作的师傅在这个过程中全程参与，简陋的生产环境，艰苦的工作会使游客通过观看和参与，感受他们工作的艰苦和辛劳，并对伟大的工匠精神表现出敬佩之情；游客也会由于直接观看到生产作业的流程，而形成认知的体验。

8.2.3 其他场景构念构成

限于本章篇幅，也避免冗长繁杂，附属展演场景、厂区场景和休闲娱乐场景的构念抽取和识别过程及关系建构过程不在此处详述，仅解释最终提取的构念数量、类型和关系。

该过程遵循生产作业场景同样的步骤，首先对附属展演类场景进行构念抽取，共有101个原始元素，最终抽取构念55个，其中包括19个初始构念（展厅、色彩、装饰、风格、展示方式、产品、衍生品、老物件、浮雕、高科技、企业文化、企业荣誉、解说系统、企业历史、企业发展、旧车间、老设备、种类和灯效），19个关联构念（宁静、精神、工人阶级力量、留影、逼真、贴近生活、精致、时代印迹、兴趣、生动、故事、沧桑感、惊讶、创意、熟悉、亲眼、运营、小时候、影视剧/书本），12个体验构念（舒适、害怕、喜欢、有趣、认知、自强、亲切、真实、震撼、自豪、佩服、新奇），5个实现构念（感知、情感、想象、联想、理解）。构念之间的关系，如不同的产品的展示、内容给游客带来的体验效果是不一样的，一些早期的产品，老年人看了亲切，年轻人看着新奇，年轻人这种新奇又关联着影视剧以及书本的影响，这些又会给他们带来新的认知和见识。感官也是互通的，也就是一种感官可能会引起另一种感官的情感，如：

"世界啤酒的一个酒柜，我当时就说，我要喝遍这一个柜子，哈哈哈，拽都拽不走了，就趴玻璃上流哈喇子。"就是由视觉联想的味觉的体验。（QDPJ-MFW-2016-04-18）

厂区场景。共有65个原始元素，最后抽取构念39个，其中包括16个初始构念，10个关联构念，8个体验构念，5个实现构念。初始构念主要包括建筑、厂房、入口处、整体的环境、景色、过渡区的小花园、标志性景观、景观小品以及自在的员工。实现构念不仅包含感官上的看、听，还包含嗅，一些生产企业，会在空气中弥漫特殊的气味，如："临近仿古建筑美和居醋坊，迎面而来的是既酸又香的老陈醋气味。进入古色古香的美和居醋坊，犹如来到了500年前的老陈醋作坊，老醋芳香、扑鼻沁心，醋味十足，难以忘怀。"（WX-老二连-2012-09-16）通过嗅觉带来的快感，为想象中的具身模拟提供可能。关联构念包括美感、历史感、沧桑感、喜欢、纪念、影视剧、信赖、好看、醒目、特色等；体验构念包括有趣、舒适、认知、愉悦、怀旧、新奇、真实和敬畏。初始构念如标志性的景观，可以通过视觉感官的实现构念，借助独特性，舒适感的关联构念，达到愉悦的体验。旧厂房使空间经由深厚的历史感和沧桑感，会给人带来怀旧感和敬畏感。而厂区的绿化、景色及卫生也会给游客带来美的享受等。

休闲娱乐场景。包含51个原始元素，最终抽取和识别构念19个。初始构念有11个，包括购物品、产品、衍生品、品质、娱乐设施、品尝/试用、游客、装饰、灯光、餐饮、音乐；关联构念有4个，包括舒适、互动、动手、工业符号；实现构念有5个，包括；体验构念3个，包括愉悦、有趣、认知。构念和构念之间的关系，如初始构念中的购物品（衍生品，产品）中包含的企业文化，经由游客触摸、观看、品尝后直至最终的购买等一系列感知实现构念，产生愉悦的体验。

"蒙牛的卖品场，琳琅满目的蒙牛产品摆放得井井有条、精美而细致。"（MN-MFW-2016-11-26）和"蒙牛的卖品场，一些特色的工艺品也述说着蒙牛新颖独特的企业文化。"（MN-MFW-2016-11-26）

8.2.4 工业旅游场景形态之间的关系

如图8-4所示，各个场景形态之间并不是排他的，也不是静态不变的。他们之间存在着复杂且动态的相互作用，生产作业实景、附属展演场景、休闲娱乐场景与厂区场景之间在初始构念、关联构念以及体验构念上都是相互作用的。如休闲娱乐活动的多样化，除了专门的休闲娱乐场景外，生产作业、附属展演、厂区等场景都具有休闲娱乐的价值，也都有成为休闲娱乐场景的可能，我们应该充分挖掘它们的互动娱乐潜力，通过设置娱乐设施、改善娱乐环境、增加其可达性，为完善娱乐结构提供更多的素材。解说系统作为初始构念，是贯穿于所有的场景之中的，其所传递的不仅有认知体验，还有娱乐体验。

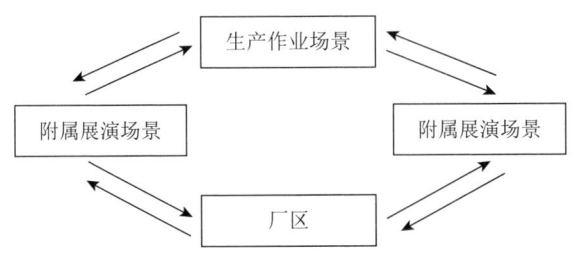

图 8-4　工业旅游场景形态之间的关系

8.2.5 工业旅游场景与旅游体验

基于前文的分析，本部分将分析工业旅游场景的体验。如果只是简单的罗列这些构念，这对相关理论的构建以及相应的实践都没有实际的指导意义。也就是说，如果整个工业旅游场景都按照上述所列举的构念进行开发，那么所谓的关系也就不具有独特性了。因此，真实的旅游体验中，场景的呈现是繁复的动态性过程，任何干涉因素的介入，哪怕十分细小，都会改变旅游者对场景的认知，这既是旅游体验场景研究的困难所在，也是旅游者实际体验过程的魅力所在。旅游场景如果蕴含了这种变化或不确定性，也就使它产生了吸引力。由此就提出了一个十分关键的问题：这些构念与场景之间是一种怎样的关系？我们必须要弄清楚，工业旅游者期望的工业旅游场景是什么样的？有哪些终极构念能指导整个工业旅游的开发？各个工业旅游点是否只要依据这些终极构念就能根据自己的资源特色进行开发，并打造独具特色的工业旅游目的地？

根据以上研究，在工业旅游者眼里，所有的工业旅游元素总是镶嵌在某种工业旅游场景中的，这些元素作为构成工业旅游场景的"原色"，并非总是以某种固定不变的形态、样式、结构加以组合和呈现。相反，它们融入了更多自己的特色类型，从而满足不同类型的旅游者或是同类旅游者不同时期的工业旅游需求。如有些工业旅游者想要体验认知，参观工业产品的生产制作流程就可以获取认知体验，而除了获取认知体验之外，工业旅游者如果希望在这个过程中获得娱乐，就可以亲自参与制作的过程。品尝和试吃活动看似是娱乐体验，但在其中融入产品知识的讲解，就可以满足游客认知的需求，这说明同一个旅游者在满足不同需求时，就能需要不同的元素构建不同的场景，例如：

"后来去品酒了，又了解了红葡和白葡的区别，功效之类的，但没有拍照，一般感受比较强烈的时候就忘记拍照了。"（WX-FT3-7）

每个工业符号都在表现功能，而一系列的工业符号组合以后就会被感知为一个整体的场景，从而又传达出一个总体意义。因此，对于丰富多彩的工业旅游场景中的元素来说，在构建工业旅游场景时需要的不只是固定的几个元素来指导，而是应该从元素体验过渡到场景体验，了解不同场景的总体意义，探索元素背后的本质属性。

工业旅游场景与旅游体验的关系建立时要明确：实现构念是实现体验结果的手段，是所有的场景形态都必有的构念，初始构念是工业旅游者获得体验结果的源头，而有些初始构念与最终的体验结果没有办法建立起联系，需要将其剔除。体验构念是工业旅游者最终获得的体验结果，关联构念是工业旅游者偏好初始构念，并得出体验结果的一种解释，这里需要将其剔除。

四类工业旅游场景形态的共有体验构念有14个，包括有趣、审美、舒适、亲切、认知、自强、佩服、新奇、自豪、震撼、怀旧、敬畏、真实、信赖，对其进行整理、分析和归纳，把新奇与真实合并为新奇，把舒适与愉悦合并为愉悦、把亲切与怀旧合并为怀旧，把自强、佩服、自豪、敬畏和震撼合并为震撼，按照谢彦君的观点，愉悦是旅游的目的，所有的旅游活动最终都是追求愉悦，只是愉悦的类型各有不同，本研究中遵循这样的观点，不再将愉悦作为工业旅游场景的体验结果，所有的体验结果都是在愉悦的统领之下的。而审美是一种实现旅游体验的方式，所有的体验结果都是对场景的审美形成的，通过审美形成了认知，感受了震撼，产生了乡愁，萌生了趣味，引起了好奇，因此，工业旅游的终结构念—体验主要表现为认知、新奇、娱乐、怀旧以及震撼五大块，构成独特的工业旅游体验。

（1）认知体验。认知体验是工业旅游场景体验中核心和普遍的体验方式，甚至在目前一些工业旅游景区中，是唯一的体验内容，而这种体验的获取还是通过最基本的方式，大多数的工业旅游者认为工业旅游目的地无聊、无趣，但是他们仍然普遍承认，通过游览工业旅游景区还是长了见识，学习到了一些东西，还是值得的。工业旅游为教育提供了一个很好的载体，现在的教育，尤其是针对青少年的教育环境产生了变化。时代不同了，现在儿童的思想构成比过去更加复杂，需要社会为他们构建更多丰富的教育场所。道理要说清楚、讲明白、深入人心、潜移默化，不能只停留在书本与课堂上。因此，工业旅游场景的教育认知功能是非常突出的。工业旅游的不同场景都可以嵌入认知体验，例如：

"到 B 馆的另一处展区，也就是能看到实际的生产区，是要穿过一个小花园。小花园里种植着啤酒花的真身版本，长见识了啊！花园虽然面积不大，但是装点得别有情调，和煦的阳光洒在这里，别有一种温暖的感觉。"（QDPJ-MFW-2016-04-07）

（2）新奇体验。好奇心与求知欲作为典型且普遍的心理特征，同时也是促使人类探索求知、拓展自我的重要途径，工业旅游的科普性使其具有重要的精神教育价值，对游客起到了现场教育历史和工业工程的独特作用。旅游者在参观工业旅游场景时，能够参与生产操作的环节，更深刻的掌握到这些具有历史文化价值的要素，从而获得独特而新奇体验。通过其他途径所获取的关于工业场景的印象，可以在现场得到印证，这种真实感也属于满足好奇体验，例如：

"当时参观的时候正好看到他们工人是午休。好多工人下班，一起吃饭还是吃完饭，就是往外走。那样的一个场面，因为工厂里面，参观的时候你会感觉人很少，都是机器。然后那个时候突然有一个画面，好多人，就像在上火车站里。一群人涌出来，然后很壮观的那种感觉，就是他们是生活在那里的一部分。"（WX-FT7-3）

（3）震撼体验。令工业旅游者感到震撼的工业旅游场景主要来源于两个方面，一方面来自工业旅游场景中独有的自在性元素，如壮观的水利大坝，采掘现场，这种空间上的跳跃所带来的磅礴的气势，使游客为人类的智慧感到震撼，看到钢花四溅的时候，那种热火朝天的气势，会让人感到震撼，例如：

"我是第一次去新安江水电站，看到大坝的宏伟气势而震撼，想象那个时代人民是充满智慧与勤劳！"（势不可挡 z-2015-09-17）

另一方面，更多的来自工业历史文化和地位，厄里也曾提到，英国北部是重工业聚焦之地，以采矿、炼钢为大宗，英雄色彩深厚，最能吸引游客的注目。大型重工业在国家的发展历史中扮演着十分重要的角色，游客也会从中感受到伟大和震撼。其中也有来自工匠精神、工人阶级的精神和力量，例如：

"珐琅花瓶工艺在我国已经有百年的发展，今年，也作为国礼赠送给联合国等机构，彰显了我国大国之气和工匠精神。感到特别国家的伟大，自豪。一个珐琅花瓶的制作需要制坯、打磨、画图、掐丝、上色等循环过程，每一步骤都凝结了工匠的认真、专注与创意。"（WX-FT5-1）

（4）娱乐体验。娱乐体验主要来自工业旅游场所提供的旅游化元素，工业旅游者在工业场所不仅可以获取知识，了解工业的自在性景观和元素，同样可以获得旅游的乐趣，如参与工业生产制作过程，体验工业生产制作过程，参与互动的娱乐项目和设施等，都可以给游客带来娱乐体验，例如：

"值得去吧，起码可以了解宣纸的发展历史和制作过程，有讲解，还有实际操作，如果喜欢还可以在师傅的帮助下亲自操作，并且带走自

己做的宣纸。"（XC-sm828-2017-12-04）

"醉酒小屋，很好玩，进去之后感觉晕晕乎乎的，好像喝醉酒一样，特别有意思，我进去好几遍。"（WX-FT11）

（5）怀旧体验。工业旅游中的怀旧主要是针对特殊的群体，这一部分群体有着相应的工业时代的经历，有着与工业同时代的经历。也有游客对于独特的工业遗产场景表现出独特欣赏情结。

"红砖老楼加革命标语，有强烈的时代怀旧感，让人想起当年的峥嵘岁月，满树枯叶，无边落木萧萧下，有浓郁的历史沧桑感。老楼，老厂房等历史本底的东西，体现的是一种怀旧情感和对历史的敬畏感。"（WX-FT2）

由以上分析，使我们认识到，工业旅游者经由工业旅游场景中的元素引发的情感经过提炼、强化，再强有力地反映到旅游吸引物上，使其带有独属于自己的情感色彩。游客在工业旅游场景的体验过程中，其旅游感受呈现多样化和层次感。工业旅游的场景解读既涉及对元素和符号外在形式的直接感知，也会涉及对符号内涵意义的解读。旅游者的体验的基础是工业元素，同时也是旅游者个人体验的结果。

8.3 工业旅游者的场景体验构成

问卷调查中包含一项"如果您有过工业旅游的经历，请描述经历中某个让您印象最深刻的场景（可用关键词）"的主观题，这一题目不仅要求有过工业旅游经历的游客来填答，而且设定为选答题，这样可以保证被调查者在没有任何压力的情况下，顺从主观的意愿进行填答。经过统计整理，本题项共加收133条答复，删除3条无效答复，最终得到130条答案，包含原始元素186个，整理后得到49个构念，包括初始构念18个、关联构念20个、体验构念5个及实现构念5个，这里的实现构念只包含感观（见表8-5）。从中可以发现，无论是定量的方法还是定性的方法，所得到的工业旅游场景体验结果都是一致的，即认知体验、震撼体验、新奇体验、娱乐体验和怀旧体验。

表 8-5 基于问卷调查抽取的工业旅游场景构念统计

构念名称	构念构成	元素
初始构念	生产作业区、生产瞬间、工业类型、企业、生产制作流程、生产工艺、设施设备、展品、产品、品尝活动、事件、非物质文化、环境、展示技术、购物、工人、导游、装饰	机房、云南卷烟厂的自动化工厂、透明厂房、生产车间、古窑、旧厂房改造、鞍钢轧钢厂出炉那一刹那、鞍钢十高炉、鞍钢炼铁车间、鞍钢高温炼铁、鞍钢轧钢场面、炼钢炉、京沪高铁安徽凤阳段施工现场、钢花四溅（2）、高炉冶铁、钢花、铁水；风电厂、煤矿、铁路、核电站、钢铁、醋厂、钟表公司、医疗器械与生命安全、水电大坝；参观中航工业、北京798（3）、鞍钢（4）、巴黎水生产工厂、鞍钢博物馆、青岛啤酒（5）、海尔、工业展览馆、长春一汽、首钢；产品生产过程、产品流程、产品加工生产过程、鞍钢现代化生产线、汽车流水线、流水线生产、流水线（2）、钢铁是怎样炼成的、制造过程、造酒过程、秦国制作红宝石、影视制作、生产一线、包装产品、生产线（4）、蒙牛生产线、青啤自动化流水线；工序复杂、景德镇制作工艺、很传统的工艺、秩序、手工生产过程、生产、日本朝日啤酒的工艺流程；空调设施、啤酒瓶展览、一墙的酒瓶、实物、青岛啤酒厂发酵装置、机车、鞍钢博物馆里郭明义献血证书；巧克力、各种酒、成排的啤酒、钟表；企业文化、文化、原始、文明、历史（3）、科技就是生产力、科技、工业风、工业成绩、文化内涵、钟表发展历史展馆、知识（2）、丰田汽车公司的JIT、朝日啤酒的零排放；品尝啤酒、喝啤酒、品尝酒、喝原浆啤酒的体验；开坛大典、昏暗、齐整；环境、远眺全景、风景；模拟演示、机器人、场景再现、三维投影成像、还原历史背景；卖东西、卖自己的产品、五女山酒厂葡萄酒销售；工人作业；导游驾车带领我们在工厂内游览、导游讲解
关联构念	美、好奇、历史感、科技感、创意、精神、记忆、环保、古老、有趣、新鲜、现代化、机械化、人性化、智能化、直观、学习、失望、红色、壮观	优美/美丽、积淀深厚、满足好奇心/好奇（2）、历史感、科技感、有创意（2）、精神、记忆、环保、古老、感动、有趣、新鲜、现代化（2）、机械化/自动化（2）、人性化、智能化、直观、学习、失望、齐整、红色、昏暗、壮观场面/壮观（7）

续表

构念名称	构念构成	元素
体验构念	娱乐、震撼、新奇、认知、怀旧、审美	自豪（2）、震撼人心、震撼（9）、惊喜、好玩、怀旧、认知、优美/美丽
实现构念	视、嗅、味、触、身体	远眺、参观、喝（3）、品尝（2）、融入式体验、亲自体验

8.4 工业旅游场景组织的综合模型

图 8-5 是基于前文工业旅游场景的形态、工业旅游场景的体验质量、工业旅游场景的构成元素及工业旅游场景之间的关系，构建的工业旅游场景组织综合模型。从这个图形中可以看到，图形的底部是一个象形的"凸"字，"凸"字的思路或思维习惯，不仅是简单的突出要点，还要考虑整合的问题（谢彦君，2017）。凸字的底部，是工业旅游场景的不同空间形态，不同的空间形态中包含不同的构成元素，这些元素之间有区别、有联系、有重叠，将这些元素在一定的时空背景下有效的组织起来，形成"凸"字的上半部，同时"凸"字的上和下两个部分是连通一体的，不是分开的，上边的仿佛是从下边长出来的。所以，被"凸"出来的东西和借以"凸"出来的东西一起形成了一个既有突出又有铺垫的工业旅游场景。在这样的场景中，伴随着空间和时间的流变，游客以具身方式进行积极主动的移情参与并与之进行互动，最终形成认知、震撼、娱乐、新奇和怀旧等典型的工业旅游场景体验。

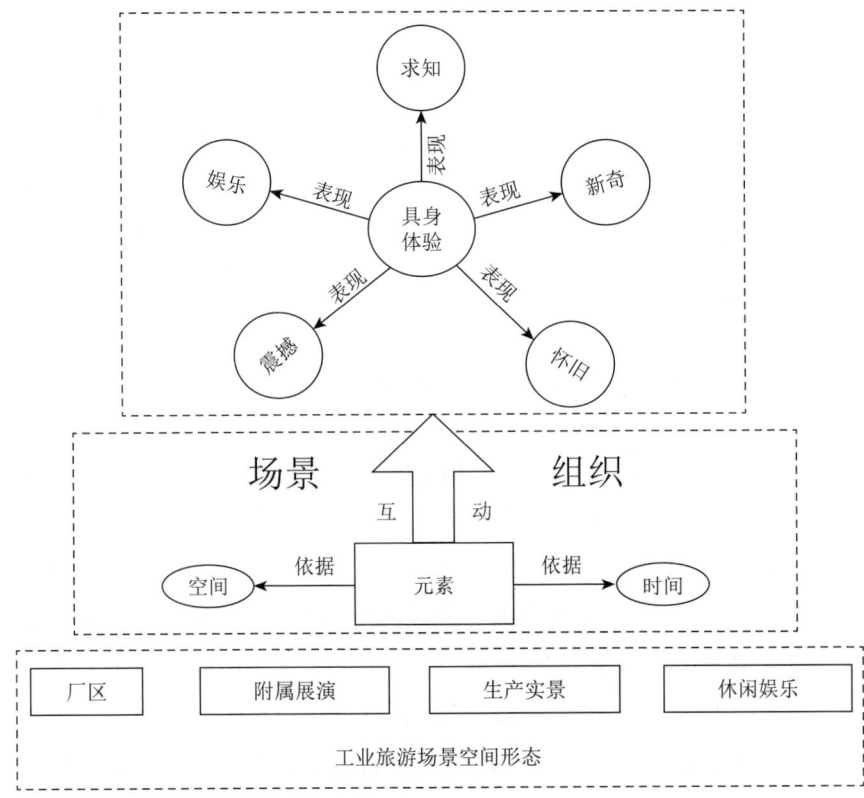

图 8-5 工业旅游场景组织的综合模型

第九章 研究结论与展望

9.1 研究结论

本研究以对工业旅游的概念辨正作为研究的起点,全面阐述了工业旅游所涉及的理论问题。在进行这项研究的过程中,以游客体验需求分析为基础,遵循实证研究的线路,通过定性和定量分析两种方法,探讨了工业旅游体验质量与体验差异,进而分析了影响或阻碍工业旅游者体验质量的重要原因,尤其是提出了工业旅游开展过程中存在具身性障碍这一重要命题,进而讨论了通过障碍移除、游客移情参与,尤其是场景组织等手段实现工业旅游的具身体验这样一系列理论课题。

9.1.1 工业旅游概念的重新界定

本研究一方面梳理了现有工业旅游概念,另一方面对实践中工业旅游发展进行观察,然后依据属+种差的逻辑原则,将工业旅游的概念重新定义为:"工业旅游是人们前往提供工业生产或运营实景或其附属展演景观的现场进行休闲体验的旅游活动。"这一概念明确了工业旅游一定是在工业企业的现场以实景和展演的方式展示生产景观,具有作业性、知识性、本体性和垄断性四个特征。对于工业旅游类型的划分分为依据本体功能和异化功能的强弱对生产实景的工业旅游景区进行划分;依据与生产现场的关系对展演类工业旅游景区类型划分。

9.1.2 工业旅游场景的概念化界定

工业旅游场景,是人们通过感觉、知觉,渗透情感,充分理解,大胆想象与工业旅游场所中的空间单体及其元素所构成景观相互融合互动而形成的意义世界,是工业旅游者以具身的方式构建的工业旅游场所。具有景观性、动态性、在场性和依附性四个基本特征。工业旅游场景形态包括工业旅游场景的外在形式,即物质形态的识别性,即其形式的物质实体构成所体现的逻辑关系和主体对物态的心理感受两个方面。所以对场景形态的认识是客观性与主观性的统一,"情态"因素的加入使"形态"概念得以延伸。"型"与"类"是对客观的空间形态的进一步认识和挖掘。"型"是指工业旅游场景的深层价值取向和文化隐喻,而"类"则是具有某些共同特征的工业旅游场景形态类别。依据工业行业类型进行"型"的划分,依据生产实景与附属展演进行"类"的划分。不同"类型"的工业旅游场景下又包含不同的区域、板块和节点。旅游者通过感知、情感、理解、联想和想象等感官以及意识手段实现对不同场景的体验。

9.1.3 工业旅游场景体验的质量差异

基于具身障碍的强度不同,不同"型""类"的工业旅游场景,所体现出的审美价值和凝视价值有差异,其体验质量和侧重点都是有差异的(见表9-1)。如制造企业型中,传统工业生产的工业旅游场景,游客可以近距离地体验生产制作过程,可以欣赏甚至购买到喜欢的工艺品;自动化生产的工业旅游场景,游客享受娱乐活动区的品尝/试用/赠品活动以及生产作业区参观复古生产线和特殊生产作业区所带来的体验。采掘企业型,游客对采掘业独特的景观感到震撼、壮观、惊奇。电力企业型,游客的积极评价主要来自风景观光游的审美体验,生产作业的认知和情感体验。总体来说,工业旅游场景积极体验主要来源于生产作业区,而消极体验主要是除了生产作业区之外,工业旅游景区没有其他可游览的。

表 9-1　工业旅游类型及其价值和具身障碍

工业旅游类型	审美体验价值	旅游凝视感	具身障碍
酿造类（如青岛啤酒，张裕葡萄酒等） 陶瓷类（如景德镇） 手工艺品类（如北京珐琅厂） 影视制作类（如长影旧址，车墩影视城）	高 （优美）	高	低
电器类（如海尔，海信） 食品、饮料类（如蒙牛乳业） 服装、鞋帽、纺织品类（如波司登） 烟草类（如红塔山卷烟厂） 日用消费品类（如隆力奇） 医药类（如三精制药）	一般	一般	一般
大型水力发电站（如三峡发电站） 大型运输设备制造类（如沈阳飞机制造厂） 矿物开采类（如晋华宫煤矿，平朔煤炭） 钢铁制造类（如鞍钢，宝钢） 港口类（如大连港、青岛港）	高 （壮美）	高	高

9.1.4 具身障碍是影响工业旅游体验的显著特征

受工业旅游本体功能的限定，工业旅游活动的设计前提是保证工业生产的正常运行。因此，作为一种并非纯然为旅游而存在的工业生产现象而言，依附于它而展开的旅游活动，也就不能做到让旅游者随心所欲地体验工业作业场景的各种活动。所以，存在具身障碍是工业旅游的一个显著特征。这是工业生产与旅游活动二者因其本体功能之间的差异而自然形成的结果，具体包括功能性障碍和连带性障碍，而这些具身障碍的存在，可能正是工业旅游的魅力所在。

9.1.5 具身障碍的移除

由于具身障碍的存在，使得工业旅游者的多感官体验受到了限制。因此，从逻辑上来说，具身障碍的移除就成为解决工业旅游体验问题的关键所在。然而，在移除的过程中，存在着移除困难，它们是工业旅游的本体论性质所决定的，也有一些障碍是可以通过克服、遮蔽等手段予移除进而实现具身体验。但不管如何，具身障碍并不能彻底消除，否则就不是工业旅游了。

9.1.6 具身体验的实现

研究指出，供给方借助于障碍移除，诸如障碍克服、障碍遮蔽等手段对工业旅游场景中的空间元素进行有效的组织和调控，唤起游客的情感共鸣，提升游客具身体验质量。需求方则可以凭借主动的移情参与而提升自身的具身体验，两相结合的结果，可以实现工业旅游的具身体验。将"具身体验实现"构建为一个三维度模型，包含感官体验、移情性浸入和具身模拟三部分内容，并通过身体、场景和互动三个方面的协同作用影响具身体验的程度。

9.2 场景组织是工业旅游目的地管理的有用工具

本研究得出，一个工业旅游目的地与其他类型的目的地相比是截然不同的，它们在核心元素、重要元素以及提供的体验类型方面是有差异的。工业转型为工业旅游，只是两字之差，但内涵却是天壤之别，企业以往只专注生产制造，在引入旅游的概念后，企业从二级产业跨入三级服务业，中间的过程需要融入诸多旅游化元素：知识教育、文化体验、设计美学、娱乐价值等，如何将昔日的产品制造过程及知识透过场景组织为可供游客消费的内容，这需要高度的组织整合。

"场景组织"可以理解为通过元素的组织为游客带来不同的体验，具有更多的情感和体验色彩，使旅游者获得更多的精神享受。通过合理的组织和安排，首先，景观与场所相结合，游客与场所相结合，则现有景观元素及其关联因素融合起来形成了富有灵魂和魅力的场景。其次，重组现实资源，使其更突破传统设施的概念，更关注人与物的基本关系，进而创造新的、动人的场景，而人的活动会将环境、设施及其他因素串联起来并营造出有价值的场景故事，塑造出独特的场所精神。最后，通过理解和进一步改善人—物关系，理解并再造活动—场景的关联，满足、改善并促进旅游者的体验。其目标并不局限于单独设计某件设施，重点在于实现某种场景或故事，使旅游者体验到愉悦。

工业旅游在世界范围内正经历着巨大的增长，已成为国内的一个小众旅游市场。经济的快速增长使得制定一个指导框架来帮助政府机构和旅游工厂的经营者最大化目的地吸引力和实现长期可持续发展变得尤为重要。从游客体验的角度，以实证的方式，来分析工业旅游场景，能够对工业旅游企业可持续发展和管理提供洞察力。本部分基于前述的研究结果，进一步提炼通过场景组织改善工业旅游环境的方式方法，以期起到抛砖引玉的作用，引起企业界、政界和学界的重视。

9.2.1 工业旅游场景组织的整体构思

场景组织，就是一种思考，使某个基本空间变成具体的特定空间，通过创造赋予环境一些使人的情感能和物质环境融为一体的理解品质。正如第五章所定义的，场景组织追求的是意境体验，这样的场景能给人以美的享受，给人以知觉的愉悦，唤起人们的情感，引起人们的联想和想象。这些心理活动都是在客观元素传递的意义的基础上实现的，既有其自身的意义，也有被赋予的意义。

（1）与场地对话。

场景组织不是主观臆造，它的基础就是整体的场所环境，包括两个方面，一是物质意义上的环境，诸如空间、形态、气象等因素；二是环境的文化内涵。

工业旅游场所是典型的人工环境，包括物质意义上的环境区位，附着物（如建筑、厂房、机械设备设施、道路、植被），企业运营可能形成的周围的小气候变化等；而工业场所的历史、时代的变迁、故事，每天的运营生产等正在上演的事实等则构成了它的非物质意义上的文化内涵。所有这一切构成了整个场所的特质。而场景组织在某种程度上就是要把场所的这种特质抽象化，如何组织和传达场所的这种意义，以唤起人们的情感，需要积极与场地的特征性元素相呼应，从场地本身出发来构思和组织。

（2）与人共鸣。

正如前面所述，场景组织需要通过调动人的情感，与旅客的感情产生共鸣。人们常常会怀念温暖而有趣的氛围，以及那些渗入人们情感因子的场景。正如勒内·迪博斯所言，"场所精神象征的是一种人与特定空间的生动的生态关系。人不仅能从场所获取人文特征，还能给场所添加多方面的人文特征。不管景观是宏伟的或者贫瘠的，如果没有附加人类的爱、劳动和艺术，那么就不可能展现潜在的全部丰富内涵"。人与景观保持着一种互动的关系，场景传递给人信息，人在场景中栖息，关注它，欣赏它，改变它。场景组织就是使场景成为人们情感的归属。

伴随游客的动态游览过程中的是一连串感受的连续流，而每个场景或每个瞬间都是由前一个感受所引导，并将会拉开即将来临的感受的序幕。因此，一个个场景之间的关系不是无意的，而是存在着内在逻辑关系的。如工业旅游场景的设计中，一定会从古到今的时间顺序，在进入实景生产工艺流程前会有流程的总体介绍等，都是在遵循这样的逻辑关系而进行。

因此，场景组织要依赖物质元素和非物质元素，体现辩证思维，要与场地对话，与人共鸣。遵循这样的整体思路，就不会有所偏颇，不会只关注资源的开发而忽视游客的感受，或只重视游客的体验，而忽视场所的根本。

9.2.2 基于工业旅游场景的游客体验诉求

对不同类型的工业旅游企业，游客期待获取的意义和体验是不同的。本研究中将工业旅游分为制造企业型，电力、热力、燃力及水生产和供应企业型，采掘企业型，其中制造企业型可进一步分为传统工艺生产制造的轻工企业，自动化生产的轻工企业以及大型机械生产重工企业，不同"型"的工业旅游场景所传递的体验和意义也是有差异的。

（1）对于传统工艺生产制造的轻工业型工业旅游景区，可具身的娱乐体验和认知体验是这一类工业旅游景区的典型特点。游客普遍反映可以近距离地观看产品的生产制造过程，在不影响工人师傅工作的情况下可以在工作间中来回穿梭，也可以与工作的师傅进行交流，在师傅的指导下参与其中某一环节的制作。采用传统的工艺，尤其是手工工艺，游客有更多的机会参与 DIY 体验活动，传统工艺技术需要大量的人工，场景的具身障碍少，给游客更多的观看自由，从生产作业场景能够获取知识的同时兼有更多的乐趣。同时，传统的工艺会令游客感佩古人的智慧，并对工人艰苦的生产作业场景颇有感慨。

（2）对于自动化生产的轻工业型工业旅游景区，核心吸引物为自动化的生产流水线的参观，智能化、现代化、机械化是游记、点评、访谈中最常出现的字眼，游客为高科技而震撼，为无人工化而惊奇。与此同时，游客也会因干净卫生的厂区而对企业产生更大的信赖感。而且这类工业企业贴近人们的生活，普通人们都不会排斥，客源市场广泛，不受小众市场的局限。但这类型的工业旅游景区，相对于传统工艺的轻工企业，游客可参与的内容较少，游客所能获取的体验有限。

（3）对于重工企业型工业旅游景区，由于这些企业因关系到国计民生且对国家的作用比较特殊，往往也可以看成具有标志性以及象征性意义的国家符号，代表了国家的形象和民族的精神，传承工业精神，展现工业成就和工业历史，让游客感知原本没有生命的钢筋与场地带给人的震撼与脉动，感知时代所赋了的工人阶级的力量，团结的精神，这一类型的景区对于游客也有着别样的吸引力，时代所赋予的历史感和沧桑感会使不同的游客产生不同的情结，或好奇，或乡愁，或震撼，拥有重型机械的工业旅游景区的突出问题是周围的环境，因为这直接关系到游客的人身和财产安全，所以这类型的工业企业会引导游客到工厂的一小部分，从而避免了最沉重的机器。而附属展演类的博物馆区域对于这一类型的景区就是不可或缺的，对于历史和文化的传承方面起到关键的作用。

（4）对于电力、热力、燃力及水生产和供应企业型工业旅游景区，由于受到工业旅游景区实践以及游客知晓度的限制，这一型的工业旅游景区较为"成功"或者说给游客带来更多的积极体验的是水利水电工程景区，本研究只关注到水利水电型企业，研究发现，优美的环境景观所带来的审美体验，是这一型工业旅游景区游客体验的重点，具体包括水体景观、大坝景观和电站本身，而游客的体验集中在认知体验的同时，突出表现在壮美的情感体验和娱乐的体验，因此在对这一型企业进行工业旅游开发时，应注意满足游客这方面的需求。由于生产作业的需要，致使这一类型工业旅游景区的地理位置处于深山老林，或是远离城中心的偏僻处，致使交通和通信都不是很发达，因此交通和通信是制约这一型工业旅游景区发展的关键，如果游客迷了路，没有手机信号，就会失去便捷和畅通的联系方式，这是旅客内心被极大的恐惧包围。放心、舒坦、快乐、满意是出门旅游的终极目的，但是当基本要求不能满足时，出行者就会出现担心、忧郁等情绪，最终可能会放弃旅游计划。工业旅游场所的可进入性是实现其经济及社会可持续发展的先决条件。

水景观会给旅客带来核心娱乐体验，因此景观元素的极其重要的组成部分是水。水不仅仅是维持人类生命的元素，人在情感上也喜欢亲水。水不仅可以产生五光十色的光影和悦耳的声响，还可以产生其他众多的娱乐内容；水带给人的感官享受是其他景观元素无法替代的，吊桥的设计，亲水活动项目都会给游客带来别样的娱乐体验。壮观和审美体验主要来自大坝景观，观景台的选择主要是要考虑游客的观赏角度的问题，要能保证游客既能看到大坝的雄伟外观，又能看到大坝的平面，水库的水体，周围的山体，这样给游客所带来的壮观和震撼的体验才会愈加的强烈。寓教于乐，一方面可以满足游客观赏美的自然环境景观并获得娱乐体验的需求，另一方面还可以让游客更好地了解和认知水利，最终达到热爱水利。

（5）采掘型工业旅游景区，既有规模宏大的露天开采又有神秘的井下开采，开阔的油田开采。露天采矿场巨大的人造高陡边坡可以使游客领略到大自然的鬼斧神工的壮观景象，向游人充分展示采矿作业的恢宏场面。地下矿井幽深的巷道，艰苦危险的场景给游客观赏学习的同时带来心灵上的震撼。广袤无垠的油田是别样的风景，采掘型工业旅游景区一般都与红色革命有一定的关联，通过这一旅游类型，使游客更加珍惜当下的生活，增加民族认同感。

9.2.3 规划不同的体验诉求

在场景组织的过程中，要秉持满足游客的基本期望，并传递积极、难忘的惊喜给游客的理念。Wooder（1992）进行的一项研究报告指出，人们参观这些工业旅游景点的主要原因是：看看正在运营的工业和直接购买产品。因此，有现场引导、零售商店、解说系统，以及通常有限的餐饮和游客服务是主要的服务和设施，这些服务和设施都使一个工业场所被确认为旅游景点。Balazic（2011）也得出了类似的结论：工业旅游可以通过工厂参观、专门建造的游客中心、学习路径、博览馆和收藏品、餐饮设施和纪念品商店来整合为一种旅游产品。Speakman和Bramwell（1992）声称工业旅游成功的一部分原因是它通过各种活动设施和项目（包括有形和无形的），提供给游客一种真实事物的尝试、体验气味、噪声和生产景观的机会，而这些在日常生活中通常是不能遇到的。

认知体验是工业旅游者的基本期望，因此为吸引可能寻求真实的，本真的体验的旅游者，企业应该与竞争对手形成差异化。而实践中，缺乏主题，缺少特色，不能近距离和动手参与生产作业过程，附属展示空间的展示方式、展示水平和解说系统欠缺，没有互动体验，没有休闲娱乐设施等，是目前影响工业旅游者体验质量的核心问题。如何将认知、娱乐、震撼、怀旧以及新奇等体验进行组织和营造，需要一系列具体的措施和手段，笔者在此大胆地提出一些针对性的措施。

（1）厂区规划和布局的改变。

在一个物理层面，创建一个定制化的体验。开展工业旅游活动，就要满足游客愉悦的需求,而物理环境的改变是最基本的层面,给游客提供的一个美化的,干净卫生的游览环境是根本。通过问卷调查所获得的工业旅游体验不满意的因素和条件中,关于环境清洁和美化有62频次/403,占15.58%,位居第一,不言而喻,游客对于景区的物理环境非常关注的。举个简单的例子,工业旅游景区中一个较为突出的物理现象是色彩单一,依托于工业生产环境,注重产品的生产与制作,一般外表都是简单的水泥色,或红砖色,虽说这有其独特性,但也会缺少美感以及趣味性,因此如果能适当应用色彩改变材料,就会改变材料本身给人的感觉。如蒙牛乳业会将其外露的建筑与设备表面涂成与奶牛相关的图案和颜色,在展示产品时也会用丰富多样的色彩,海天企业也用多样的颜色来改变整个厂区的色彩,都是在物理层面巧妙地组织、规划和布局厂区的方式。

(2)展览系统和体验设施的改变。

演示产品生产的复杂性以及产品的功能会满足游客的基本需求。研究表明,工业旅游景区最核心的吸引力在于生产制作工艺过程的游览,这一游览项目是保证工业旅游者没有不满意的保健因素,是积极评价的来源。图片视频演绎,模拟,缩微生产线,参观廊道游览,在工作坊里自由地穿梭,一层层地拉近游客与其之间的距离,是在满足游客基本需求的基础上,通过额外增加激励因素给旅客带来满意的体验。

游客参与是创造工业旅游体验的最重要的策略之一,而且可以通过被动和积极的参与(Montonen和Montonen,2003)来提供愉快的体验。让游客亲自参与一系列生产活动,因为游客对感官和情感层面上被动接受型的传统的生产参观、布展陈列模式缺乏兴趣,而知识教学、操作体验等体验模式会激发游客思考、行动和关联感受,是旅客可以希望获得的。调动游客的五感,让游客在每一个环节通过五官获得看见、听见、摸到、闻见、尝到的全方位体验为核心诉求,因此,引入体验内容是工业旅游产品开发的核心。工业旅游企业需要充分利用自身的特点,并赋予工业旅游的整体构思和创意独特的个性智慧,最终设计出具有参与性和互动性的活动才能赢得旅客的认同。

重游率低是工业旅游市场的显著特征,在问卷调查中发现,2次以下工业旅游经历的被调查者人数占比77.6%,这说明,工业旅游的客源市场中,0次及一次经历的旅游者占绝大多数,重游率低,5次以上旅游经历的占10.9%,但进一步的调查发现,5次以上工业旅游经历者主要是近途旅游者和整个旅游线路中的景点。不断更新体验内容是留住游客、增加重游率的关键,知识的获取一次性就够了,但是丰富的体验设施和体验项目可以给游客持续的新鲜感,是可以往复的。而许多企业搞工业旅游就是单纯的参观生产线+静态的博览馆参观,而且企博成了荣誉陈列馆,进门只能看到企业奖牌、证书和产品,使游客去一趟不再想去第二趟,缺乏长久的吸引力。不断更新体验内容,给游客带来新鲜感会增加游客重游的可能性,这样才能保证景区具有可持续发展的生命力。

(3)主题与线路规划。

在工业旅游场景的核心元素调查中,特色(12/145)的出现频次排在第三位,仅次于生产作业流程和文化,主题也有4频次提及,可以了解到主题与特色在一个工业旅游景区的地位,独特且鲜明的主题往往会给游客留下深刻的印象,工业旅游过程中附加"故事"和/或"主题",避免雷同化、寻求差异化。现场吸引物体现了特定行业的基础设施,影响了参观工厂的倾向,并确保达到最令人满意的工厂旅游体验。在这方面,一个以旅游为导向的企业应该关注的优先任务之一是组织工厂旅游线路,使游客能够体验到产品、生产过程、实际应用和历史背景(Otgaar等,2008)。将专业的东西大众化,增加消费者的黏性和忠诚度,改变工业旅游面临的"一日游"或"一次游"的尴尬局面。

(4)企业的运营模式。

工业旅游的吸引力和生命力并不局限于工业旅游本身,它还取决于企业的主业的经营状况。工业企业主业特色越显著,影响力越大、知名度越高时,企业开办的工业旅游活动获得成功的可能性就越大,推出的工业旅游就越有魅力和市场。因此,工业旅游活动的前提是不影响企业正常的主业经营。工业企业自身的因素对于工业旅游体验的可能性和程度至关重要，如传统工艺企业和手工企业与工业旅游的结合度较高，具身的障碍就低；而大型机械重工企业工业旅游开展的具身障碍就大。绝不能用工业生产的方式来经营工业旅游，工业生产是标准化的，技术成为工业生产的核心动力；工业旅游具有个性化特征，因此创新和特色产品（服务）是工业旅游的核心。

工业旅游企业的运营需要提供一系列的设施和服务，从而使游客享受一种令人满意的体验，并对这种体验进行一些解释，以确保游客对该地区的欣赏和理解（Frew，2008）。与此同时，国家层面的政府机构可以通过引入质量标准来支持，并给予模范工业旅游企业奖励，而地方政府机构则可以提供如何达到这些标准的建议。

工业旅游景区的运营应该保持场景资源免费共享，服务收费的场景组织模式。研究发现，免门票或是低价门票是带来游客积极体验的因素，而收取门票、门票过高、性价比低是造成游客消极评价及游客不满意的因素和条件。国内大量的学者对工业旅游的意义做了研究，如游客现场的购买也会增加直接的经济收益，工业旅游还是改善企业的管理水平，提升企业的知名度等（黄芳，2004；阎学兵，裴泽生，1997；戴道平，2002）。正如"蓝裕工业旅游规划项目"所建议的，工业旅游项目可以实行免门票参观，使衍生品和产品销售才是大头，在门票中融入产品、衍生品，也是一个比较流行的趋势，游客会淡化门票意识，而关注随附纪念品。当然，纪念品要有特色，要对文化有深入的挖掘，不能让消费者产生强买强卖的感觉。如青岛啤酒博物馆重点挖掘啤酒文化，如啤酒酵母面膜、啤酒花香皂、各种韧性啤酒杯、丝巾以及T恤，通过啤酒文化的创造发展出多样化的产品和价值。

（5）企业形象与文化宣传。

在被调查者列举的对于工业旅游景区不满意的条件和因素中，营销相关的内容有15频次，包括只重视宣传、宣传力差、过度营销、名不副实、夸大宣传（11频次）等。工业旅游企业在进行自己的形象宣传时，首先要符合自己在目标客源市场中的体验诉求（如9.2.2所述），在此基础上，针对上述游客关注的体验内容进行客观的宣传，不能过度宣传，以免给游客过高的心理预期，而造成满意度的下降。

总之，要秉承场景组织的以场所为本，与人共鸣的整体思想，遵循不同的工业旅游景区类型，不同的内部空间形态，所要传递的体验内容有差异的实际，通过必要的手段和措施满足工业旅游所能带来的体验诉求，即在愉悦体验的统领下获取认知体验，新奇体验，怀旧体验，震撼体验和娱乐体验（见图9-1），因此，不同的场景类型要依据自己独特性综合不同的体验类型满足不同的群体。

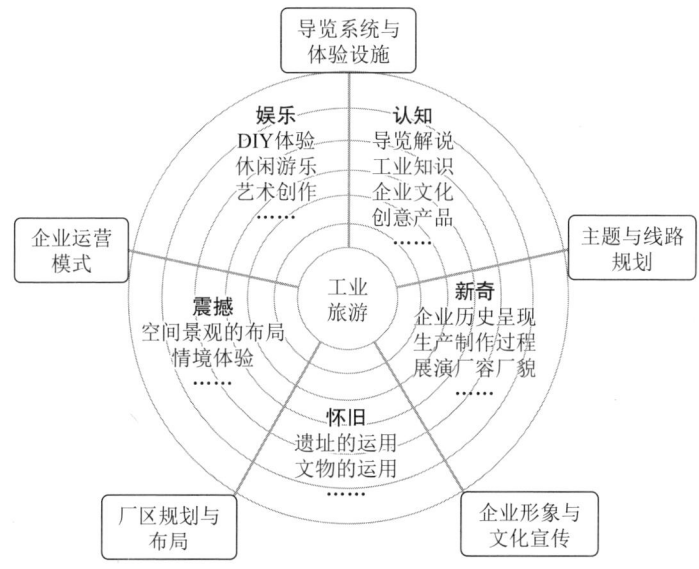

图9-1 工业旅游场景组织策略

9.3 研究局限

限于个人水平和研究深度，本研究存在以下几方面的不足：

第一，尽管依托国内外的研究文献和调研资料，尽可能深入地探索解决工业旅游实践中的理论问题，但是鉴于笔者的理论水平、知识结构以及对资料的处理难免会有不充分之处，对部分范畴和命题的阐述有待进一步的加强。

第二，本研究的定性材料来源主要是网络游记和网络点评和访谈文本，由于工业旅游的特殊性，使得获取的资料范围和深度有限，可能会给研究结果带来一定的局限。

第三，本研究所采用的定量数据仅有一小部分来源于现场调查，而绝大多数来源于网络问卷的方式，问卷发放采用滚雪球式抽样法，存在一定程度的方便取样的情况，一定程度上可能会导致样本在年龄、受教育程度、职业结构方面具有系统性偏误，因此就规模庞大的旅游者来说，本研究所抽取的样本在代表性方面必然有缺陷。另外，本研究的数据挖掘方面不够深入，需要进一步加强。

9.4 未来展望

第一，工业旅游与旅游模式的具身障碍的比较。具身障碍不仅仅存在于工业旅游中，乡村旅游、宗教旅游、赛事旅游等"+旅游"类的旅游体验都存在具身障碍的问题。纵观这几种旅游类型可以发现，这些将"工业、乡村、宗教场所、赛事活动"作为吸引物开展的旅游活动，其"旅游功能"都是它的一种异化功能，其本体功能"生产与销售、生产农作物与生活、宗教活动、比赛活动"仍为其主导功能。并且这些旅游类型中存在的具身障碍的类型可能又有区别，如宗教旅游场所可能存在信仰障碍和民族障碍、乡村旅游中存在参与障碍等，这些又是由其本体功能和核心旅游产品的特征决定的。尤其是工业旅游与乡村旅游的具身障碍比较，相对于乡村旅游的成功开展，工业旅游的障碍是否更突出，更显著，且更不可移除，才造成工业旅游与乡村旅游发展道路上出现了巨大的差异。

第二，通过工业旅游场景的体验类型来细分游客群体。本研究将工业旅游者作为一个整体的研究对象，没有考虑到由于工业旅游者人口统计学特征的差异而对工业旅游场景体验也会带来差异，未来的研究会关注到这一点。根据工业旅游场景细化市场，从而为不同类型的工业旅游者提供更具有针对性的对策和建议。

第三，对典型的工业旅游场景进行进一步的深描分析。场景组织，包括物理场景、心理场景，物理与心理的互动，深入到具体某一类或是某一个工业旅游场景可以有限的拆分物理场景，探究游客心理场景，为工业旅游场景的打造提供切实可行的对策建议。在"您最喜欢的工业旅游景点"的问卷调查中得出，21/107人次（位居第一）提到青岛啤酒博物馆是他们最喜欢的工业旅游景点，在携程点评统计数据显示，青岛啤酒博物馆也以5540条位居第一（截至2018年4月30日），而第二位的泸州老窖旅游区网络点评数共计356条，可以看到青啤无论从其知名度还是市场认可度还是游客点评率来看都有其特殊性和优越性，对其工业旅游的场景进行案例分析，可以得到普适性的模型和知识体系，进而推动对工业旅游的整体发展。

第四，探讨影响工业旅游体验质量的其他因素，识别工业旅游景区的吸引点。进一步验证到底是功能性具身障碍限制了工业旅游的发展，阻碍了游客的体验，还是有其他原因，如是否由于工业旅游者的动机导致工业旅游者的需求在工业旅游区得不到满足，或是某些特性的工业企业并不适合开展工业旅游。在此基础上迫切需要确定哪些因素对促使游客参与工业旅游活动而非另一种旅游活动具有重要意义。这些与行业相关的目的地属性，结合了工业旅游体验，给游客带来了满足感和收益，被认为是具有工业旅游潜力的目的地的吸引力。

第五，将具身障碍作为编制《国家工业旅游基地规范与评价》的依据。旅游是差异性体验，特色是其生命，不可复制，工业旅游的独特规律受制于具身体验障碍。将具身障碍作为指导工业企业开展旅游项目的核心逻辑，进而探讨工业旅游评价指标体系：宜旅则旅，能旅尽旅，不要遍地开花。

附　录

工业旅游体验调查问卷

尊敬的先生/女士：

您好！为深入研究工业（指工业企业，如鞍山钢铁厂、青岛啤酒厂、发电厂、煤矿、伊利奶制品加工厂等）旅游的发展情况，我们特别设计了这份调查问卷。请您根据自己的实际情况选择答案。问卷采取匿名的方式，调查结果只用于研究分析，我们将对您填写的信息完全保密。希望能够了解您的真实想法，衷心感谢您的参与！

请挑选与您相符的选项，并在方框□内画记号√

1. 您的性别：○男　　　○女
2. 您的受教育程度：
○小学及以下　　○初中　　　○高中　　　○高职或专科
○大学本科　　　○硕士研究生　　○博士研究生
3. 您的年龄：_____岁
4. 您的职业：
○专业技术人员（教师、医生、律师、设计师等）
○政府官员（科级以上）或企业高管
○政府公务员（科级以下）或企业一般职员
○农林牧渔劳动者或企业劳动工人
○军人　　　　　　　　　　○在校学生
○家庭主妇　　　　　　　　○待业人员
○其他

5. 您目前的月收入：

○ 2000 元及以下　　　○ 2001~3000 元　　　○ 3001~5000 元

○ 5001~8000 元　　　○ 8001~15000 元　　　○ 15001 元及以上

6. 您的婚姻状况：

○ 已婚　　　　　　　○ 未婚　　　　　　　○ 其他

7. 您的家庭人口：

○ 单身　　　　　　　○ 2 人　　　　　　　○ 3 人

○ 4 人　　　　　　　○ 5 人及以上

8. 在您的家庭出游计划中，谁起决定性作用？

○ 自己　　　　　　　○ 妻子/丈夫　　　　　○ 孩子

○ 长辈

9. 您从小生活在：

○ 一、二线大城市　　○ 中小城市　　　　　○ 小城镇

○ 农村　　　　　　　○ 其他 _____

10. 您现在生活在：

○ 一、二线大城市　　○ 中小城市　　　　　○ 小城镇

○ 农村　　　　　　　○ 其他 _____

11. 您有过几次工业旅游的经历？

○ 0 次（请跳至第 14 题）　　　　　　　　○ 1~2 次

○ 3~4 次　　　　　　　　　　　　　　　○ 5 次及以上

12. 如果您有过工业旅游的经历，请描述经历中某个让您印象最深刻的场景（可用关键词）

_____

13. 如果您有过工业旅游经历，

您最喜欢的工业旅游景区是哪个？ _____

您最失望的工业旅游景区是哪个？ _____

14. 如果去工业旅游景区旅游，您会选择与谁同行？

○ 家庭（成人）　　　○ 家庭（带孩子）　　○ 朋友

○单位组织　　　　　○其他 _____

15. 请根据您对以下工业旅游类型的喜好程度进行勾选？

	非常不喜欢	不喜欢	一般	喜欢	非常喜欢
钢铁制造类，如鞍钢、宝钢等	○	○	○	○	○
酿造类，如青岛啤酒、张裕葡萄酒等	○	○	○	○	○
陶瓷类，如景德镇	○	○	○	○	○
大型水力发电站，如三峡发电站	○	○	○	○	○
食品、饮料类，如蒙牛乳业	○	○	○	○	○
大型运输设备制造类，如沈阳飞机制造厂	○	○	○	○	○
矿物开采类，如晋华宫煤矿、平朔煤炭	○	○	○	○	○
手工艺品类，如北京珐琅厂	○	○	○	○	○
电器类，如海尔、海信	○	○	○	○	○
服装、鞋帽、纺织品类，如波司登	○	○	○	○	○
烟草类，如红塔山卷烟厂	○	○	○	○	○
日用消费品类，如隆力奇	○	○	○	○	○
影视制作类，如长影旧址、车墩影视城	○	○	○	○	○
医药类，如三精制药	○	○	○	○	○
港口类，如大连港、青岛港	○	○	○	○	○
博物馆类，如太原中国煤炭博物馆	○	○	○	○	○
主题公园，北方重工博览园	○	○	○	○	○
主题公园+博物馆，如黄石国家矿山公园	○	○	○	○	○
博物馆类嵌入真实生产制作工艺流程，如云锦博物馆	○	○	○	○	○
观看企业运营的生产工艺制作流程，如长春一汽	○	○	○	○	○
观看企业运营的生产制作流程+博物馆类，如青岛啤酒厂	○	○	○	○	○
工业遗产保护与利用项目，如创意产业园	○	○	○	○	○

16. 请对促使您前往工业旅游景区游览的动机或原因的重要性予以评价。

	非常不重要	不重要	一般	重要	非常重要
试用/品尝/制作/购买产品	○	○	○	○	○
增进对这个企业和行业的了解	○	○	○	○	○
受到有关企业的广告的影响	○	○	○	○	○
平时总用这个品牌的产品	○	○	○	○	○
在国家历史发展中扮演非常重要的地位	○	○	○	○	○
企业的建筑和厂区环境很美	○	○	○	○	○
满足好奇心	○	○	○	○	○
满足求知欲,学到知识	○	○	○	○	○
发现更多的人生意义	○	○	○	○	○
观览附设的博物馆或是展览馆	○	○	○	○	○
满足怀旧情结	○	○	○	○	○
具有地区象征性或地标性质的企业	○	○	○	○	○
生产日常消费品的企业	○	○	○	○	○
生产奢侈品的企业	○	○	○	○	○
生产高科技产品的企业	○	○	○	○	○
生产特殊感兴趣产品的企业	○	○	○	○	○
生产手工制品的企业	○	○	○	○	○
以传统的方式生产的企业	○	○	○	○	○
寻找课本上的记忆	○	○	○	○	○
体验真实的生产作业过程	○	○	○	○	○

17. 请列出您在工业旅游景区可能感觉不满意的因素或条件(3~5项):
_____;_____;_____;_____;

18. 您认为构成工业旅游的核心或其他元素有哪些？

核心元素：_____

其他元素：_____；_____；_____

19. 您是否认为以下因素可能会阻碍您的工业旅游体验？

	不会阻碍	极小阻碍	较大阻碍	严重阻碍
设置固定的参观线路	○	○	○	○
设置玻璃、栅栏和铁链等隔离生产制作现场	○	○	○	○
现场属于特殊的高热、高冷或潮湿的环境	○	○	○	○
现场有特殊的气味	○	○	○	○
现场有作业噪声	○	○	○	○
参观距离太远	○	○	○	○
参观角度受限	○	○	○	○
因现场作业光线导致视觉不适	○	○	○	○
因作业的周期性而限制游览	○	○	○	○
强制性安排人员陪同	○	○	○	○
生产作业场景禁止拍照	○	○	○	○
无法参与作业过程	○	○	○	○

20. 您对我国工业旅游产品的品质有什么评价？

_____

参考文献

[1] 艾尔·巴比.社会研究方法（第10版）[M].北京：华夏出版社，2005.

[2] 保罗·克拉瓦尔.地理学思想史[M].郑胜华，等，译.北京：北京大学出版社，2007：6-7.

[3] 蔡晓梅，何瀚林.广州市高星级酒店地方与无地方的建构及协商[J].地理学报，2016，71（2）：322-337.

[4] 曾磊，曾晖.采矿废弃地工业遗产旅游开发实证研究——以河北武安西石门矿区为例[J].生产力研究，2009（22）：178-180.

[5] 陈琴，李俊，张述林.基于创意经济视角的工业遗址旅游开发研究——以重庆钢铁厂旧址为例[J].资源开发与市场，2013，29（7）：766-768.

[6] 陈世斌.杭州城区最具出游力人群休闲旅游障碍性因素的实证分析[J].地理研究，2005，24（6）：982-991.

[7] 陈向明.社会科学中的定性研究方法[J].中国社会科学，1996（6）：93-102.

[8] 陈向明.在行动中学作质的研究[M].北京：教育科学出版社，2003.

[9] 陈业玮，戴道平.浅析工业旅游的基本特征[J].技术经济与管理研究，2003（2）：84-85.

[10] 迟哲超.移动互联网环境下携程网在线旅游发展问题研究[D].吉林财经大学，2017.

[11] 戴道平.工业旅游：增强企业活力的一种有益尝试[J].改革与战略，2002（10）：26-28.

[12] 单彦名. 城市场景理论指引下的记忆空间特色展现——以德化二瓷厂城市设计为例 [J]. 城市住宅, 2017, 24 (9): 31-36.

[13] 邓百意. 论中国古代小说的典范场景及其结构功能 [J]. 兰州学刊, 2009 (12): 180-183.

[14] 丁新军, 阙维民, 孙怡. "地方性"与城市工业遗产适应性再利用研究——以英国曼彻斯特凯瑟菲尔德城市遗产公园为例 [J]. 城市发展研究, 2014, 21 (11): 67-72.

[15] 董锁成, 郭鹏. 国内外工业旅游研究进展 [J]. 山西大学学报（哲学社会科学版）, 2015 (2): 137-144.

[16] 段义孚, 志丞, 左一鸥. 人文主义地理学之我见 [J]. 地理科学进展, 2006, 25 (2): 1-7.

[17] 樊友猛, 谢彦君. 具身欲求与身体失范: 旅游不文明现象的一种理论解释 [J]. 旅游学刊, 2016, 31 (8): 4-6.

[18] 高伟霞, 吴智慧. 体验经济视角下台南家具产业博物馆工业旅游模式与启示 [J]. 包装工程, 2016 (12): 161-166.

[19] 郜书锴. 场景理论的内容框架与困境对策 [J]. 当代传播, 2015 (4): 38-40.

[20] 戈登·卡伦. 简明城镇景观设计 [M]. 王珏, 译. 北京: 建筑工业出版社, 2009.

[21] 葛荣玲, 彭兆荣. 景观 [J]. 民族艺术, 2014 (4): 28-33.

[22] 桂慕梅. 场景、民俗及认同: 天津古文化街年货市场研究 [J]. 云南民族大学学报（哲学社会科学版）, 2015, 32 (3): 83-92.

[23] 国家统计局设管司. 三次产业划分 [EB/OL]. https://www.stats.gov.cn/tjsj/tjbz/201301/t20130114_8675.html, 2013-01-04.

[24] 郭鲁芳, 韩琳琳. 女性休闲障碍因素探析№以杭州为例 [J]. 旅游学刊, 2009, 24 (11): 79-84.

[25] 韩福文, 佟玉权, 张丽. 东北地区工业遗产旅游价值评价——以大连市近现代工业遗产为例 [J]. 城市发展研究, 2010, 17 (5):

114-119.

［26］韩福文，王芳.城市意象理论与工业遗产旅游形象塑造——以沈阳市铁西区为例［J］.城市问题，2012（12）：17-22.

［27］韩晓，魏明.论《金瓶梅》中雪场景的文化反讽［J］.华侨大学学报（哲学社会科学版），2005（3）：87-92.

［28］胡迎春，杨会娟，陈萌.鞍山钢铁集团工业旅游的发展对策［J］.沈阳工业大学学报（社会科学版），2010，3（1）：55-57.

［29］胡迎春，赵亮，祁潇潇，任成好.基于无地方性的大型购物中心旅游吸引力研究［J］.华侨大学学报（哲学社会科学版），2017（4）：70-80.

［30］胡兆量，等.中国文化地理学概述［M］.北京：北京大学出版社，2001.

［31］黄芳.我国工业旅游发展探析［J］.人文地理，2004，19（1）：86-91.

［32］黄志远，张玉钧.旅游体验实证研究——以南京雨花台烈士陵园为例［J］.中南林业科技大学学报（社会科学版），2012（2）：17-21.

［33］贾丽娜，田良臣，王靖，等.具身教学的设计研究——基于身体参与的多通道整合视角［J］.远程教育杂志，2016（1）：82-89.

［34］贾鹏.声乐套曲《美丽的磨坊姑娘》中的人物、场景和情节［J］.工会论坛：山东省工会管理干部学院学报，2009，15（1）：156-157.

［35］贾英，孙根年.论双因素理论在旅游体验管理中的应用［J］.社会科学家，2008（4）：92-95.

［36］李罕梁.国内游客的出游需求和行为影响机制——基于旅行生涯模式、感知限制、态度和重游意愿的实证研究［D］.杭州：浙江大学，2015.

［37］李炯华，张丽珣，丛丽.试论工业旅游及其研究进展［J］.

中华女子学院学报，2011，23（1）：124-128.

[38] 李蕾蕾，Soyez，D.中国工业旅游发展评析：从西方的视角看中国［J］.人文地理，2003，18（6）：20-25.

[39] 李蕾蕾.逆工业化与工业遗产旅游开发：德国鲁尔区的实践过程与开发模式［J］.世界地理研究，2002，11（3）：57-65.

[40] 李丽，李悦铮.工业遗产旅游资源评价——以辽宁省为例［J］.资源开发与市场，2010，26（6）：571-573.

[41] 李连璞，刘笑明.非旅游者出游障碍性因素分析与市场拓展策略——对西安市城中村居民的实证研究［J］.旅游学刊，2006，21（6）：29-32.

[42] 李淼焱.中国工业旅游发展模式研究［D］.武汉理工大学，2009.

[43] 李小云，郑剑艺，钟新平，等.基于"旅游综合体"的城郊工业旅游开发［J］.工业建筑，2015（7）：68-71，75.

[44] 李志勇."双因素理论"分析框架下的博物馆旅游满意度影响因素［J］.社会科学家，2014（12）：74-80.

[45] 梁坤，杜靖川.产业融合视角下现代工业旅游发展模式研究［J］.世界地理研究，2015（3）：152-159.

[46] 凌欢，郑向敏.基于文献计量的中国工业旅游研究态势［J］.湖北文理学院学报，2018，39（5）：70-76.

[47] 凌继尧，徐恒醇.艺术设计学［M］.上海：上海人民出版社，2000.

[48] 刘东超.场景理论视角上的南锣鼓巷［J］.东岳论丛，2017，38（1）：35-40.

[49] 刘宏芳，明庆忠，鲁芬.旅游地景与地方的关联机理初探——基于空间与文化的交汇视角［J］.人文地理，2014（5）：134-141.

[50] 刘洪利，刘馥馨，付华，王琳琳.DLC理论在工业旅游产品开发中的应用——以顺鑫农业股份有限公司工业旅游为例［J］.改革与

战略，2009，25（6）：150-153.

［51］刘姗，吴红梅.白酒企业工业旅游开发研究——以贵州茅台酒厂为例［J］.酿酒科技，2013，232（10）：109-113.

［52］龙江智.从体验视角看旅游的本质及旅游学科体系的构建［J］.旅游学刊，2005（1）：21-26.

［53］陆键能.因地制宜灵活运用营造场景的真实［J］.现代电影技术，2009（6）：51-52.

［54］马凌，朱竑.旅游研究中建构主义方法论的合法性基础及其方法应用——兼议旅游世界的本质［J］.旅游学刊，2015，30（7）：100-107.

［55］马天，谢彦君.旅游体验的社会建构：一个系统论的分析［J］.旅游学刊，2015，30（8）：96-106.

［56］马天.从满意度到愉悦度：旅游体验评价的一体化转向［D］.东北财经大学，2017.

［57］梅林，崔庠，刘继生.论汽车工业旅游资源的开发利用——以中国第一汽车集团公司为例［J］.人文地理，2005，20（4）：78-81.

［58］纳尔什·格雷本.人类学与旅游时代［M］.赵红梅，等，译.桂林：广西师范大学出版社，2009：371-385.

［59］宁静，赵阳.现阶段河北省工业旅游发展特征及推进策略分析［J］.中国商论，2013（5）：114-115.

［60］诺伯舒兹.场所精神［M］.施植明，译.武汉：华中科技大学出版社，2010.

［61］潘朝阳.大湖地方性的构成-历史向度的地理诠释［J］.地理研究报告（台湾），1996，25（2）：1-42.

［62］潘海颖.旅游体验审美精神论［J］.旅游学刊，2012，27（5）：88-93.

［63］裴泽生.工业旅游开发漫议［J］.旅游学刊，1997，12（4）：56-56.

[64] 皮埃尔·布迪厄, [美]华康德. 实践与反思：反思社会学导引[M]. 李猛, 李康, 译. 北京：中央编译出版社, 1998.

[65] 朴永光. 论"场景"中的朝鲜族农乐舞[J]. 民族艺术研究, 2015, 28（6）：36-45.

[66] 祁述裕. 名家主持·场景理论及其中国意义专题研究[J]. 东岳论丛, 2017, 38（1）：16.

[67] 钱俊希. 地方性研究的理论视角及其对旅游研究的启示[J]. 旅游学刊, 2013, 28（3）：5-7.

[68] 邱洁威, 查爱苹, 何春萍. 农民旅游概念、基本问题与研究框架－一个文献综述[J]. 旅游学刊, 2011, 26（10）：13-20.

[69] 邱均平, 邹菲. 关于内容分析法的研究[J]. 中国图书馆学报, 2004, 30（2）：12-17.

[70] 任宣羽. 工业旅游资源开发潜力研究[J]. 学术论坛, 2008, 31（5）：85-88.

[71] 萨拉·L.霍洛韦, 斯蒂芬·P.赖斯. 当代地理学要义——概念、思维与方法[M]. 黄润华, 孙颖, 译. 北京：商务印书馆, 2008.

[72] 时坚. 辽宁工业旅游客源市场初探[J]. 商场现代化, 2007（31）：316-317.

[73] 唐健雄, 黄江媚, 刘炼鑫, 等. 集聚视角下湖南省工业旅游空间联动多尺度研究[J]. 经济地理, 2017, 37（8）：197-206.

[74] 唐顺英, 周尚意. 浅析文本在地方性形成中的作用——对近年文化地理学核心刊物中相关文章的梳理[J]. 地理科学, 2011, 31（10）：1159-1165.

[75] 特里·N.克拉克, 李鹭. 场景理论的概念与分析：多国研究对中国的启示[J]. 东岳论丛, 2017, 38（1）：16-24.

[76] 瓦尔特·本雅明. 巴黎, 19世纪的首都[M]. 刘北成, 译. 北京：商务印书馆, 2013.

[77] 汪芳, 刘鲁. 工业遗产体验式旅游开发设计思路的探讨[J].

华中建筑，2009，27（3）：207-211.

［78］汪希芸，沙润.传统旅游城市工业旅游开发研究［J］.安徽农业科学，2007（7）：2057-2058，2097.

［79］王宝恒.我国工业旅游研究的回顾与思考［J］.厦门大学学报（哲学社会科学版），2003（6）：108-114.

［80］王慧，安铮，谢倩.我国农村工业遗产旅游价值的多层次灰色综合评价［J］.新疆大学学报（哲学·人文社会科学汉文版），2014，42（4）：1-5.

［81］王建国.现代城市设计理论和方法［M］.南京：东南大学出版社，2001：18-20.

［82］王璐.SPSS统计分析基础、应用与实践［M］.北京：化学工业出版社，2010.

［83］王明友，李淼焱，王莹莹.工业遗产旅游资源价值评价体系的构建及应用——以辽宁省为例［J］.经济与管理研究，2014（3）：72-75.

［84］王宁，刘丹萍，马凌.旅游社会学［M］.天津：南开大学出版社，2008.

［85］王宁.旅游伦理与本真性体验的文化心理差异［J］.旅游学刊，2014，29（11）：5-6.

［86］王昕天，汪雷.基于文本挖掘的在线旅游热词情报分析——以携程网为例［J］.情报理论与实践，2017，40（11）：105-109.

［87］王莹，姜琴君.基于循环经济理念的工业遗址旅游开发探讨［J］.地理与地理信息科学，2010，26（5）：103-106.

［88］王莹，刘雪美.资源型城市工业遗产旅游开发初探——以海州露天矿国家矿山公园为例［J］.城市发展研究，2010，17（11）：90-94.

［89］王莹.由"景观设计"到"场景设计"［J］.旅游学刊，2006，21（10）：11.

［90］王跃洪，周莹莹.亨利·詹姆斯的现代主义叙事手法——戏剧化技巧在《梅茜所知道的》中的应用［J］.外国语文，2011，27（2）：1-5.

［91］吴家骅.景观形态学：景观美学比较研究［M］.叶南，译.北京：建筑工业出版社，1999.

［92］吴俊，唐代剑.具身认知理论在旅游研究中的应用：以跨学科为视角［J］.商业经济与管理，2017（6）：71-77.

［93］吴俊，唐代剑.旅游体验研究的新视角：具身理论［J］.旅游学刊，2018，33（1）：118-125.

［94］吴向阳.形态源——关于建筑形态之社会生成的研究［D］.同济大学，2003.

［95］吴杨，倪欣欣，马仁锋，等.上海工业旅游资源的空间分布与联动特征［J］.资源科学，2015，37（12）：2362-2370.

［96］吴祖慈.艺术形态学［M］.上海：上海交通大学出版社，2003.

［97］伍秋萍，冯聪，陈斌斌.具身框架下的社会认知研究述评，心理科学进展［J］.2011，19（3）：336-345.

［98］谢彦君，樊友猛.身体视角下的旅游体验——基于徒步游记与访谈的扎根理论分析［J］.人文地理，2017（4）：129-137.

［99］谢彦君.基础旅游学［M］.北京：商务印书馆，2015.

［100］谢彦君.灵水识谭［M］.北京：中国旅游出版社，2017.

［101］谢彦君.论旅游的现代化与原始化［J］.旅游学刊，1990，5（4）：49-51.

［102］谢彦君.旅游的三副面孔和精一本质［J］.旅游世界：旅游发展研究，2011（6）：1.

［103］谢彦君.旅游体验研究：一种现象学的视角［M］.天津：南开大学出版社，2005.

［104］谢彦君.旅游体验的情境模型：旅游场［J］.财经问题研究，

2005b（12）：64-69.

［105］谢彦君.旅游体验研究：走向实证科学［M］.北京：中国旅游出版社，2010.

［106］熊花.工业旅游：新常态下我国旅游业发展的新方向［J］.企业经济，2015（12）：147-150.

［107］徐柯健.北京首云铁矿工业旅游开发研究［J］.资源与产业，2011，13（2）：120-126.

［108］徐晓林，赵铁，特里·克拉克.场景理论：区域发展文化动力的探索及启示［J］.国外社会科学，2012（3）：101-106.

［109］颜庭干，池明茹，陈昌春，等.循环型工业旅游开发研究［J］.商业研究，2010（11）：145-148.

［110］阳翼.中国区域消费差异的实证研究［J］.管理科学，2007，20（5）：60-68.

［111］杨铭铎，郭英敏.国外工业科普旅游的发展对我国工业科普旅游开发的启示［J］.科普研究，2016，11（1）：63-68，99.

［112］姚宏.发展中国工业旅游的思考［J］.资源开发与市场，1999，15（2）：117-118.

［113］叶浩生."具身"涵义的理论辨析［J］.心理学报，2014，46（7）：1032-1042.

［114］叶浩生.具身认知：认知心理学的新取向［J］.心理科学进展，2010，18（5）：705 710.

［115］叶浩生.有关具身认知思潮的理论心理学思考［J］.心理学报，2011，43（5）：589-598.

［116］殷融，曲方炳，叶浩生.具身概念表征的研究及理论述评［J］.心理科学进展，2012，20（9）：1372-1381.

［117］袁利.四川省城镇老年人旅游限制因素构成与差异研究［D］.西安：陕西师范大学，2011.

［118］约翰·厄里，乔纳斯·拉森.游客的凝视［M］.上海：格

致出版社，2016：160.

[119] 张宏磊，张捷.中国传统文化景观体验的限制因素研究——以书法景观为例[J].旅游学刊，2012，7（7）：28-34.

[120] 张利华.基于RMP分析的江苏工业旅游发展策略研究[J].特区经济，2010（11）：170-172.

[121] 张利华.体验经济时代工业旅游开发探讨[J].商业经济研究，2011（14）：126-127.

[122] 张威，牛状.工业旅游经营模式的扎根理论建构——以天津港工业旅游为例[J].管理现代化，2013（4）：87-88，95.

[123] 张威，张一楠.工业旅游体验营销对游客认知度影响的实证研究[J].软科学，2014，28（9）：109-113.

[124] 张颖.场景理论视角下的城市发展——景德镇的后工业时代[J].美与时代（城市版），2018（6）.

[125] 赵红梅，董培海.回望"真实性"（authenticity）（下）——一个旅游研究的热点[J].旅游学刊，2012，27（5）：13-22.

[126] 赵红梅，李庆雷.旅游情境下的景观"制造"与地方认同[J].广西师范大学学报（哲学社会科学版），2011，33（3）：14-20.

[127] 赵刘，程琦，周武忠.现象学视角下旅游体验的本体描述与意向构造[J].旅游学刊，2013，28（10）：97-106.

[128] 赵男.旅游情境中的日常理性研究[D].东北财经大学，2010.

[129] 赵青.发挥地区优势开展工业旅游[J].辽宁经济，1999（9）：43-43.

[130] 赵向红.我国铁路行业开展工业旅游的思考[J].铁道运输与经济，2006，28（12）：47-49.

[131] 郑岩，崔广彬.东北工业遗址旅游开发研究[J].商业研究，2009（6）：211-213.

[132] 中国人民大学工业经济系.经济学常识：社会主义工业经济

部分[M].北京：中国青年出版社，1983.

[133]钟贤巍.欧盟产业旅游发展对我国东北老工业城市转型的启示[J].社会科学战线，2007（5）：50-55.

[134]周尚意，孔翔，朱竑.文化地理学[M].北京：高等教育出版社，2004：7-19.

[135]周尚意，唐顺英，戴俊骋."地方"概念对人文地理学各分支意义的辨识[J].人文地理，2011（6）：10-13.

[136]周尚意.地方性形成机制的结构主义与人文主义分析——以798和M50两个艺术区在城市地方性塑造中的作用为例[J].地理研究，2011，30（9）：1566-1576.

[137]周永博，沙润，沈敏.评价与选择：旅游景观文化研究——基于无锡主题公园兴衰的思考[J].经济地理，2009，29（11）：1907-1912.

[138]朱芳.中国食品工业旅游发展问题及对策——长沙市食品工业旅游模式分析[J].食品与机械，2016（3）：209-211.

[139]邹统钎.体验经济时代的旅游景区管理模式[J].商业经济与管理，2003（11）：41-44.

[140]Adams, P. C., Hoelscher, S., Till, K. E., 2001, Textures of Place: Exploring Humanist Geographies, University of Minnesota Press.

[141]Anderson, B., Wylie, J., 2009, "On Geography and Materiality". *Environment & Planning*, Vol.41, No.2, PP318-335.

[142]Anderson, K., Domosh, M., Pile, S., et al, 2002, Handbook of Cultural Geography[M], SAGE.

[143]Ateljevic, I., Harris, C., Wilson, E., et al, 2005, "Getting 'Entangled': Reflexivity and the 'Critical Turn' in Tourism Studies", *Tourism Recreation Research*, Vol.30, No.2, PP9-21.

[144]Axelsen, M., & Swan, T., 2010, "Designing Festival Experiences to Influence Visitor Perceptions: The Case of a Wine and Food

Festival", J*ournal of Travel Research*, Vol.49, No.4, PP436-450.

[145] Baerenholdt, J. O., Haldrup, M., &Larsen, J., et al, 2003, Performing Tourist Places, Ashgate.

[146] Bagozzi, R. P., 1981, "Evaluating Structural Equation Models with Unobservable Variables and Measurement Error: A Comment", *Journal of Marketing Research*, Vol.18, No.3, PP375-381.

[147] Balazic, G., 2011, Industrial Heritage Tourism in Slovenia: Opportunities for Sustainable Tourism, Proceedings from Advances in Hospitality and Tourism Marketing and Management, Bogˇazic¸i University Istanbul, No.6, PP31-40.

[148] Barsalou, L.W., 2008, "Grounded Cognition", *Annual Review of Psychology*, Vol.59, PP617-645.

[149] Barsalou, L.W., 1999, "Perceptual Symbol Systems", *Behavioral and Brain Sciences*, Vol.22, PP577-609.

[150] Beames, G., 2003, "The Rock, the Reef and the Grape: The Challenges of Developing Wine Tourism in Regional Australia", *Journal of Vacation Marketing*, Vol.9, No.3, PP205-212.

[151] Beeho, A. J., Prentice, R. C., 1997, "Conceptualizing the Experiences of Heritage Tourists: A Case Study of New Lanark World Heritage Village", *Tourism Management*, Vol.18, No.2, PP75-87.

[152] Boostin, D. J., 1964, The Image: A Guide to Pseudo-Events in America, Harper & Row.

[153] Borer, M. I., 2016, Scenescapes: How Qualities of Place Shape Social Life. By Daniel Aaron Silver and Terry Nichols Clark, University of Chicago Press, 2016.

[154] Boros, L., Martyin, Z., Pál, V., 2013, "Industrial Tourism-Trends and Opportunities", *Forum Geografic*, Vol.XII, No.1, PP108-114.

［155］Bosangit, C., 2011, "Understanding Tourist Experiences: A Discourse Analysis of Travel blogs", University of Nottingham.

［156］Bosangit, C., Hibbert, S., McCabe, S., 2015, ""If I Was Going to Die I Should at least Be Having Fun": Travel Blogs, Meaning and Tourist Experience", *Annals of Tourism Research*, Vol.55, No.11, PP1-14.

［157］Briassoulis, H., 2002, "Sustainable Tourism and the Question of the Commons", *Annals of Tourism Research*, Vol.29, No.4, PP1065-1085.

［158］Byrd, E. T., Canziani, B., Hsieh, Y. C., et al, 2016, "Wine Tourism: Motivating visitors through core and supplementary services", *Tourism Management*, Vol.52, PP19-29.

［159］Carmichael, B. A., 2005, "Understanding the Wine Tourism Experience for Winery Visitors in the Niagara Region, Ontario, Canada", *Tourism Geographies*, Vol.7, No.2, PP185-204.

［160］Chengfei, L., 2016, "An Investigation of Factors Determining Industrial Tourism Attractiveness", *Tourism & Hospitality Research*, Vol.16, PP184-198.

［161］Chow, H. W., Ling, G. J., & Yen, I. Y., et al, 2017 "Building Brand Equity through Industrial Tourism", *Asia Pacific Management Review*, Vol.22, No.2, PP70-79.

［162］Clark, Terry, 2013, The Theory of Scenes, University of Chicago Press.

［163］Cohen, E. A., 1979, "Phenomenology of Tourist Experiences", *Sociology*, Vol.13, No.2, PP179-201.

［164］Cohen, E., Ben-Nun, L., 2009, "The Important Dimensions of Wine Tourism Experience from Potential Visitors' Perception", *Tourism and Hospitality Research*, Vol.9, No.1, PP20-31.

［165］Cohen, E., Cohen, S. A., 2012, "Current Sociological Theories and Issues in Tourism", *Annals of Tourism Research*, Vol.39, No.4, PP2177-2202.

［166］Crawford D W., Godbey G C., 1987, "Reconceptualizing barriers to family leisure", *Leisure Sciences*, Vol.9, No.2, PP119-127.

［167］Crawford D W., Jackson E L., Godbey G C., 1991, "A hierarchical model of leisure constraints", *Leisure Sciences*, Vol.13, No.4, PP309-320.

［168］Cresswell, T., 2004, Place: A Short Introduction, lackwell Publishing.

［169］Davis, J. I., Benforado, A., Esrock, E., et al, 2012, "Four Applications of Embodied Cognition", *Topics in Cognitive Science*, Vol.4, No.4, PP786-793.

［170］Deborah, K., John, C., Kelly, B., 1998, "Industrial Heritage Attractions: Types and Tourists", *Journal of Travel & Tourism Marketing*, Vol.7, No.2, PP91-104.

［171］Dodd, T, Bigotte, V., 2016, "Perceptual Differences among Visitor Groups to Wineries", *Journal of Travel Research*, Vol.35, No.3, PP46-51.

［172］Dodd, T. H., 1998, "Influences on Search Behavior of Industrial Tourists", *Journal of Hospitality & Leisure Marketing*, Vol.5, No.2-3, PP77-94.

［173］Dome., 1960, The Image of the City, MIT Press.

［174］Edelheim, J. R., 2006 "Analysis of Hegemonic Messages that Tourist Brochures Sell", *Cauthe to the City & Beyond*, PP202-212.

［175］Edensor, T., 2000, "Staging Tourism: Tourists as Performers" *Annals of Tourism Research*, Vol.27, No.2, PP322-344.

［176］Edwards, J. A., Coit, J. C. L. I., 1996, "Mines and

Quarries: Industrial Heritage Tourism", *Annals of Tourism Research*, Vol.23, No.2, PP341-363.

[177] Evenepoel, F., 2006, "Analyse Van Het Industrial Tourism in België", Universiteit Hasselt.

[178] Fan, K.W., 2014, "Tourism factory tour: The new trend of in-depth cultural tour (culture)", http://en.tw.tranews.com/Show/Style203/Column/c1_Column.asp?SItemId=0131030 and Progra.

[179] Fergusona S, Veer E., 2015, "3-2-1 Bungy: A Typology of Performance Styles", *Annals of Tourism Research*, Vol.55, No.5, PP61-76.

[180] Fleischer A, Pizam A., 2002, "Tourism constraints among Israeli seniors", *Annals of Tourism Research*, Vol.29, No.1, PP106-123.

[181] Frew, E. A., 2008, "Industrial Tourism Theory and Implemented Strategies", Advances in culture, tourism and hospitality research, Vol.2, PP27-42.

[182] Frew, E. A., 2000, "Industrial Tourism: a Conceptual and Empirical Analysis", *Comprehensive Psychiatry*, Vol.5, No.5, PP345-347.

[183] Frohlick, S., Johnston, L., 2011, "Naturalizing Bodies and Places: Tourism Media Campaigns and Hetero Sexualities in Costa Rica and New Zealand", *Annals of Tourism Research*, Vol.38, No.3, PP1090-1109.

[184] Funk D C., Alexandris K., Yang P., 2009, "To go or stay home and watch: Exploring the balance between motives and perceived constraints for major events: A case study of the 2008 Beijing Olympic Games", *International Journal of Tourism Research*, Vol.11, No.1, PP41-53.

[185] Getz, D., & Brown, G., 2006, "Critical Success Factors

for Wine Tourism Regions: A Demand Analysis", *Tourism Management*, Vol.27, No.1, PP146-158.

[186] Getz, D., Carlsen, J., 2008, "Wine Tourism among Generations X and Y", *Tourism*, Vol.56. No.3, PP257-270.

[187] Gibson, J. J., 1979, The ecological approach to visual perception, Houghton Mifflin.

[188] Gilbert D, . Hudson S., 2000, "Tourism demand constraints-A skilling participation" *Annals of Tourism Research*, Vol.27, No.4, PP906-925.

[189] Gilmore, J. H., Pine, B. J., 2002, "Differentiating Hospitality Operations via Experiences: Why Selling Services is not Enough", *Cornell Hotel and Restaurant Administration Quarterly*, Vol.43, No.3, PP87-96.

[190] Giovanardi, M., Lucarelli, A., Decosta, P. L., 2014, "Co- performing Tourism Places: The "Pink Night" Festival", *Annals of Tourism Research*, Vol.44, PP102-115.

[191] Goldman, A., de Vignemont, F., 2009, "Is Social Cognition Embodied?", *Trends Cognition Science*, Vol.13, PP154-159.

[192] Green, S., 1994, "Industry Tourism", *Environmental interpretation*, Vol.9, No.3, PP16-17.

[193] Gregory, D, Johnston, R, Pratt, G., et al, 2009, The Dictionary of Human Geography, Wiley-Blackwell, PP409-411.

[194] Gunn, C. A., 1988, Vacation scape: Designing Tourist Regions (2nd), Van Nostrand Reinhold Company.

[195] Halewood, C., Hannam, K., 2001, "Viking Heritage Tourism", *Annals of Tourism Research*, Vol.28, No.3, PP565-580.

[196] Harris, C., 2008, "A Critical Discourse Analysis of In-flight Magazine Advertisements: The 'Social Sorting' of Airline Travelers",

Journal of Tourism & Cultural Change, Vol.6, No.1, PP17-38.

[197] Harris, C., Small, J., 2013, "Obesity and Hotel Staffing: Are Hotels Guilty of 'Lookism'?", *Hospitality & Society*, Vol.3, No.2, PP111-127.

[198] Hayes, D., MacLeod, N., 2007, "Packaging places: Designing Heritage Trails Using an Experience Economy Perspective to Maximize Visitor Engagement", *Journal of Vacation Marketing*, Vol.13, No.1, PP45-58.

[199] Henderson K A., 1991, "The contribution of feminism to an understanding of leisure constraints", *Journal of Leisure Research*, Vol.23, No.4, PP363-377.

[200] Howard, P., Thompson, I. H., Waterton, E., 2013, The Routledge Companion to Landscape Studies, Routledge, PP66-75.

[201] Hsu, S. Y., Dehuang, N., Woodside, A. G., 2009, "Storytelling Research of Consumers' Self-reports of Urban Tourism Experiences in China", *Journal of Business Research*, Vol.62, No.12, PP1223-1254.

[202] Inskeep, E., 1991, "Tourism Planning: an Integrated and Sustainable Development Approach", *Management Science Letters*, Vol.4, No.12, PP2495-2502.

[203] Jackon, J. B., 1970, Other-directed Architecture in Landscapes, University of Massachusetts press.

[204] Jackson E L., Searle M S., 1985, "Recreation non-participation and barriers to participation", *Leisure and Society*, Vol.3, No.8, PP693-707.

[205] Jackson E L., 1988, "Leisure constraints: A survey of past research", *Leisure Sciences*, Vol.10, No.3, PP203-215.

[206] John Swarbrooke, 2005, The Development and Management of Visitor Attractions, Dongbei University of Fi.

[207] Johnston, L., 2001, "(Other) Bodies and Tourism Studies", *Annals of Tourism Research*, Vol.28, No.1, PP180-201.

[208] Jordan, F., 2007, "Life's a Beach and then We Diet: Discourses of Tourism and the 'Beach Body' in UK Women's Lifestyle Magazines", In Pritchard A, Morgan N, Ateljevic I, et al. Tourism and Gender: Essays on Embodiment, Sensuality and Experience, CABI Publishing, PP92-106.

[209] Jovanovic T., Dragin A., Armenski T., et al. 2013, "What demotivates the tourist? Constraining factors of nautical tourism", *Journal of Travel & Tourism Marketing*, Vol.30, No.8, PP858-872.

[210] Kam H., Petrick J F., 2010, "Developing a measurement scale for constraints to cruising", *Annals of Tourism Research*, Vol.37, No.1, PP206-228.

[211] Kim N S., Chalip L., 2004, "Why travel to the FIFA World Cup? Effects of motives, background, interest, and constraints", *Tourism Management*, Vol.25, No.6, PP695-707.

[212] Kirova, V., Tan, V. T., & Kirova, V. et al, 2018, "Wine Tourism Experience: A Netnography Study", *Journal of Business Research*, Vol.83, No.1, PP30-37.

[213] Kladou, S., & Mavragani, E., 2015, "Assessing Destination Image: An Online Marketing Approach and the Case of TripAdvisor", *Journal of Destination Marketing & Management*, Vol.4, No.3, PP187-193.

[214] Kole, S. K., 2010, "Dance, Representation and Politics of Bodies: 'Thick Description' of Tahitian Dance in Hawai'ian Tourism Industry", *Journal of Tourism and Cultural Change*, Vol.8, No.3, PP183-205.

[215] Kruger, P., 1995, Tourism and Technology, Information and

Communication Technologies in Tourism.

［216］Larsen, J., 2008, "De-exoticizing leisure travel", *Leisure Studies*, Vol.27, No.1, PP21-34.

［217］Larsen, S., 2007, "Aspects of Psychology of the Tourist Experience", *Scandinavian Journal of Hospitality and Tourism*, Vol.7, No.1, PP7-18.

［218］Lew, A. A., 1987, "A Framework of Tourist Attraction Research", *Annals of Tourism Research*, Vol.14, No.4, PP553-575.

［219］Maccnnell, D., 1973, "Staged Authenticity: Arrangement of Social Space in Tourist Settings", *American Journal of Sociology*, Vol.79, No.3, PP589-603.

［220］Makins, M., 1992, Collins Concise English Dictionary, Harper Collins Publishers.

［221］Mark, A. Mitchell, Sheila J. Mitchell, 2001, "Consumer Experience Tourism in the Nonprofit and Public Sectors", *Journal of Nonprofit & Public Sector Marketing*, Vol.9, No.3, PP21-34.

［222］Mc Kercher B., Packer T., Yau M K., et al. 2003, "Travel agents as facilitators or inhibitors of travel: Perceptions of people with disabilities", *Tourism Management*, Vol.24, No.4, PP465-474.

［223］Montonen, H., Tanski, M.B., 2003, "The Factory Experience experience Marketing to the End Consumer", Master Thesis, Graduate Business Scholl, Goteborg University.

［224］Nash, C., 2000, "Performativity in Practice: Some Recent Work in Cultural Geography", *Progress in Human Geography*, Vol.24, No.4, PP653-664.

［225］Naveh, Z., Lieberman, A. S., 1984, Landscape Ecology: Theory and Application, Springer-Verlag, PP356.

［226］Nyaupane G., Morais D., Graefe A., 2004, "Nature tourism constraints: A cross-activity comparison", *Annals of Tourism Research*, Vol.31, No.3, PP540-555.

[227] Oh, H., Fiore, A. M., Jeoung, M., 2007, "Measuring Experience Economy Concepts: Tourism Applications", *Journal of Travel Research*, Vol.46, No.2, PP119-132.

[228] Otgaar, A. H. J, Berg, L.V.D., Berger, C., et al, 2008, "Industrial Tourism: Opportunities for City and Enterprise", The Netherlands: European Institute for Comparative Urban Research (Euricur), Erasmus University.

[229] Otgaar, A. H. J., 2010, "Industrial Tourism: Where the Public Meets the Private" Erasmus University.

[230] Owusu, F., Thrift, N., 2009, "International Encyclopedia of Human Geography", *International Encyclopedia of Human Geography*, Vol.4, No.5, PP256-258.

[231] Pawlikowskapiechotka, A., 2009, "Industrial Heritage Tourism: A Regional Perspective (Warsaw)", *Physical Culture & Sport Studies & Research*, Vol.46, No.1, PP276-287.

[232] Pearce, P. L., 1991, "Analysing Tourist Attractions", *Journal of Tourism Studies*, Vol.2, No.1, PP46-55.

[233] Pine, B. J., II, Gilmore, H. J., 1998, "Welcome to the Experience Economy", *Harvard Business Review*, Vol.76, No.4, PP97-105.

[234] Pine, B. J., II, Gilmore, J. H., 1999, The Experience Economy: Work is Theatre & Every Business a Stage, Harvard Business School Press.

[235] Ping, R., M, Dhillon, S., Beilock, S. L., 2009, Reach for What You Like: the Body`s Role in Shaping Preferences, Emotion review.Vol. No.2, PP140-150.

［236］Prentice, R. C., 1989, "Visitors to Heritage Sites: A Market Segmentation by Visitor Characteristics", In Heritage Sites: Strategies for Marketing and Development, D.T. Herbert, R. C. Prentice, and CJ. Thomas eds, Avebury, PP15-61.

［237］Prentice, R., 1993, Tourism and Heritage Attractions, Routledge.

［238］Quan, S., Wang, N., 2004, "Towards a Structural Model of the Tourist Experience: An Illustration from Food Experiences in Tourism", *Tourism Management*, Vol.25, No.3, PP297-305.

［239］Rageh, A., Melewar, T. C., Woodside, A. G., 2013, "Using Netnography Research Method to Reveal the Underlying Dimensions of the Customer/Tourist Experience", *Qualitative Market Research：An International Journal*, Vol.16, No.2, PP126-149.

［240］Relph, E., 1976, Place and Placelessness, Pion.

［241］Richards, G., 2007, Cultural Tourism: Global and Local Perspectives, Haworth Hospitality, PP101.

［242］Simonson, L. R., 1974, "A Study of Industrial Plant Tours as Important Tourism Attractions", Unpublished Doctoral Dissertation, Texas. A&M University.

［243］Small, J., 2016, "Holiday Bodies: Young Women and Their Appearance", *Annals of Tourism Research*, Vol.58, PP18-32.

［244］Small, J., 2015, "Interconnecting Mobilities on Tour: Tourists with Vision Impairment Partnered with Sighted Tourists", *Tourism Geographies*, Vol.17, No.1, PP76-90.

［245］Small, J., 2017, "Women's "Beach Body" in Australian Women's Magazines", *Annals of Tourism Research*, Vol.63, PP23-33.

［246］Small, J., Harris, C., 2012, "Obesity and Tourism: Rights and Responsibilities", *Annals of Tourism Research*, Vol.39, No.2, PP

686-707.

［247］Soyez, D., 1986, "Industrietourismus (Industrial Tourism)", *Erdkunde*, Vol.40, No.2, PP105-111.

［248］Soyez, D., 1993, "Kulturtourismus in Industrielandschaften", In Becker, C., Steinecke, A. eds. Kulturtourismus in Europa: Wachstum ohne Grenzen, ETI-Studien, 2, Trier, PP40-63.

［249］Sparks, B., 2007, "Planning a Wine Tourism Vacation? Factors that Help to Predict Tourist Behavioural Intentions", *Tourism Management*, Vol.28, No.5, PP1180-1192.

［250］Speakman, L., Bramwell, B., 1992, Sheffield Works: An Evaluation of a Factory Tourism Scheme, Sheffield City Polytechnic.

［251］Stevens, T., 1988, "Work Watching: The Growth of Industry Tourism", *Leisure Management*, Vol.8, No.12, PP40-43.

［252］Strathern, M., 1995, Shifting Contexts: Transformations in Anthropological Knowledge, Routledge, PP57-80.

［253］Tanski, M. B., and Montonen, H., 2004, "The Factory Experience - Experience Marketing to the End Consumer", Göteborg University.

［254］Tuan, Y. F., 1976, "Humanistic Geography", *Annals of the Association of American Geographers*, Vol.66, No.2, PP266-276.

［255］Tuan, Y. F., 1980, "Rootedness and Sense of Place", *Land scape*, Vol.24, No.2, PP3-8.

［256］Tuan, Y. F., 1977, Space & Place: The Perspective of Experience, University of Minnesota Press.

［257］Tuan, Y. F., 1977, Space and Place, Edward Arnold, PP32-123.

［258］Tuan, Y. F., 1974, Topophilia: A study of Environment Perceprion, Attitudes and Values, Prentice Hall.

[259] Tucker, H., 1997, "The Ideal Village: Interactions through Tourism in Central Anatolia", Abram S, Waldren J, Macleod D. eds, Tourists and Tourism: Identifying with People and Places, Oxford: Berg, PP107-128.

[260] Urry, J., 1995, "Consuming Places", Routledge.

[261] Urry, J., 2002, The Tourist Gaze (the 2nd Edition), Sage Press.

[262] Urry, J., 2002, The Tourist Gaze: Leisure and Travel in Contemporary Societies (the 2nd Edition), Sage Press.

[263] Vargas-Sánchez, A., 2011, "Industrial Tourism: Opportunities for City and Enterprise", *Annals of Tourism Research*, Vol.38, No.3, PP1203-1204.

[264] Veijola, S., Jokinen, E., 1994, "The Body in Tourism", *Theory, Culture &Society*, Vol.11, No.3, PP125-151.

[265] Wang, N., 1999, "Rethinking Authenticity in Tourism Experience", *Annals of Tourism Research*, Vol.26, No.2, PP349-370.

[266] Wilson, M., 2002, "Six Views of Embodied Cognition", *Psychonomic Bulletin & Review*, Vol.9, No.4, PP625-636.

[267] Wooder, S., 1992, "Industrial Tourism", *Insights*, Vol.5, No.8, PP63-69.

[268] Wright, J.K., 1947, "Terrae Incognitae: The Place of the Imagination in Geography", *Annals of the Association of American Geographers*, Vol.37, No.1, PP1-15.

[269] Wu, M. Y., & Pearce, P. L., 2014, "Appraising Netnography: Towards Insights about new Markets in the Digital Tourist Era", *Current Issues in Tourism*, Vol.17, No.5, PP463-474.

[270] Wu, T. C., Xie, P. F., Tsai, M. C., 2015, "Perceptions of Attractiveness for Salt Heritage Tourism: A Tourist Perspective", *Tourism*

Management, Vol.51, PP201-209.

[271] Xiang, Z., Gretzel, U., 2010, "Role of Social Media in Online Travel Information Search", *Tourism Management*, Vol.31, No.2, PP179-188.

[272] Yale, P., 1991, "From tourist attractions to heritage tourism", Huntingdon.

[273] Yale, P., 1992, Tourism in the UK, Huntingdon.

[274] Zheng C H., Zhang J., Qian L L., et al. 2016, "The inner struggle of visiting 'dark tourism' sites: examining the relationship between perceived constraints and motivations", *Current Issues in Tourism*, Vol.15, PP1-18.

项目策划：段向民
责任编辑：武　洋
责任印制：钱　戌
封面设计：谢彦君

图书在版编目（CIP）数据

工业旅游具身体验研究 / 胡迎春著. -- 北京：中国旅游出版社，2025.1

（旅游体验研究前沿文库 / 谢彦君，马波总主编）

ISBN 978-7-5032-7276-9

Ⅰ．①工… Ⅱ．①胡… Ⅲ．①工业旅游—研究 Ⅳ．① F590.75

中国国家版本馆 CIP 数据核字（2024）第 023580 号

书　　名：	工业旅游具身体验研究
作　　者：	胡迎春
出版发行：	中国旅游出版社
	（北京静安东里 6 号　邮编：100028）
	http://www.cttp.net.cn　E-mail:cttp@mct.gov.cn
	营销中心电话：010-57377103，010-57377106
	读者服务部电话：010-57377107
排　　版：	北京旅教文化传播有限公司
经　　销：	全国各地新华书店
印　　刷：	三河市灵山芝兰印刷有限公司
版　　次：	2025 年 1 月第 1 版　2025 年 1 月第 1 次印刷
开　　本：	720 毫米 ×970 毫米　1/16
印　　张：	17.25
字　　数：	216 千
定　　价：	59.80 元
ISBN	978-7-5032-7276-9

版权所有　翻印必究

如发现质量问题，请直接与营销中心联系调换